GOLDMANN
ARKANA

Buch

Mia Dolans Autobiographie erzählt authentisch ihren mit Steinen gepflasterten Lebensweg. Ein unspektakuläres Leben bis auf eine sensationelle Fähigkeit: ihre Gabe der Hellsichtigkeit.

Den Kontakt zur jenseitigen Dimension gewinnt Mia auf dramatisch schmerzhafte Weise. Als Dreizehnjährige wird sie vergewaltigt, sie tritt aus ihrem Körper aus und beobachtet das Geschehen aus der Vogelperspektive – ohne wirklich zu verstehen, was passiert. Mit 22 Jahren werden für die junge Frau und Mutter paranormale Erfahrungen zu ihrer zweiten Realität. Sie sieht Dinge, die sich erst in der Zukunft ereignen, fühlt die Aura anderer und lernt ihren Geistführer Eric kennen, der ihr Wissen aus einer anderen Dimension zugänglich macht. Als der Daily Mirror, Englands meistgelesene Tageszeitung, ihre Vorhersagen über Prinzessin Diana abdruckt, wird Mia Dolan zur Berühmtheit.

Autorin

Mia Dolan wurde auf der Insel Sheppey vor der Küste von Kent in Südostengland geboren. Sie ist seit fast zwanzig Jahren Medium und arbeitet hauptberuflich als Hellseherin, wobei sie auf mediale Zukunftsvorhersagen und Geisterscheinungen spezialisiert ist. Mittlerweile gilt sie als eine der meistbeachteten und gefragtesten Medien Großbritanniens. In der britischen Öffentlichkeit ist sie ständig präsent, die Zeitungen berichten über sie, sie gibt Interviews und tritt häufig im Fernsehen auf. »Die Gabe« ist ihr erstes Buch. Sie lebt in Sheerness und arbeitet in Maidstone (Grafschaft Kent, Südostengland).

Mia Dolan

Die Gabe

Die Geschichte einer Frau und Ihrer außersinnlichen Wahrnehmung

Aus dem Englischen von
Ulla Rahn-Huber

GOLDMANN
ARKANA

Die englische Originalausgabe erschien 2003 unter dem Titel
»The Gift« bei HarperCollins Publishers, London.
Die deutsche Erstausgabe erschien 2003 im Goldmann Verlag, München.

1. Auflage

Vollständige Taschenbuchausgabe Februar 2008

Umschlaggestaltung: Design Team München
Umschlagfoto: Privat
SB · Herstellung: CZ
Satz: Barbara Rabus, Sonthofen
Druck und Bindung: GGP Media GmbH, Pößneck
Printed in Germany
ISBN 978-3-442-21816-5

www.arkana-verlag.de

Ich widme
dieses Buch den drei Männern,
die in meinem Leben fehlen:

meinem Vater
meinem Bruder
meinem Sohn

Prolog

»Der Toast brennt an.«

Mit diesen Worten meldete er sich zum ersten Mal bei mir.

Ich war im Wohnzimmer und versuchte gerade, einen Streit zwischen den Kindern zu schlichten. Tanya zerrte schreiend an Shanes Transformer-Roboter, der Fernseher plärrte – und in der Küche brutzelte Brot unter dem Grill.

»Der Toast brennt an.«

Der Toast! Den hatte ich ja völlig vergessen! Ich stürzte in die Küche. Flammen züngelten an der weiß emaillierten Front des Backofens entlang.

Während ich das Blech herauszog, musste ich die ganze Zeit an die Warnung denken. Mir war, als hätte da jemand direkt neben mir gestanden. Die Stimme hatte geklungen, als wäre sie von außen an mich herangedrungen – sie war nicht in meinem Kopf gewesen. Und doch war außer mir und meinen Kindern niemand im Haus.

Ich muss mir das Ganze eingebildet haben, beruhigte ich mich. Der Verstand findet für alles eine passende Erklärung.

Noch am selben Abend – ich wollte gerade zu Bett gehen – hörte ich die Stimme ein zweites Mal: »Es gibt nichts, wovor du dich fürchten müsstest.«

Ach, wirklich?! Ich ging ins Kinderzimmer – die beiden schliefen tief und fest. Tanyas langes blondes Haar lag übers Kissen gebreitet. Ihre dunklen Wimpern blinzelten nicht das kleinste bisschen. Shane schien zu merken, dass ich da war. Er schlug kurz seine blauen Augen auf, machte sie dann aber gleich wieder zu. Ich schlich den Korridor entlang und sah mein eigenes Spiegelbild in einem der dunklen Fenster. An der Treppe angelangt, blieb ich stehen und überlegte. Dann schaute ich überall im Haus nach, ob jemand ein Radio auszuschalten vergessen hatte. Fehlanzeige.

Durch die Schlitze in den dicken roten Vorhängen fiel Mondlicht herein. Draußen! Die Stimme musste von draußen gekommen sein. Ich machte die Haustür auf und schaute an der Reihenhausfront entlang. Weit und breit keine Menschenseele.

»Es ist absolut in Ordnung!«

»Nein, ist es nicht!«, schrie ich in die Dunkelheit hinaus. »Ich kann damit nichts anfangen! Ich will es nicht! Wann hört das bloß auf?!«

Mitten in der Nacht – ich lag neben meinem Mann Andy im Bett – wurde ich davon wach, dass die Matratze unter mir vibrierte, subtil, gleichmäßig – eine ganz feine Bewegung, die sich auf meinen Körper übertrug, bevor sie wieder verebbte. Die Vorhänge waren nicht ganz zugezogen, und ich sah, dass es draußen noch dunkel war.

Zwei Uhr morgens. Ich schaltete das Licht ein, zündete mir eine Zigarette an und griff nach meinem Buch, konnte mich aber nicht aufs Lesen konzentrieren. Es war nicht das erste Mal, dass ich dieses Zittern gespürt hatte. In letzter Zeit war es mehrfach da gewesen, und es wurde mit jedem Mal stärker.

Ich legte meine Zigaretten und das Feuerzeug auf die Bettdecke und wandte mich wieder meinem Buch zu. Noch im selben Moment fing das Bett erneut zu vibrieren an. Langsam, rhythmisch. Und auf einmal sah ich, wie die Zigaretten und das Feuerzeug quer über die Decke wanderten und schließlich zu Boden fielen.

Ich war dabei, den Verstand zu verlieren! »Andy«, ich zog an seinem T-Shirt. »Andy, spürst du das auch?«

»Was?«

»Fühlst du, wie das Bett vibriert?«

Noch während ich es sagte, hörte die Bewegung auf.

»Mein Gott, Mia …«, grummelte Andy müde. »Kann ich jetzt weiterschlafen?«

»Ja«, gab ich leise zurück. »Natürlich.«

In der darauf folgenden Woche besuchte ich meine Freundin Janet. Die Tür war wie immer nicht abgeschlossen, und ich wollte sie gerade aufdrücken, als ich die Stimme wieder hörte. Eine tiefe, durch und durch männliche Stimme: »Sie wollen sich trennen, weißt du?«

Wir setzten uns an den Küchentisch, tranken Kaffee und hatten es eilig, uns die Ereignisse des vergangenen Wochenendes zu erzählen. Seit Jahren waren wir befreundet. Janet hatte einen Sohn und eine Tochter im gleichen Alter wie meine beiden Kinder. Irgendwann kamen wir, wie könnte es anders sein, auf das Thema Beziehungen. Ich stimmte mein übliches Klagelied über Andy an: »Ich musste heute Morgen wieder mal ganz allein aufstehen, um die Kinder zur Schule zu bringen, während er sich faul zwischen den Laken räkelte«, schimpfte ich.

»Ich hab die Nase endgültig voll«, unterbrach sie mich. »Ich ziehe aus.«

»Wie meinst du das?«

»Bevor ich mir das hier noch länger gefallen lasse, bin ich lieber allein.«

Während Janet mir von ihrem bevorstehenden Auszug erzählte, hörte ich nur mit halbem Ohr hin. In meinem Kopf war nur ein einziger, alles dominierender Gedanke: dass ich vorher gewusst hatte, sie würden sich trennen. Wie konnte das sein? Janet war in ihrer Ehe noch nie besonders glücklich gewesen – aber dasselbe hätte ich auch von mir sagen können. Das Leben ist eine komplizierte Angelegenheit; um über die Runden zu kommen, errichten wir Mauern um uns herum. Ich wusste, dass sie unzufrieden war, aber es hatte keinerlei konkrete Hinweise darauf gegeben, dass sie gehen und sich von Will trennen würde.

Ich hatte eine Stimme gehört. Das hieß, ich war verrückt. Ich hatte den Verstand verloren. Wie sonst ließe sich das alles erklären?

In jener Nacht vibrierte das Bett nicht. Aber der Fernseher schaltete mitten in einer Sendung auf einmal auf einen anderen Kanal um, bevor er sich ganz verabschiedete. Und als ich später im Wohnzimmer das Licht ausknipsen wollte, ging es von allein wieder an.

Ich weiß, mit der Elektrik im Haus können manchmal die sonderbarsten Fehler passieren. Aber in den darauf folgenden Tagen hatte ich fast den Eindruck, als würden die Lichter ihre neu gefundene Unabhängigkeit genießen – sie wurden mal dunkler und mal heller, ganz wie es ihnen passte. Auch der Fernseher und das Radio hatten ihren eigenen Kopf und fällten selbst die Entscheidung, wann sie mich zu unterhalten gedachten und wann nicht.

Auf der High Street traf ich Jennifer, eine alte Schulfreundin von mir.

»Sie ist schwanger, weißt du?« Da war die Stimme wieder.

Nervös plapperte ich los, um meine Angst zu kaschieren. Aber ich musste sie fragen, ich musste es einfach wissen: »Bist du schwanger?«

Jennifer sah mich verwundert an. »Nein«, gab sie zurück.

»Dann habe ich da irgendwas durcheinander gebracht.«

Ich konnte es nicht abwarten, von Jennifer wegzukommen. Kaum hatten wir uns voneinander verabschiedet, ging ich auf direktem Weg zu meiner Mutter. Sie war die Einzige, der ich von der Stimme erzählt hatte.

»Ich verliere den Verstand«, sagte ich.

»Ach was«, beruhigte mich meine Mutter. »Du bist bloß übermüdet und gereizt. Du kannst nicht klar denken.«

Meine Mutter hatte eine logische Erklärung: Mein Verstand gaukelte mir Dinge vor.

Mitten in der Nacht wachte ich auf und war von Kopf bis Fuß gelähmt. Ich konnte nicht einmal mehr den kleinen Finger heben. In meinem Kopf war ein schrilles Rauschen wie von hundert falsch eingestellten Radios. Als ich mich endlich aus der Starre lösen konnte und mich aufsetzte, fühlte ich mich, als hätte ich mich in einen Körper gezwängt, der zu klein für mich war.

Jennifer rief an: »Woher hast du das gewusst?«, fragte sie.

»Was gewusst?«

»Ich war gerade beim Arzt, und er hat mir gesagt, dass ich schwanger bin.« Ihre Worte fühlten sich an wie ein Schlag in die Magengrube.

»Ich habe dir doch gesagt, dass ich da etwas durcheinander gebracht habe«, entgegnete ich. »Es ist bloß ein Zufall.«

»Du musst hellsehen können«, beharrte Jennifer.

Hellsehen? Ich? Ich glaubte nicht an so etwas. Übersinnliche Fähigkeiten, Geister, Gott – alles Quatsch! Wunderbare Theorien, die sich die Menschheit ausgedacht hatte, um die Angst vor der eigenen Sterblichkeit zu übertünchen. Ich war Atheistin. Ich glaubte nur an das, was ich anfassen und sehen konnte.

Etwa eine Woche später – es war Sonntag – stand ich frühmorgens im Garten und hängte Wäsche auf. Ich zog ein T-Shirt aus dem Korb und klammerte es an der Leine fest. Doch urplötzlich war ich ganz woanders. Unter meinen Füßen war kein Gras mehr, sondern ein steiniger Hang. Ringsum waren graue Felsen und kahle, skelettartige Bäume. Wo eigentlich Blätter hätten sein sollen, hingen Fetzen von zerrissener, blutiger Kleidung. Ich sah genauer hin. Aus der Kleidung lugten Körperteile hervor.

Etwa 500 Meter weiter war der Bug eines Flugzeugs zu sehen. Das Heck lag an einer ganz anderen Stelle viel weiter oben am Berg. Die Landschaft war von zerfetzten Metallteilen übersät. Und von Leichen. Ich sah eine Frau mit eingeschlagenem Schädel. Daneben ein aufgeplatzter Koffer. Ein einzelner Kinderschuh.

Ein beißender Gestank lag in der Luft. Bei jedem Atemzug musste ich husten. Er legte sich mir auf die Zunge. Und da war Angst. Ich spürte sie körperlich. Die Angst und die Schmerzen von 200 Menschen.

Während ich meinen Blick über diese Szenerie des Grauens schweifen ließ, stand ich auf einmal wieder im Garten. Ich hatte Andys T-Shirt und die Wäscheklammer noch immer in der Hand.

»O mein Gott«, flüsterte ich. *»O mein Gott!«*

Ich schnappte mir Shane und Tanya, die im Garten spielten, und rannte auf direktem Weg zu meiner Mutter. Ich konnte nur eines denken: »Ich muss weg! Ich muss hier weg!« Kaum hatte meine Mutter die Tür geöffnet, da schluchzte ich los: »Es war so real, so unglaublich real.«

Meine Mutter hörte mir zu und beruhigte mich: »Du bist gestern Abend aus gewesen. Kein Wunder, dass du müde bist. Wahrscheinlich hast du einen Kater«, meinte sie. »Sicher bist du einen Moment lang eingeschlafen und hast einen Albtraum gehabt. Mach dir keine Sorgen.«

Ich wollte ihr so gern glauben, und so ging ich nach Hause, bereitete das Essen zu, steckte die Kinder in die Badewanne, stellte das Bügelbrett auf und nahm – der Fernseher lief dabei – den allwöchentlichen Berg an Bügelwäsche in Angriff. Die Fünf-Uhr-Nachrichten fingen gerade an. »Über den Hügeln von Madrid ist ein Flugzeug abgestürzt«, berichtete der Sprecher. »Es ist davon auszugehen, dass kein einziger Passagier das Unglück überlebt hat. Etwa 200 Menschen ...«

Der Hang. Der geplatzte Koffer. Der Schuh.

Das Herz schlug mir bis zum Halse, aber mein Körper war ganz ruhig. Als das Telefon klingelte, ging ich in den Flur und nahm ab.

»Hast du den Fernseher an?«

»Ja.«

»Bist du in Ordnung?«

»Ja, Mum.«

»Wir müssen miteinander reden, Mia.«

I

In meiner frühesten Kindheitserinnerung stehe ich an der Schwelle unseres Hauses auf der Insel Sheppey und schaue einer Schar von Kindern zu, die in der Einfahrt spielen. Mein großer Bruder Jed ist dabei, mein kleiner Bruder Peter auch, und dann noch ein paar Kinder aus der Nachbarschaft – insgesamt sind es sechs. Sie spielen lärmend mit Bällen und einem Roller. Ich sehe ihnen zu und denke: »Jetzt bin ich alt genug, um auf euch alle aufzupassen.« Der Gedanke erfüllt mich mit Genugtuung. Ich bin vier Jahre alt.

Meine Mutter sagt, ich sei nie wirklich Kind gewesen – eher eine Art Beschützerin. Sie erzählt, wie ich als Dreijährige einmal mit ansehen musste, dass ein älterer Junge meinen Bruder Peter bedrohte, und ich ihm mit einem Stock in der Hand hinterherlief. Ich kann mich nicht daran erinnern, dass ich jemals nicht den Wunsch verspürt hätte, mich um andere zu kümmern. Es liegt nun einmal in meiner Natur.

Ich war ein ruhiges Kind, eine Beobachterin. Schlaksig, dünn und viel zu blass. Und ständig hing ich meinen Tagträumen nach. In der katholischen Grundschule von Sheerness blieb ich die meiste Zeit über für mich, bis Peter schließlich eingeschult wurde.

Es war Pause, und ich spielte auf der Treppe zum Schulhof, als ich einen Aufruhr hörte. Ich schaute auf und sah, wie sich mitten auf dem Rasen eine Horde Jungen um Peter zusammengerottet hatte.

Ich rannte hinüber und drängte mich zwischen sie. »Lasst ihn in Ruhe!«, schrie ich. »Er ist mein Bruder.«

Einer der Jungen sah mich verächtlich an. »Was willst du denn, Kleine?«

Ich haute ihm links und rechts eine runter. Einen zweiten trat ich gegen das Schienbein, und dann griff ich nach Peters Hand. Wie wir zum Trinkbrunnen hinüberliefen, hörte ich eines der »angesagten« Mädchen – es war die mit der spitzesten Zunge und den schönsten Kleidern – anerkennend »Gut gemacht« murmeln.

Gut gemacht? Ich weiß nicht, ob ich den Raufbolden wirklich wehgetan habe oder ob sie nur einfach völlig perplex gewesen waren, weil eine Siebenjährige sich vor ihnen aufgebaut und sie zum Kampf herausgefordert hatte. Aber Peter ließen sie von da an in Ruhe. Und ab diesem Zeitpunkt wollten all die »Coolen« auf der Schule unbedingt mit mir zu tun haben. Ich fühlte mich wohl in meiner Haut, und das schien andere anzuziehen. So geriet ich ohne großes Dazutun in die Rolle einer Anführerin.

Geboren bin ich in einer Familie, deren Wurzeln nach Italien und ins englische Lancashire reichen. Meine Großmutter mütterlicherseits, Grace Smith, kam in Malta zur Welt und lebte dort, bis sie – die Halbitalienerin – sich in Jack Armstrong, einen britischen Offizier, verliebte, ihn entgegen dem Wunsch ihrer Mutter heiratete und ihm nach England folgte. Sie hatte gedacht (und er hatte sie glauben gemacht), dass ihr dort ein Leben im Luxus bevorstand. In Wirklichkeit aber holte er sie in ein nordenglisches Bergarbeiterdorf. Dort fristeten sie fortan ihr Dasein in einer ärmlichen Reihenhaussiedlung, in der sich sechs Familien einen Abort teilten. Es war ständig kalt und regnete ohne Unterlass. Für die Ballkleider in ihrem Koffer hatte sie keine Verwendung.

In schneller Folge brachte Grace drei Kinder zur Welt: Robert, meine Mutter Kathleen Patricia und John. Während des Krieges lebte sie in diversen Londoner Dachwohnungen, schuftete in einer Munitionsfabrik und putzte nebenher für fremde Leute den Dreck weg. Als der Krieg vorüber war, erhielt sie einen Brief von ihrem Mann, in dem er ihr in kaum leserlichem Gekrakel mitteilte, dass er nicht zurückkommen würde. Er habe sich in einen anderen Offizier verliebt, und die beiden würden gemeinsam in Deutschland stationiert.

Grace war außer sich. Da die Familienzusammenführung eines der erklärten Ziele der Regierung war, wandte sie sich in einem Brief an das Ministerium. Sie verwies darauf, wie schwierig es für sie als allein stehende Mutter sei, sich und ihre drei Kinder über Wasser zu halten, und bat um Unterstützung. Daraufhin wurde ihrem Gatten prompt mit der Aberkennung des Offiziersstatus gedroht, und siehe da: Innerhalb weniger Wochen trafen für sie und ihre Kinder die Fahrkarten ein, sodass sie ihm nach Hamburg folgen konnten.

Die Überquerung des Ärmelkanals war stürmisch; alle an Bord waren seekrank. Einzig meine Großmutter saß am Tisch und ließ sich ihr englisches Frühstück mit Würstchen und Eiern schmecken. Die Frau war ein 1,47 Meter kleines wandelndes Energiebündel.

Vier Jahre darauf wurde Jack auf die Insel Sheppey versetzt, wo die Familie Unterkunft in einer Soldatensiedlung bezog. Die Landschaft war kahl, flach und sumpfig, und Grace hatte das Gefühl, ans Ende der Welt verschlagen worden zu sein. An den Docks und in der Kaserne herrschte zwar rege Betriebsamkeit, aber ansonsten schien die Insel – einmal von den wenigen dicht besiedelten Dörfern abgesehen – völlig verwaist. Nur ein Drittel der Fläche war erschlossen.

Als sie auf die Insel kamen, war meine Mutter Pat zwölf Jahre alt. Und nachdem Jack ein paar Jahre später in Sheerness, dem größten Ort der Insel, den Pub »Britannia« gepachtet hatte, arbeitete sie Seite an Seite mit Grace im Lokal.

Hier sah mein Vater Gerry Dolan sie zum ersten Mal.

Pat war damals zwanzig und eine »viertelitalienische« Schönheit mit schulterlangem schwarzem Haar und gertenschlanker Figur. Gerry eröffnete seinem Freund: »Das ist die Frau, die ich heiraten werde.«

»Wirklich?« Sein Freund George war beeindruckt. »Du kennst sie?«

»Nein«, gab mein Vater zurück. »Noch nicht.«

Am selben Abend forderte er sie in der Diskothek in der Drill-Halle auf dem Kasernengelände zum Tanzen auf und brachte sie anschließend nach Hause. Er hatte gerade der Handelsmarine den Rücken gekehrt – er war 31 Jahre alt und hatte die ganze Welt bereist. Pat hingegen war schüchtern und hausbacken; aber sie war schnell von Begriff und für ihren beißenden Humor bekannt. Ein Jahr später traten die beiden vor den Traualtar, und jeder, der auch nur im Entferntesten mit ihnen zu tun hatte, wusste, dass es eine Liebesheirat war.

Zwei Jahre später kam Jed zur Welt; dann ich – Marie Elisabeth – und dann Peter, jeweils im Abstand von zwei Jahren. In der Anfangszeit zogen wir ziemlich oft um – von Sheerness nach Manchester, zurück nach Sheerness und dann nach St. Helens in Lancashire. Ich war drei, als wir schließlich auf die Insel zurückkehrten und unser endgültiges Domizil im Darlington Drive Nr. 55 bezogen.

Die Insel Sheppey ist 17,5 Kilometer lang und 14,5 Kilometer breit. Offiziell beträgt die Einwohnerzahl 35 000, aber im Sommer leben doppelt so viele Menschen hier. In Strandnähe gibt es mehrere Feriensiedlungen und Campingplätze. Weitere Einnahmequellen neben dem Tourismus sind der Hafen und das Stahlwerk.

Zwei Drittel der Insel sind grün – und flach, absolut flach. Der Horizont ist unendlich weit, und wenn die Sonne untergeht, dann steht der ganze Himmel in Flammen. Die Fährlinie – King's Ferry – ist die einzige Verbindung zum Festland, und sobald wir Einheimischen nach einer Reise an Bord des Schiffes gegangen sind, fühlen wir uns damit schon zu Hause.

Ich habe eine ausgesprochen glückliche Kindheit verbracht. Mein allerliebster Zeitvertreib war, meinen Eltern dabei zuzuschauen, wie sie zur Musik von der schönen blauen Donau Walzerschritte übten. Ich war groß für mein Alter und ziemlich beweglich, und als mich Yvonne West mit fünf Jahren in ihre Ballettschule aufnahm, legte sie bald besonderes Augenmerk auf mich. »Ich hatte früher einmal eine Schülerin, die sehr erfolgreich wurde«, sagte sie oft. »Und du erinnerst mich an sie.«

Eigentlich hatten meine Eltern kein Geld für solche Dinge übrig, aber irgendwie brachten sie es trotzdem fertig, mich ein paarmal in der Woche zur Ballettstunde zu schicken und mir die Tutus zu kaufen, die ich für meine Prüfungen brauchte. Abends belegte ich das Wohnzimmer mit Beschlag, rückte den Couchtisch an die Wand, legte eine Platte auf und tanzte. Nie setzten mich meine Eltern in irgendeiner Weise unter Druck, aber mit ihrer Unterstützung konnte ich rechnen – immer und jederzeit.

Mein Vater war Verkäufer – ein guter Verkäufer. Er war schlank, dunkelhaarig, zuvorkommend und unglaublich charmant – und wenn er das Haus verließ, tat er es stets in Hemd und Krawatte. Er verkaufte alles von Zentralheizungen und Doppelverglasungen bis hin zu Alarmanlagen. Einmal wurde er bei Caxton Books zum Verkäufer des Jahres gekürt, weil er mehr Bücher als jeder andere an den Mann oder die Frau gebracht hatte. Als Preise standen eine neue Waschmaschine oder eine Flugreise auf die Bahamas zur Auswahl.

»Sag du, was wir nehmen sollen«, meinte Dad zu Mum.

Mit ihrem gewellten braunen Haar und ihren geblümten Kleidern war meine Mutter immer noch eine Schönheit, aber ihr Leben bestand im Prinzip nur aus Arbeit. Und wie sie sich so in ihrer Küche umsah und ihr Blick auf die Windeleimer fiel, da sagte sie: »Ich nehme die Waschmaschine.«

Das Einkommen meines Vaters war ziemlichen Schwankungen unterworfen. Wenn meiner Mutter des Abends wieder einmal die Münzen für den Stromautomaten ausgingen, warf sie stattdessen Vorhangringe ein. Und wenn auch davon keine mehr übrig waren, dann saßen wir eben bei Kerzenlicht da und spielten Buchstabenspiele, während wir auf Dad warteten.

»Tiere mit A...«

»Ameise, Ameisenbär...«

»B.«

»Bär, Biber...«

Erst gingen wir das ganze Alphabet mit Tieren durch, dann mit Ländern und Filmen, und wir waren so sehr bei der Sache, dass uns die Zeit wie im Flug verging. Irgendwann kam Dad nach Hause und hatte den Vorschuss für seinen nächsten Auftrag in der Tasche. Dann ging das Licht wieder an. Er machte sich eine Flasche Bier auf, und meine Mutter ging zum Chinesen an der Ecke, um für uns alle etwas zu essen zu holen, bevor es Zeit zum Schlafengehen war.

Unweit unseres Hauses befand sich Leas Beach, ein Strandabschnitt, der kostenlos genutzt werden konnte und an den wir darum umso öfter alle zusammen zum Baden gingen. Dort verbrachten wir herrlich faule Tage, an denen wir nichts anderes taten, als zu schwimmen und die kiesige Uferlinie nach Schätzen abzusuchen. Oft kamen die Nachbarsfamilien – die Stents und die Smiths – mit, so waren wir zehn Kinder; und während wir spielten, saßen unsere Mütter im Liegestuhl, mit einem Strohhut auf dem Kopf und umringt von unzähligen Taschen und Tragetüten und Flaschen mit lauwarmem Saft (die immer innerhalb kürzester Zeit voller Sand waren).

Wenn wir ein Eis haben wollten, weil all die anderen Kinder am Strand auch eins hatten, dann sagte unsere Mutter nie rundheraus Nein. Stattdessen erklärte sie uns, warum sie uns ausgerechnet an diesem einen Tag keines kaufen könnte; wenn Dad erst sein Geld bekäme, dann ... Wir waren die ärmste Familie in der Straße, doch wir hatten immer Besuch. Alle kamen gern zu uns, weil in unserem Haus das Glück regierte.

An den Wochenenden saß die versammelte Nachbarschaft rings um den knorrigen Apfelbaum im Garten hinter unserem Haus und sah uns Kindern zu, wie wir unsere Kunststücke aufführten. Peters Spezialität war es, sich kopfüber von den Ästen baumeln zu lassen. Manchmal sang er auch aus voller Kehle (er hatte eine Stimme wie ein Engel); doch wenn er das tat, versteckte er sich vor lauter Schüchternheit hinter dem Baum. Jed, der mit seinen neun Jahren schon fast 1,70 Meter groß war, trat immer als Muskelprotz auf und betätigte sich als Gewichtheber. Und ich erfand Ballettstücke oder führte – wenn Jed mir eine Sperrholzplatte ins Gras legte – auch schon einmal einen Stepptanz auf.

Mein Großvater – Poppa – war in Warner's Freizeitpark angestellt und besorgte uns kostenlose Eintrittskarten. Damit konnten wir nicht nur auf den Ruderteich und ins Schwimmbad, sondern durften auch an der allwöchentlichen Kinder-Schlemmerparty teilnehmen. Und das bedeutete: Hühnchenschenkel, Brot mit viel Butter und Nachtisch. Jeden Freitagabend kamen wir mit Papphüten, Tröten und Luftschlangen nach Hause.

Am allerbesten gefielen mir die Besuche bei meiner Großmutter Grace. Sie war klein, zierlich und immer gepflegt, mit makelloser Frisur und perfektem Make-up. Dazu war sie eine großartige Köchin, und im Haus roch es immer nach frisch gebackenem Kuchen.

Ich fand es herrlich, in ihrem Schrank zu stöbern und in ihre alten Ballkleider zu schlüpfen. Spitze und Tüll, Samt und Damast – ihre Kleider waren aus dem Stoff, aus dem die Märchen sind. Auch hatte sie diverse Schmuckschatullen, in denen echte Diamanten und Rubine Seite an Seite mit billigen Kunststoffperlen und -armreifen aufbewahrt waren. Ich behängte mich mit dem Zeug, schmierte mir scharlachroten Lippenstift ins Gesicht und stakste in ihren hochhackigen Schuhen herum.

In Graces Garten wuchsen Apfel- und Birnbäume, und dazwischen saßen oder standen lauter Gartenzwerge herum. Ich war sicher, dass dort im Geäst Elfen wohnten, und immer wieder ging ich hinaus, um nach ihnen zu suchen.

Kurz bevor meine Mutter heiratete, wurde Grace von ihrem Mann verlassen, und sie nahm einen Untermieter auf. Er war Mitte fünfzig, und sein Gesicht war runzelig und zerfurcht. Die Kleidung, die er trug, passte nie zusammen. Er arbeitete im Stahlwerk, und er hatte braun verfärbte Finger und Dreck unter den Nägeln. Onkel Arthur.

Eines Tages, als ich wieder einmal zu Besuch war, wollte Grace einkaufen gehen. »Kommst du mit oder möchtest du lieber zu Hause bleiben?«, fragte sie.

Ich steckte bis zu den Ellenbogen in einer ihrer Schmuckschatullen. »Ich bleibe hier«, gab ich zurück.

»Achte auf sie, Arthur«, wies meine Oma ihn an.

Sie war kaum ein paar Minuten aus dem Haus, als Onkel Arthur sagte: »Komm her zu mir und gib mir einen Kuss.«

Ich sah von meinem Spiel auf.

»Du hast mir heute gar keinen Begrüßungskuss gegeben«, beharrte er.

Ich war sieben Jahre alt. Ich hatte ihm noch nie einen

Begrüßungskuss gegeben; allenfalls zum Abschied einen Schmatz auf die Wange. Aber ich ging trotzdem hin, und wie ich mich vorbeugte, um ihn zu küssen, zog er mich auf seinen Schoß. Er roch nach selbst gedrehten Zigaretten. Ich küsste ihn auf die Wange.

»Sei nicht albern«, protestierte er. »Gib mir einen richtigen Kuss!«

Einen richtigen Kuss? Soweit ich wusste, war das so einer, wie ich ihm gerade gegeben hatte – nur auf den Mund. Wie meine Lippen die seinen berührten, waren auf einmal seine Hände an meinem Kopf, und er drückte mir seine Zunge in den Mund. Sie fuhr hin und her, überallhin, bis in den Hals.

Seine Zunge war dick und hart. Die Bartstoppeln auf seiner Oberlippe kratzten mich im Gesicht. Er fuhr mir mit der Hand unter den Rock und in mein Höschen hinein. Ich stieß ihn weg und rutschte von seinem Schoß herunter.

»Warum ziehst du nicht ein Prinzessinnenkleid an, damit deine Oma gleich sieht, wie hübsch du bist?«

Ich sah ihn staunend an. Er tat völlig normal – so als wäre nichts gewesen. Ich war schockiert von dem, was er getan hatte; ich mochte es nicht. Mein Gefühl sagte mir, dass es nicht richtig war, obwohl ich nicht wusste, warum.

Als Grace zurückkam, war ihre erste Frage an mich: »Bist du auch brav gewesen?«

Ich war schon drauf und dran, ihr zu sagen, dass Onkel Arthur mir einen komischen Kuss gegeben hatte. Doch er kam mir zuvor: »Ja. Sie war ganz lieb.«

An den Wochenenden arbeitete Onkel Arthur in Omas Gemüsegarten. Eines Nachmittags schickte sie mich hinaus zu ihm: »Sag Arthur, dass ich einen Kohlkopf brauche.«

Er war gerade hinter den Stangenbohnen beschäftigt.

»Oma braucht einen Kohlkopf.«

»Komm her, dann geb ich dir einen.«

Ich ging zu ihm hin, und er schnitt einen Kohlkopf ab.

»Gib mir einen Kuss und lass dich umarmen.«

»Gib mir den Kohlkopf.«

Onkel Arthur schnappte mich und schob mir wieder seine Zunge in den Hals. Dann fuhr er mit der Hand in mein Höschen. Nach ein paar Minuten ließ er mich wieder los. »Hier hast du den Kohlkopf.«

Wieder tat er so, als wäre nichts gewesen. Ich war verwirrt. Onkel Arthur benutzte die Worte »küssen« und »schmusen«. Ich wusste, dass das im Prinzip in Ordnung war – schließlich küsste er mich und schmuste mit mir, auch wenn er noch andere komische Dinge tat. Dass er anschließend so normal war, brachte mich noch mehr durcheinander.

Während ich zwischen den Obstbäumen zum Haus zurückkehrte, versuchte ich, meine Gedanken zu ordnen. Wenn ich sagte, was passiert war, würde es bestimmt Ärger geben, und ich wollte keine Probleme schaffen. Wenn er nun sagte, ich hätte gelogen? Wenn man mir nicht glaubte?

Als ich das nächste Mal bei meiner Oma übernachtete, kam Onkel Arthur in mein Schlafzimmer. »Ich will dir nur einen Gutenachtkuss geben«, erklärte er mir.

Während er mich anfasste, hatte er die ganze Zeit über seine Zunge in meinem Mund, sodass ich weder schreien noch irgendwelche Laute von mir geben konnte. Ich hatte Angst, zu ersticken. Er schob seinen Finger in mich hinein und strich mit den Händen über meinen Bauch und meine Beine; aber am meisten störte mich seine Zunge. Seine Zunge war so groß, dass ich kaum Luft bekam.

Als er fertig war, stand er auf und deckte mich wieder zu. »Sei ein braves Mädchen und schlaf jetzt«, sagte er.

Ich lag in der Dunkelheit, verwirrt und verängstigt. Ich fürchtete, dass er zurückkommen könnte. Ich fühlte mich schrecklich – wund und beschämt. Stundenlang konnte ich kein Auge zutun. Als ich hörte, wie Grace zu Bett ging, schlich ich mich zu ihr. Ich wusste, dass er mich in ihrem Zimmer in Ruhe lassen würde.

»Ich hatte einen Albtraum«, schwindelte ich. »Kann ich bei dir schlafen?«

Wann immer ich von da an bei meiner Oma übernachtete, tat ich so, als würde ich von Albträumen heimgesucht. »Nur wenn ich bei dir im Bett schlafe, fühle ich mich sicher«, erklärte ich ihr.

Im selben Jahr, ein paar Tage vor Weihnachten, schickte mich meine Mutter zur Bäckerei, um Brot zu kaufen. Es hatte viel geschneit, und ich erinnere mich noch daran, wie ich auf dem Rückweg von dem Laden um die Ecke bog und auf einmal die ganze Straße schneeweiß vor mir liegen sah, unter einer dicken, ungebrochenen Schneedecke begraben – nicht einmal meine eigenen Fußspuren waren mehr zu sehen. Ich stand mitten auf der Straße. Der Mond war beinahe voll, und es war sehr hell. Ein Gefühl der Ehrfurcht ergriff mich. Mit jedem Schritt betrat ich frischen Schnee. Und wie ich durch die weiße Pracht ging, hörte ich auf einmal Stimmen – leise, herrliche, hohe Stimmen. Sie sangen »Stille Nacht«. So etwas Schönes hatte ich noch nie gehört. Wie gebannt lauschte ich auf den Chor, und eine unendliche Ruhe erfüllte mich. Der Klang war so wunderschön, dass ich mit einstimmte und singend den Weg entlangging.

Ich breitete meine Arme aus, und der Schnee fiel mir auf die Hände und das Gesicht. Dreimal sangen wir das Lied. Dann war ich vor unserem Haus angelangt, und der Chor verstummte. Ich war überzeugt, mit den Engeln gesungen zu haben – nicht wegen der Stimmen oder des Schnees, sondern wegen des herrlichen Gefühls in meiner Brust. Der Euphorie.

»Ich habe mit den Engeln ›Stille Nacht‹ gesungen«, erzählte ich meiner Mutter, als sie mich an der Tür empfing.

»Das ist aber schön, Mia«, antwortete sie. »Hast du auch das Brot mitgebracht?«

Meine Mutter machte nie viel Federlesens, aber später sagte sie mir einmal, wie sehr es sie freute, dass ich einen Blick für die magischen Momente des Lebens hatte.

Manchmal vergingen Monate, ohne dass etwas passierte. Aber irgendwann war ich doch wieder mit Onkel Arthur allein, und er tat es wieder. Manchmal führte er meine Hand zu seiner alten, grauen Hose hin und drückte sie fest dagegen. Und nachher tat er jedes Mal so, als sei nichts gewesen.

Mit neun Jahren stellte ich meine Besuche bei Oma und Onkel Arthur ganz ein, und so hatte er keine Chance mehr, mich allein zu erwischen. Ich hielt den Mund, um meine Eltern zu schonen. Bis auf den heutigen Tag habe ich niemandem erzählt, was Arthur mir angetan hat.

Jeden Samstag bekamen wir zweieinhalb Shilling Taschengeld. Ich wusste schon immer im Voraus, wie ich sie ausgeben würde: einen halben Shilling für einen Eislutscher und den Rest für eine Mischung aus Lakritze, Fruchtgummis, Kaubonbons und anderen Süßigkeiten. Ich entschied mich für die Sorten zum Kauen, weil sie am längsten vorhielten, und ich genoss das Gefühl, eine richtig große Tüte voll davon mein Eigen zu nennen.

Sonntagmittags ging mein Vater immer in den Arbeiterclub von Minster, um seine Kumpels aus der Marine zu treffen und sich zu betrinken. Wenn er dann wie Happy und Seppl aus Schneewittchen und die sieben Zwerge zurückkam, plünderten wir Kinder ihn gnadenlos aus.

»Komm, lass uns Karten spielen, Dad«, meinte Jed.

Und emsig schoben wir Stühle an den hölzernen Küchentisch. Saß er erst einmal, dann war es ein Klacks für uns, ihn finanziell zu erleichtern. Wenn er einschlief, nahm uns unsere Mutter die Scheine wieder ab und steckte sie ihm zurück in die Tasche; die Münzen aber durften wir behalten. Meine Brüder und ich teilten sie gerecht zwischen uns auf. Zu teilen war ein ungeschriebenes Gesetz.

Eines Sonntagnachmittags rief Jed Peter und mich nach draußen. Er hatte einen 10-Shilling-Schein in der Hand. »Schaut mal«, sagte er. »Ich habe ihn auf dem Boden neben Dads Hose gefunden.«

Wir machten uns auf den Weg zum Supermarkt und gaben das ganze Geld für Eis, Schokolade und Süßigkeiten aus. Zwei Tragetüten brauchten wir, um unsere Beute abzutransportieren. Wir wussten, dass wir damit nicht nach Hause kommen konnten, und als wir eines der rot-weiß gestreiften Zelte der Straßenarbeiter entdeckten, verkrochen wir uns darin und stopften uns voll.

Am nächsten Tag zog ich Dad einen 10-Shilling-Schein aus der Tasche und ging in die Schule. Es fühlte sich nicht wie Klauen an. In der Pause rief ich: »Wer will Süßigkeiten?«

Ich lud die ganze Klasse zu einem Fressgelage am Büdchen in der Pausenhalle ein. Der Direktor rief bei meiner Mutter an. »Ihre Tochter hat gerade Süßigkeiten für die ganze Klasse gekauft«, teilte er ihr mit.

Meine Mutter deckte mich. »Sie muss wohl ihr Sparschwein geplündert haben«, gab sie loyal zurück.

Nachdem der Direktor aufgelegt hatte, kam er zu mir. »Deine Mutter hat gesagt, du hättest deine ganzen Ersparnisse ausgegeben.« Er sah mich prüfend an.

Auf einmal wurde mir bewusst, was ich getan hatte. Jed war mir keine Hilfe. »Das wirst du nicht überleben«, unkte er, als wir auf dem Heimweg im Bus nebeneinander saßen.

»Du hast doch das Gleiche getan.«

»Ich weiß.« Er war der Inbegriff eines herablassenden großen Bruders. »Aber *ich* habe mich nicht erwischen lassen.«

»Was hast du getan?« Kaum hatte ich die Schwelle überschritten, da stellte mich meine Mutter zur Rede. »Woher hast du das Geld gehabt?«

»Ich hab es aus Dads Hosentasche. Die Hose lag auf dem Bett ...«

»Wenn er nach Hause kommt, hast du ihm allerhand zu beichten«, erwiderte sie. »Ich kann es gar nicht glauben, dass du geklaut hast – in der eigenen Familie. Du weißt doch, dass du von allem immer deinen Teil abbekommst.«

Was mir am meisten wehtat, war der verletzte Ausdruck in Mutters Blick. Zum ersten Mal in meinem Leben hatte ich etwas Schreckliches getan. Es dauerte zwei Stunden, bis Dad nach Hause kam. Ich wartete im Wohnzimmer, saß auf dem Sofa und versuchte, mich mit Fernsehen abzulenken. Aber ich schämte mich zu sehr. Ich hörte, wie meine Eltern in der Küche redeten. Dann kam er herein. Er hatte eine Zeitung in der Hand.

»Nun, uns' Mia«, sagte er (er nannte mich immer »uns' Mia«, wie es seinem Dialekt entsprach). »Deine Mutter hat mir gesagt, was du getan hast, und mich hier reingeschickt, um dich zu bestrafen.«

Er rollte die Zeitung zusammen und klopfte mir damit auf den Arm. »Tu das nie wieder!«, mahnte er, und jedes seiner Worte unterstrich er mit einem weiteren sachten Schlag.

Er war der sanfteste Mann auf Gottes Erdboden. Es steckte einfach nicht in ihm, mir wehzutun. Aber der Schmerz war dennoch da – die Schuldgefühle, die unendliche Reue. Ich habe es nie wieder getan.

Und es wurde nie wieder darüber geredet. Meine Familie ist nicht nachtragend.

Ich träumte von einer Karriere als Ballerina. Mit elf Jahren fing ich an, für die Aufnahmeprüfung in der Londoner Royal Academy zu trainieren. Ich wusste, dass ich hart arbeiten musste, wenn ich sie bestehen wollte, und so gab ich mein Bestes. Es ist ein gutes Gefühl, sich für eine Sache zu engagieren, in der man Höchstleistungen bringen kann. Dennoch kostete es mich einige Mühe.

Als der Tag der Prüfung endlich gekommen war, hatte ich fürchterliches Lampenfieber. Ich war dreizehn, und dies war das erste Mal in meinem Leben, dass ich etwas wirklich wollte. Es war mir so wichtig, zu bestehen.

Der Tanzsaal war riesig, mit Parkettboden und Spiegeln an den Wänden – genau so, wie ich ihn mir vorgestellt hatte. Erst absolvierte ich die Standardübungen an der Stange und am Boden; dann war es Zeit für meine eigene Choreographie. Ich tanzte zu Johann Strauss' »An der schönen blauen Donau«, wie ich es zu Hause so oft getan hatte. Später, als ich schon in der Garderobe war, um mich umzuziehen, wurde ich noch einmal in den Saal zurückgerufen.

»Du bewegst deine Füße sehr schön«, sagte einer der Prüfer.

Vor Stolz stieg mir die Röte ins Gesicht. Meine Art zu tanzen gefiel ihnen!

»Und auch deine Handbewegungen sind gut«, fügte ein zweiter Prüfer hinzu. »Aber du solltest dir darüber im Klaren sein, dass für dich zurzeit eine Aufnahme in die Akademie nicht infrage kommt. Es tut uns Leid, aber mit 1,70 Metern bist du einfach zu groß.«

Zu groß! Es stimmte schon, ich war groß für mein Alter, aber niemand hatte mir etwas von einer Größenbeschränkung gesagt. Zwei Jahre lang hatte ich nichts anderes getan, als zu trainieren – an fünf Abenden die Woche, jede Woche. Und nun war alles umsonst gewesen. Die ganze Arbeit hatte nichts gebracht.

Im Zug auf der Heimreise saß ich neben den anderen Mädchen aus Yvonne Wests Ballettschule, unser Haar zu festen Knoten gesteckt und mit feinen Netzen gehalten. Und ich wusste, dass ich besser tanzen konnte als sie alle, und doch würden sie nach London gehen und nicht ich. Sie würden Tänzerinnen werden und sich meinen Traum erfüllen.

Der Gedanke, dass ich nicht durchgefallen war, tröstete mich etwas; zumindest lag es nicht daran, dass ich nicht tanzen konnte. Ich hatte mein Bestes getan. Jetzt konnte ich wieder nach draußen gehen und spielen. Von dem Druck der Prüfung befreit, entdeckte ich die Jungen – oder besser: Die Jungen entdeckten mich.

Mein großer Bruder Jed sah aus wie Sylvester Stallone, und alle Mädchen waren hinter ihm her. Er war ein Machotyp mit kahl geschorenem Kopf, verwaschenen Jeans, Stiefeln und Hosenträgern. Er sah wie der totale Skinhead aus, aber mit dem Kämpfen hatte er es noch nie gehabt. Dazu war er schlichtweg zu faul. Wir hingen meistens zusammen rum.

Höhepunkt der Woche war die Jugend-Disko in der Halle des Arbeiterclubs. Dad verbrachte seinen Abend an der Theke, während wir nebenan – zusammen mit ungefähr fünfzig anderen Jugendlichen – zu Musik von Diana Ross und The Jackson Five tanzten.

Eines Abends machte ich von der Disko aus einen Abstecher zur Pommesbude. Der kürzeste Weg dorthin führte über das Gelände von Minster Abbey, und wie ich kauend mit der Pommestüte in der Hand zurückkam, sah ich eine Nonne am Tor zum Wunschbrunnen stehen. Sie trug eine lange blauschwarze Ordenstracht und schaute Richtung Fluss ins Tal hinunter, als würde sie auf jemanden warten. Ich dachte, die Frau hätte sich bloß verkleidet.

Doch wie ich auf sie zukam und sie anschaute, verschwand sie auf einmal. Ich hatte sie ebenso deutlich vor mir gesehen wie das Tor und das Gras. Und dann war sie plötzlich weg. Erschrocken schaute ich mich um, aber sie war nirgends zu sehen. Ich ließ den Rest meiner Pommes frites in die Mülltonne fallen und rannte, so schnell ich konnte, zum Club zurück, um meinen Vater zu suchen.

»Dad, Dad!«, brachte ich hervor. »Ich habe gerade eine Nonne gesehen, und dann ist sie urplötzlich vor meinen Augen verschwunden.«

Die Kumpane meines Vaters lachten hell auf. »Bist du sicher, dass du Mia keinen Gin eingeflößt hast?«, nahm ihn einer auf die Schippe.

»Ich meine das ganz im Ernst«, beharrte ich. »Ich habe eine Nonne gesehen.«

»Ja, ja, uns' Mia«, gab Dad mit sichtlichem Desinteresse zurück. »Und jetzt geh wieder in die Disko.«

Auch bei meinen Freunden fand ich kein Gehör. Sie lachten mich aus, und ich wurde sauer. Aber als ich schließlich nach Hause kam und meiner Mutter erzählte, was geschehen war, hörte sie mir zu.

»Hast du Angst gehabt?«, wollte sie wissen.

»Nein. Ich war erschrocken«, antwortete ich. »Aber Angst hatte ich keine.«

»Dann ist alles in Ordnung, Mia«, beruhigte sie mich.

2

Als ich dreizehn war, überredete ich meine Mutter, mir ein Paar blaue Schuhe mit Plateausohlen und 5-Zentimeter-Absatz zu kaufen. Ich trug sie, als ich in die Jugend-Disko ging, und wusste, dass ich gut aussah. Sheppey Comprehensive war die einzige weiterführende Schule auf der Insel, und so kannte jeder jeden – in der Disko trafen wir dieselben Leute, mit denen wir auch tagsüber zusammen waren. Aber an jenem Abend tauchten fünf fremde Jungen auf. Sie waren siebzehn und damit älter als die anderen Jugendlichen. Und wie sie so an der Hallenwand lehnten, sahen sie wirklich cool aus.

Um halb elf fing die langsame Musik an, und ich tanzte mit ein paar der tölpeligen Fünfzehnjährigen. Dann sah ich, wie einer der fremden Jungs sich von seiner Clique löste. Er kam auf mich zu. »Willst du tanzen?«, fragte er.

Tonys braunes Haar reichte ihm gerade bis auf die Schultern; er hatte große braune Augen und einen großen sinnlichen Mund. Sein weißes T-Shirt leuchtete hell im Diskolicht.

»Okay«, nickte ich.

Ich legte ihm die Hände auf die Schultern, und er fasste mich an der Taille. Wir tanzten mit 15 Zentimetern Abstand. Ich war steif und ungelenk. Dies war das erste Mal, dass ich mit jemandem tanzte, den ich nicht kannte – geschweige denn einem älteren Jungen –, und meine Freundinnen sahen mir vom Rand der Tanzfläche aus kichernd zu.

»Mit wem bist du hier?«, erkundigte sich Tony.

Ich wollte nicht sagen, dass ich mit meinem Vater und meinem Bruder da war; das wäre einfach uncool gewesen.

»Mit meinen Freundinnen«, gab ich zurück.

»Kann ich dich nach Hause bringen?«

Mich nach Hause bringen?! Ich wusste, dass ich älter aussah, als ich in Wirklichkeit war, und es gab mir ein gutes Gefühl, mich vor meinen Freundinnen mit einem älteren Jungen zu zeigen. Aber das ging mir nun doch zu weit.

»Nein, nein«, wehrte ich ab. »Meine Mutter holt mich ab.«

Nachdem der Tanz vorüber war, kam Jed zu uns herüber.

»Alles klar, Schwesterchen?«, fragte er.

»Ja.«

Ich ging und ließ Tony mit Jed stehen. Als das Licht anging, machte ich mich auf den Weg zum Parkplatz, um meine Mutter zu suchen.

»Bis dann«, rief Tony mir nach, als ich an ihm vorüberging.

»Tschüs«, rief ich zurück.

Zu Hause berichtete mir Jed, dass Tony ihn über mich ausgefragt hatte. Er sagte ihm, wie alt ich war – und sogar, wo wir wohnten. Ich aber hatte kein Interesse. Es war ein gutes Gefühl gewesen, mit einem älteren Jungen zu tanzen, aber kaum war es vorbei, verschwendete ich keinen weiteren Gedanken darauf.

Zwei Wochen später gingen Jed und ich zu einem Jugendclub in Sheerness, etwa 3 Meilen von uns. Ich saß mit meinen Freundinnen auf dem Sofa, als Tony hereinkam. Er war allein da. Es waren kaum ein paar Minuten vergangen, da kam er zu mir herüber.

»Hast du Lust, irgendwann mal mit mir was zu unternehmen?«, fragte er. »Wir könnten was trinken gehen.«

»Nein.« Ich fühlte mich in dem Augenblick genau so alt, wie ich war: dreizehn. »Ich glaube nicht, dass sie mich in ein Pub reinlassen würden.«

»Na, dann gehen wir eben ins Kino.«

Ich schüttelte lachend den Kopf. »Nein. Ich glaube, besser nicht.«

»Du hast wirklich eine gute Figur.« Tony ließ nicht locker. »Weißt du eigentlich, wie gut du aussiehst?«

Ich kicherte. Ich war mit Jungen aufgewachsen, und darum genoss ich ihre Gesellschaft. Aber Komplimente hatte mir noch keiner gemacht. Das war ich nicht gewohnt. Ich war nicht darauf vorbereitet.

An jenem Abend wich Tony nicht von meiner Seite. Ich konnte ihn einfach nicht abschütteln. Als die langsame Musik anfing, forderte er mich zum Tanzen auf.

»Nein. Lieber nicht.«

»Sei nicht albern!« Er zog mich auf die Tanzfläche.

Während wir tanzten, versuchte er, mich dichter an sich heranzuziehen, aber ich ging immer wieder auf Abstand. Als das Lied zu Ende war, fing er an, mich zu küssen. Ich schob ihn weg und rannte zur Toilette; Michelle, meine beste Freundin, folgte mir.

»Der Junge hat ein Auge auf dich geworfen«, meinte sie. »Gehst du mit ihm?«

»Nein!« Ich strich mir wütend mit der Bürste durchs Haar. »Ich gehe nicht mit ihm!«

Um Tony loszuwerden, schlich ich mich durch den Hintereingang aus dem Jugendclub und wartete draußen auf dem Parkplatz, bis meine Mutter kam, um mich abzuholen.

Als ich am nächsten Morgen zur Schule kam – ich war spät dran und sehr in Eile –, sah ich Tony auf der Mauer neben dem Eingang sitzen.

»Ich habe auf dich gewartet«, meinte er. »Willst du mal mit mir zusammen irgendwohin gehen?«

»Nein«, erwiderte ich. »Ich habe dir doch schon mal gesagt: Du bist zu alt, und meine Eltern hätten was dagegen.«

»Was gehen uns deine Eltern an?«, beharrte er. »Ich will wissen, was mit dir ist? Hast du Lust?«

»Nein. Und außerdem habe ich keine Zeit. Ich muss in die Schule.«

»Und wann sehen wir uns wieder?«, rief er mir nach.

Ich war unsicher, wusste nicht recht, was ich sagen sollte. »Keine Ahnung«, gab ich zurück und rannte den langen, geschwungenen Weg zum Schulhaus hinüber.

Zwei Tage später saß er wieder da und wartete vor der Schule auf mich.

»Ich dachte, ich hole dich einfach nach der Schule ab. Da können wir zusammen was essen gehen.«

Ich war gerade mit meinen Freundinnen Michelle und Jane auf dem Weg zur Pommesbude. Er lief neben uns her.

»Ich lade dich ins Pub ein«, sagte er. »Da können wir was trinken und uns unterhalten.«

»Ich will aber nicht ins Pub.«

Er hatte seine Hand auf meinem Arm.

»Meine Freundinnen und ich, wir haben schon was anderes vor.« Ich machte mich von ihm los und rannte meinen Freundinnen hinterher. Aber während wir unsere Pommes aßen, sahen wir ihn auf der anderen Straßenseite stehen. »Er ist irgendwie schräg«, meinte Michelle.

Es schüttelte mich. »Ich weiß.«

Als Peter und ich zwei Tage darauf zum Laden an der Ecke gingen, sprang Tony hinter einem Busch hervor und packte mich am Arm.

»Hör auf, vor mir wegzulaufen«, herrschte er mich an. »Du weißt doch, dass du meine Freundin bist.«

»Ich bin nicht deine Freundin!«

»Jetzt komm schon.« Er blieb hartnäckig. »Gehen wir eine Runde spazieren.«

Ich riss mich los, aber er bekam mich wieder zu fassen. Peter wusste nicht, was er tun sollte. Die eigene Hilflosigkeit trieb ihn an den Rand der Tränen. »Lass sie in Ruhe!«, schrie er immer nur. »Lass sie in Ruhe!«

Irgendwann gelang es mir, mich aus Tonys Griff zu befreien. Wir rannten nach Hause und erzählten Mum, was passiert war. Als sie aber vor die Tür schaute, war Tony verschwunden.

Am nächsten Morgen war er wieder vor der Schule, um mich zum Essen einzuladen.

»Ich will dein bescheuertes Essen nicht! Ich bin nicht deine Freundin! Ich will bloß eins: dass du mich in Ruhe lässt!« Damit ließ ich ihn stehen und rannte ins Gebäude.

»Wie kann er sich einbilden, dass ich seine Freundin bin, wo doch nichts zwischen uns gewesen ist?«, fragte ich Michelle. »Warum lässt er mich nicht in Ruhe, wo ich ihm doch gesagt habe, dass ich nichts mit ihm zu tun haben will? Ich begreife das einfach nicht.«

»Der Typ ist nicht ganz normal«, pflichtete Michelle mir bei. »Geh ihm bloß aus dem Weg!«

Als ich am darauf folgenden Wochenende aus dem Küchenfenster schaute, sah ich Tonys Kopf am Ende des Gartens aus dem hohen Gras herausragen. Es war acht Uhr morgens. Womöglich war er die ganze Nacht da draußen gewesen. Meine Mutter schnappte sich einen Besen und marschierte zu ihm hin.

»Ich tue doch niemandem etwas Böses«, bettelte Tony. »Ich will bloß mit Mia reden.«

»Verschwinde!«, befahl Mum. »Lass meine Tochter in Ruhe!«

»Ich liebe Ihre Tochter.«

»Mag sein«, sagte meine Mutter. »Aber sie liebt dich nicht.«

Drei Wochen war mir Tony auf den Fersen, und ich konnte sagen, was ich wollte, es half alles nichts. Langsam wurde es unerträglich. Er machte mir Angst. Meine Mutter rief die Polizei an. Man fragte sie, ob es zu körperlichen Übergriffen gekommen sei, und als sie das verneinte, hieß es, dass man in dem Fall nichts tun könne.

»Am Montag gehe ich nicht in die Schule«, beschloss ich. »Er steht wieder am Tor. Ich weiß es ganz genau.«

»Die Sache wird sich bald wieder beruhigen«, tröstete mich meine Mutter.

»Allein gehe ich nicht mehr auf die Straße.«

»Irgendwann wird es ihm langweilig, dir auf Schritt und Tritt zu folgen«, prophezeite Mum. Aber sie war einverstanden, mich ein paar Tage lang zu Hause zu behalten, um wieder Ruhe einkehren zu lassen.

Nachdem die anderen am Montag aus dem Haus gegangen waren, begab ich mich ins Wohnzimmer und setzte mich vor den Fernseher. Kaum eine Stunde war verstrichen, als ich es an der Tür klopfen hörte. Das Glas in der Tür war gemustert und undurchsichtig, aber ich erkannte deutlich: Es ist Tony, sein Gesicht verzerrt.

»Geh weg!«, rief ich.

»Warum bist du heute Morgen nicht in die Schule gegangen?«

»Wegen dir, du Idiot!«

»Lass mich rein. Wir müssen darüber reden.«

»Hau ab!«, schrie ich.

Ich rannte ins Wohnzimmer und knallte die Tür hinter mir zu, ließ mich auf einen Sessel fallen und zog die Knie hoch. Wenn ich mich nicht von der Stelle rühre, dachte ich, dann würde er irgendwann von allein verschwinden. Aber auf einmal tauchte sein Gesicht vor dem Fenster auf. Er klopfte. »Lass mich rein«, bat er. »Komm schon, lass mich rein.«

»Ich rufe jetzt die Polizei!«, drohte ich, griff zum Hörer und wählte die Nummer von der Arbeitsstelle meiner Mutter. Tony sah mir zu. Dann verschwand er vom Fenster. Mum kam nach Hause und rief wieder auf der Wache an. Doch auch diesmal sagte man ihr, dass sie nichts tun könnten.

Zwei Wochen lang setzte ich keinen Fuß vor die Tür. Ich wanderte von Raum zu Raum: drei Schlafzimmer, Wohnzimmer, Küche. Am liebsten wäre ich gar nicht allein geblieben, aber mir war klar, dass meine Eltern nicht von der Arbeit zu Hause bleiben konnten. Wenn niemand da war, hatte ich fürchterliche Angst. Es verging kein Tag, an dem Tony nicht aufgetaucht wäre.

Zuerst versuchte er es mit Überredung. »Komm schon, sei nicht albern, lass mich rein. Du weißt doch, dass wir miteinander reden müssen.«

Dann packte ihn der Zorn. »Mach endlich die Tür auf, du Schlampe. So tanzt du mir nicht auf der Nase herum! Ich bring dich um!«

Er klopfte permanent an irgendeinem Fenster. Ich hatte Angst, dass er einbrechen würde – jeden Moment könnte er hereinkommen und mir wehtun. Ich rief meine Mutter an und sperrte mich ins Badezimmer ein. Sie brauchte all ihre Urlaubstage auf, um bei mir zu sein; und Dad kam früher von der Arbeit nach Hause. Unser aller Leben war auf den Kopf gestellt.

Jed war zwei Jahre jünger als Tony, aber er war bereit, es mit ihm aufzunehmen. Zweimal blieb er bei mir zu Hause, aber ausgerechnet an diesen beiden Tagen tauchte Tony nicht auf. Er wusste, wenn ich allein war. Er beobachtete das Haus.

Nachdem wir mehrmals angerufen hatten, stand irgendwann doch ein Streifenwagen vor der Tür. Die Beamten erklärten uns, dass sie nach geltendem Recht keine Handhabe gegen Tony hätten, solange er nicht tätlich wurde oder ins Haus einbrach.

»Müssen wir etwa warten, bis er ihr etwas antut?« Meine Mutter war fassungslos.

»Wenn wir ihn ums Haus herumschleichen sehen, werden wir ihn verwarnen«, versprachen sie. »Aber festnehmen können wir ihn nicht.«

Meine Eltern beschlossen, mich für ein paar Wochen zu einer Schwester meiner Oma nach Devon zu schicken. Ich hatte meine Großtante Mary noch nie gesehen, aber ich wollte nur eines: so weit wie möglich von Tony wegkommen.

Nachdem ich wochenlang nicht aus dem Haus gekommen war, fühlte sich die wiedergewonnene Freiheit wunderbar an. Ich teilte ein Zimmer mit meiner Cousine Valerie und lernte in der Heide reiten. Endlich wusste ich wieder, was es heißt, glücklich zu sein.

Zehn Tage war ich in Devon, als ich auf dem Rückweg vom Kiosk einen alten Bekannten in der Unterführung stehen sah.

Das konnte doch nicht möglich sein! Er war doch nicht hier. Er war doch Hunderte von Meilen weit weg …

Als er mich sah, warf Tony seine Zigarette weg und kam auf mich zu. Er sah wild und ungepflegt aus, so als bräuchte er dringend ein Bad. Ich stand wie angewurzelt da, konnte mich vor lauter Schreck nicht bewegen.

»Ich habe deiner Tante alles über dich erzählt«, meinte er. »Ich habe ihr gesagt, dass man dich hierher geschickt hat, weil du als Nutte gearbeitet hast. Sie ist total entsetzt. Sie will dich nicht wiedersehen. Sie hat mir geglaubt. Für sie bist du ein Stück Dreck.«

Ich fing an zu weinen. Da auf einmal änderte sich Tonys Stimmung. Er wurde plötzlich sanft und fürsorglich: »Mach dir keine Sorgen. Ich kümmere mich um dich. Ich bring dich auf die Insel zurück.«

Ich war dreizehn; war weit, weit von zu Hause weg und glaubte, dass meine Tante nichts mehr mit mir zu tun haben wollte. Er hakte mich unter, und wir machten uns auf den Weg.

»Ich weiß, ich hätte deiner Tante nie so was erzählen dürfen«, entschuldigte sich Tony. »Aber ich war so verletzt. Ich werde es wieder gutmachen. Versprochen!«

Tony führte mich an den Strand. Wir setzten uns in den alten viktorianischen Pavillon an der Promenade und schauten aufs Meer hinaus. Die Wände waren mit Graffiti besprüht, und es roch nach Urin. Es war kein Mensch zu sehen.

Irgendwann hörte ich auf zu weinen. »Wir müssen erst eine Zeit lang zusammen sein«, unterbrach Tony die Stille. »Dann wirst du es begreifen.«

»Was begreifen?«

»Dass wir füreinander bestimmt sind.«

Er war wahnsinnig! Was um Himmels willen hatte ihn auf diese Idee gebracht?

»Wenn du versuchst, wegzulaufen, muss ich dir wehtun.«

Stundenlang saßen wir in dem Pavillon. Ich hatte Angst. Furchtbare Angst. Einmal kam vorne am Strand ein Mann vorbei, der seinen Hund spazieren führte. Er war der einzige Mensch, den wir in der ganzen Zeit zu Gesicht bekamen. Ich wollte ihn rufen. Aber ich fürchtete mich zu sehr.

Und ich wusste nicht, was ich ihm hätte sagen sollen. Tony war jetzt nett zu mir, er machte mir Komplimente, lächelte, streichelte mir übers Haar. Kein Mensch konnte wissen, was in seinem kranken Hirn vorging. Jedes Atom meines Körpers schrie danach, wegzurennen.

Tony hielt meine Hand und versuchte, mich zu küssen.

Es wurde dunkel.

»Es ist alles gut«, redete er mir zu. »Du wirst bald keine Angst mehr haben.«

Ich war vor Panik wie gelähmt. All die Mühen, um Tony loszuwerden, und jetzt wir zwei hier, ganz allein ... Ich war völlig durcheinander. Und ich hatte Hunger. Aber alles, was ich zu essen hatte, war das bisschen Schokolade, das ich am Kiosk erstanden hatte, bevor ich Tony über den Weg gelaufen war.

Er ließ mich die ganze Nacht nicht gehen. Als der Morgen dämmerte, drückte mich meine Blase so, dass ich es nicht mehr länger aushielt. Ich konnte Tony überreden, mit mir zu den öffentlichen Toiletten zu laufen, die etwas weiter unten am Strand waren.

»Mach schnell«, schärfte er mir ein. »Ich warte hier draußen auf dich.«

Ich ging ins Damenklo und hörte, wie Tony ins Männerabteil ging. Das gab mir 500 Meter Vorsprung, bevor er mich sehen konnte. Ich rannte. Die Straßen waren verwaist. Ich glaubte – hoffte –, zu wissen, wo die Polizeiwache war. Tony war mir dicht auf den Fersen. Er kam immer näher. Ich sah die Lichter; rannte, so schnell ich konnte, in die Wache hinein.

»Hilfe! Sie müssen mir helfen. Er lässt mich nicht in Ruhe.« Ich stotterte, heulte.

Tony platzte herein. »Sie ist nur durcheinander«, sagte er, die Ruhe in Person. »Ein bisschen hysterisch. Ich kümmere mich um sie. Ich mache das schon.«

Tony wirkte so ruhig, was er sagte, klang so plausibel. Einen schrecklichen Moment lang dachte ich, der Polizist würde uns zusammen hinausschicken.

»Bitte lassen Sie es nicht zu, dass er mich mitnimmt«, bettelte ich. »Bitte rufen Sie meine Eltern an.«

»Raus hier, Junge!« Die Stimme des Beamten war strikt. Sie schickten ihn weg! Ich konnte es kaum glauben.

Im Vernehmungsraum erzählte ich meine Geschichte, und als sie erfuhren, wie alt ich war, hatte ich den Eindruck, dass sie Tony doch lieber verhaftet hätten. Sie riefen meine Eltern an und setzten mich in einen Zug nach Paddington. Ich suchte erst den Zug nach Tony ab, bevor ich mich auf meinen Platz sinken ließ. Fünf Stunden Fahrt lagen vor mir, und ich hatte kein Geld in der Tasche – nicht einmal für einen Tee. Aber wenigstens war ich vor Tony sicher.

Dad holte mich in Paddington ab. Erst kaufte er mir zwei Dosen Cola und etwas zu essen, dann hörte er mir zu.

»Tante Mary hat angerufen und gesagt, du wärest zum

Kiosk gegangen und nicht zurückgekommen«, erzählte er mir. »Wir haben die ganze Zeit vor Sorgen kein Auge zubekommen.«

»Hat sie Tony gesehen?«

»Nein.« Er schüttelte den Kopf. »Er hat dich angelogen.« Und dann erzählte er mir, dass Tony kurz nach meiner Abreise meinen Bruder Peter in eine Straßenecke gedrängt und gefragt hatte, wo ich wäre. Der gab zurück, er hätte keine Chance, mich je wiederzufinden, weil man mich zu einer Tante aufs Land geschickt hätte.

Ein paar Tage später wurde in unser Haus eingebrochen, ohne dass etwas gestohlen wurde. »Es muss Tony gewesen sein; wahrscheinlich hat er das Adressverzeichnis neben dem Telefon durchgeschaut und auf diese Weise herausbekommen, wo du warst. Aber beweisen können wir es nicht.«

Uns waren immer noch die Hände gebunden. Es gab nichts, womit wir Tony hätten hindern können, sich in mein Dasein hineinzudrängen.

Sechs Wochen lang sah ich Tony kein einziges Mal. Das Leben fing langsam an, wieder in die gewohnten Bahnen zurückzukehren. Ich ging wieder in die Schule und traute mich sogar in den Jugendclub. Meine Eltern kauften mir ein neues Sommerkleid. Es hatte einen V-Ausschnitt und einen Gürtel, war wadenlang und mit hellblauen Wirbeln bedruckt.

Ich zog es an, um nach Sheerness zur Disko zu fahren. Von der Bushaltestelle aus nahm ich die Abkürzung über die Kirmes. Ich kam gerade an den öffentlichen Toiletten vorbei, als Tony auf einmal vor mir stand. Obwohl es ein sonniger Nachmittag war, trug er einen weiten braunen Mantel.

Eine Hand hielt er in den Falten des Stoffs verborgen. Er machte sie kurz auf, um mir zu zeigen, dass er ein Messer dabeihatte. Die Klinge war 30 Zentimeter lang.

»Komm mit!« Er packte mich mit seiner freien Hand. »Wenn du auch nur einen Ton von dir gibst, dann hast du das Messer zwischen den Rippen.«

Auf der Kirmes herrschte dichtes Gedränge – Stände und Autoscooter, Zuckerwatte und Lebkuchenherzen, Musik, Gelächter, Lärm; und so viele Menschen. Tony und ich bewegten uns mitten unter ihnen, die Spitze der Klinge nur wenige Zentimeter von meiner Haut entfernt.

Als wir an der Uferpromenade angekommen waren, dirigierte mich Tony von der belebten Touristengegend weg zu den Docks und dann den grasbewachsenen Hügel am Ende des Strands hinauf. »Greenhill« – so nannten wir die Gegend hier. Dies war der Platz, an den die Jungen ihre Mädchen brachten, um Sex zu haben. »Na, mein Schatz«, so lautete die Einladung, »machen wir einen kleinen Ausflug nach Greenhill zusammen?« Der Name sagte alles: ein grüner Hügel, einfach nur grün. Keine Häuser weit und breit. Keine Menschenseele. Einsam. Erschreckend einsam.

»Du hältst dich wohl für besonders clever«, kläffte Tony mich an und schubste mich ins Gras. »Erst machst du mich scharf, und dann haust du ab!«

Er hatte regelrecht Schaum vor dem Mund; ich sah das Weiße auf seinen Lippen. »Jetzt bringt er mich um«, dachte ich. Er hatte etwas Wahnsinniges in den Augen.

Dann hockte er sich auf mich. Mein neues Kleid war vorne durchgeknöpft, und mit dem Messer schnitt er die

Knöpfe ab – einen nach dem anderen. Dann zeichnete er mir mit der Messerspitze eine Linie an den Hals, strich mir damit übers Gesicht, die Arme entlang.

»Du hast keine Ahnung, wie übel du dich benommen hast.« Er flüsterte beinahe. »Du hast mir eine Menge Ärger gemacht.«

Er packte mich an den Armen, zog sie mir nach oben über den Kopf, drückte sie mit den Daumen gegen den Boden. Als er in mich eindrang, schrie es in meinem Kopf: *»Nein!«* Und im selben Augenblick löste sich meine Seele, und ich war außerhalb meines Körpers; ich schwebte über mir, konnte sehen, wie er auf mir lag und sich auf und ab bewegte; wie er mir die Hände über dem Kopf festhielt. An jenem Tag verließ ich meinen Körper zum ersten Mal.

Es dauerte nicht lang. Tony fing an zu zucken und zog sich dann zurück.

Da kehrte ich in meinen Körper zurück und sah ihn an, wie er zwischen meinen Beinen kniete. Er hatte einen selbstgefälligen Gesichtsausdruck, wirkte zufrieden.

»Das habe ich jetzt gebraucht«, meinte er.

Ich rührte mich nicht, sagte kein Wort.

»Wohin wolltest du?«, erkundigte er sich.

»Nach Hause.«

»Dann komm.« Er stand auf und knöpfte sich die Hose zu. »Ich ruf dir ein Taxi.«

Um den Missbrauch zu bemänteln, gab sich Tony den gleichen Anschein von Normalität, wie Onkel Arthur es damals getan hatte. Sein Messer lag immer noch neben mir im Gras. Ich zog mir den Slip hoch. Es war nass zwischen meinen Schenkeln. Nass und wund.

Ich hielt mein Kleid vorne zusammen, während wir an der

Uferpromenade entlangliefen. Tony warf das Messer ins Wasser. Ich rannte nicht. Jetzt machte es keinen Sinn mehr.

Als ich auf die Rückbank des Taxis rutschte, erkundigte er sich beim Fahrer: »Wie viel kostet es zum Darlington Drive in Minster?« Dann zahlte er den Fahrpreis.

»Bis bald«, verabschiedete er sich, als das Taxi losfuhr.

Wie ich in dem Wagen saß und mein Kleid mit den Händen zusammenhielt, dachte ich an meine Eltern. Wie sollte ich ihnen erklären, was mir passiert war? Wie würden sie sich fühlen? Wie ich an mir herabschaute, sah ich Blut an meinem Kleid kleben – und an meinen Armen das Muster, das er mit der Messerspitze gezeichnet hatte.

»Bist du okay?«, fragte der Taxifahrer.

»Ja«, gab ich zurück. »Alles in Ordnung.«

Schadensbegrenzung – das war das einzige Wort, das mir in den Sinn kam, als ich ins Haus ging. Ich wollte meine Familie nicht verletzen. Ich wollte stark sein.

»Mum …«, die Worte waren so groß, so endgültig, »er hat mich vergewaltigt.«

»O mein Gott!« Meine Mutter war außer sich.

Erst fing *sie* an zu weinen, dann mein Vater, dann Peter. Jed war wütend.

»Ich reiße ihm seinen verdammten Kopf ab!«, schrie er.

Ich saß einfach nur da. Ganz ruhig. Hielt mein Kleid vorne zusammen, um meine Blöße zu bedecken. Das Einzige, was ich in dem Augenblick fühlte, war Schuld – ich brauchte mir bloß die Menschen anzuschauen, die mir so nahe standen; brauchte bloß zu sehen, wie sehr sie litten.

»Es geht mir gut«, versuchte ich Jed einzureden, als wir allein zusammen waren.

»Du hast Blut an deinem Kleid.«

»Ja, aber ich bin okay. Jetzt werden sie ihn einsperren.«

Das war der einzige Gedanke, der mich tröstete. Das Allerschlimmste war passiert. Jetzt hatten wir den Beweis, dass Tony gefährlich war.

Ich machte meine Aussage bei der Polizei, und sie schickten einen Hubschrauber, um nach Tony zu suchen. Wir gingen an den Strand, an die Stelle, an der Tony sein Messer ins Wasser geworfen hatte, aber es war von der Strömung hinausgetrieben worden. Dad fuhr mich in eine Privatklinik zu der von der Polizei angeordneten medizinischen Untersuchung. Der Arzt war ein alter Mann, der mich an Onkel Arthur erinnerte. Ich lag da und ließ ihn tun, was er zu tun hatte. Ich beschwerte mich nicht und äußerte keine Wünsche. Die erste gynäkologische Untersuchung in meinem Leben.

»Zum Glück war sie Jungfrau«, meinte der Polizeiarzt. »Da sind Blut und Sperma. Es lässt sich nachweisen, dass Gewalt mit im Spiel war.«

Die Prozedur dauerte Stunden, aber irgendwann konnte ich nach Hause; konnte den Slip ausziehen und das Kleid, in dem er mich vergewaltigt hatte. Endlich konnte ich mich waschen, waschen, waschen, Tony von mir abwaschen. Die Polizei rief an, um uns mitzuteilen, dass sie ihn geschnappt hatten.

»Es geht mir gut«, sagte ich meiner Familie immer und immer wieder, voller Schuldgefühle, weil sie so aufgebracht waren.

Mum ließ mir ein Bad ein. Ich zog meinen Biberschlafanzug mit den Teddybären an und ging zu Bett.

Am nächsten Tag – wir waren alle im Wohnzimmer versammelt –, da verkündete ich: »Jetzt ist er eingesperrt und kann keinen Schaden mehr anrichten. Es ist vorbei!«

Und ich glaubte es tatsächlich. Ich wollte nicht mehr darüber reden. Es war vorbei. So schwer es mir fällt, es zuzugeben, aber das Verfolgtwerden war für mich das Schlimmste – schlimmer noch als die Vergewaltigung selbst. Die ganze Zeit über war ich zu Hause eingesperrt gewesen, und dauernd war Tony da gewesen und hatte an den Fenstern geklopft. Ich wusste, dass die Sache auf irgendetwas zusteuerte – dass etwas Schreckliches passieren würde. Ich wusste nur nicht, was genau es sein würde. Jetzt war es also passiert. Er hatte mich vergewaltigt. Die Angst, in der ich seit Monaten gelebt hatte, war weg.

Weil Tony mich vergewaltigt hatte, saß er nun hinter Schloss und Riegel, und ich war in Sicherheit. Ich weiß, es klingt verrückt, aber in der Phase der Entspannung nach der großen Krise war ich beinahe froh, dass er mich vergewaltigt hatte. Ich fühlte Erleichterung – sie durchflutete meinen Körper. Es hätte schlimmer ausgehen können. Er hätte mich umbringen können.

Tonys Freunde besuchten ihn in der Strafanstalt, und er überzeugte sie von seiner Unschuld. Er stellte es so dar, als hätten wir Sex gehabt und ich hätte im Nachhinein eine Vergewaltigungsstory daraus gemacht. Ich wollte, dass endlich Gras über die Sache wächst, aber auf einer so kleinen Insel wie Sheppey war das schlichtweg ein Ding der Unmöglichkeit.

Wohin ich auch ging, auf Schritt und Tritt begegneten mir Tonys Freunde – und er hatte viele Freunde. »Schlampe!«, riefen sie mir nach. »Scharfmacherin!«

Wortlos lief ich an ihnen vorüber, und in meinem Kopf war nur ein Gedanke: »Wann ist es endlich vorbei? Wann hört es endlich auf?«

Meine Eltern waren unendlich lieb zu mir. Nie machten sie mir irgendeinen Vorwurf – nicht ein einziges Mal. Stets war ich mir ihrer Liebe und Unterstützung gewiss. Auf der Suche nach Möglichkeiten, einer Dreizehnjährigen eine Freude zu machen, nahm Dad einen Kredit auf, damit ich mir Kleidung kaufen konnte. Aber ich war wie taub, stand unter Schock. Alles wirkte irgendwie unnatürlich. Ich fühlte mich schmutzig, schuldig. Im Fernsehen sieht man Vergewaltigungsszenen, bei denen sich die Opfer wehren. Warum hatte ich mich nicht gewehrt? Warum hatte ich nicht um Hilfe geschrien? Ich schämte mich ja so.

In den Zeitungsberichten wurde zwar mein Name nicht genannt, aber auf der ganzen Insel gibt es nur eine weiterführende Schule. Jeder kannte mich; alle redeten über mich. Alle starrten mich an.

»Du bist doch das Mädchen, das vergewaltigt wurde, nicht wahr?«

Aus Angst, dass meine Brüder sich sonst zu Schlägereien hinreißen lassen würden, tat ich ihnen gegenüber so, als würde mir das Ganze nichts ausmachen. Aber ich war ständig Zielscheibe von jedermanns Neugier. Wenn die Sache endlich vor Gericht kommt, so tröstete ich mich, dann wissen alle, wie es in Wahrheit gewesen ist.

Eines Mittags war ich in der Schultoilette der dritten Jahrgangsstufe, als fünf ältere Schülerinnen hereinkamen. »Alle außer Dolan raus hier«, befahl eine von ihnen.

Sofort verließen die anderen fluchtartig den Raum. Die Mädchen, denen ich gegenüberstand, waren als Pausenhoftyranninnen verschrien. Sie waren in der Fünften – zwei Jahre älter als ich. Im Vergleich zu einer Dreizehnjährigen ein großer Unterschied.

Die Größte von ihnen bezog an der Tür Stellung. Sie sorgte dafür, dass keiner rein- oder rauskam.

Die Anführerin – Lorraine – kam auf mich zu und schubste mich an der Brust. »Warum hast du gestern Abend im Bus meinen Freund angemacht?«, warf sie mir vor.

Meine Gedanken rasten. Was war am Vorabend passiert? Jed und ich waren in der Jugend-Disko in Leysdown gewesen und danach mit dem Bus nach Hause gefahren. Ich hatte mit Jed und seinen Kumpels oben gesessen – wir hatten uns unterhalten und gelacht, aber ansonsten war nichts gewesen.

»Ich weiß nicht, wovon du redest«, entgegnete ich. »Ich weiß noch nicht mal, wer dein Freund ist.«

»Alle wissen doch, dass du eine Scharfmacherin bist«, behauptete Lorraine. »Und eine Lügnerin. Erst hast du einen ins Gefängnis gebracht, und jetzt bist du hinter meinem Freund her.«

»Was willst du damit sagen?«

»Meinen Freund lockst du nicht in die Falle!«, fuhr sie fort. »Ihn schwärzt du nicht bei der Polizei an!« Sie haute mir links und rechts eine runter. »Alle wissen doch, was für eine du bist.«

Das große Mädchen blieb an der Tür stehen; die anderen vier aber umringten mich. Ich hatte Angst. Alles schien sich in Zeitlupe zu bewegen. Ich hörte ein Surren in den Ohren.

Ich trat zwei Schritte zurück in eine Toilettenkabine hinein, und Lorraine kam hinter mir her. Ich bekam sie mit der einen Hand am Jumper zu fassen, mit der anderen griff ich nach der Klotür und schlug sie ihr ins Gesicht.

Sie fiel zu Boden. Ich trat über sie hinweg in den Vorraum.

Eines der anderen Mädchen packte mich an den Haaren. Ich wirbelte herum und rammte ihr meinen Kopf in den Bauch. Dann ging alles ganz schnell. Die dritte zog ich mit dem Gesicht gegen mein Knie, und die vierte schleuderte ich mit dem Kopf gegen die Wasserhähne. Die Große an der Tür rannte davon.

Das Surren in meinen Ohren verstummte. Ich sah mich um. Eines der Mädchen hing heulend über dem Waschbecken, ein anderes lag stöhnend am Boden. Überall war Blut. Es war der pure Horror.

Ich hätte sie umbringen können. Ich war über meine eigene Brutalität erschrocken. Ich wusste nicht, dass ich so kämpfen konnte. Woher kannte ich diese Bewegungen?

Noch immer hörte ich, was Lorraine gesagt hatte. Sie verkannte mich völlig. Alle verkannten mich! Ich war Tonys Opfer, nicht umgekehrt. Dies war das erste Mal, dass ich eine Form der Emotion verspürte, seit Tony mich vergewaltigt hatte, und sie äußerte sich als Wut – als wilde, unkontrollierbare Wut.

Eines der Mädchen hatte einen Zahn verloren, bei einer anderen war das Nasenbein gebrochen. Der Krankenwagen wurde gerufen und ich ins Büro des Direktors zitiert. Es waren kaum ein paar Minuten vergangen, als Jed in voller Skinhead-Montur hereinplatzte.

»Ich habe gerade gehört, dass sie meine Schwester zusammengeschlagen haben«, brachte er hervor. »Wer war das? Ich lasse das nicht zu!«

»Um der Wahrheit die Ehre zu geben, Jed«, klärte ihn der Direktor auf. »Es ist genau umgekehrt. Deine Schwester ist hier, weil sie vier Mädchen zusammengeschlagen hat.«

Die Geschichte breitete sich aus wie ein Lauffeuer: Eine Schülerin der dritten Klasse hat fünf Mädchen aus der Fünften verprügelt.

»Wo hast du gelernt, so zu kämpfen?«, fragten mich die Mädchen auf dem Flur.

Ich sprach nicht ein einziges Mal darüber. Ich war entsetzt über mein eigenes Verhalten. Vor dem Kampf hatten mich meine Freunde »Dylan« genannt, weil ich dem schlappohrigen Hasen aus der Fernsehserie »The Magic Roundabout« so ähnlich sah. Nichts konnte mich aus der Ruhe bringen; ich kam mit jedem gut aus.

Nun aber hatte ich einen Ruf als Schlägerin weg – doch ich hasste das. Während der Schlägerei war es mir nur darum gegangen, Lorraine und ihre Gang außer Gefecht zu setzen. Etwas anderes hatte ich nie im Sinn gehabt. Ich hatte mich wie eine in die Enge getriebene Ratte gefühlt und wollte nicht noch einmal verletzt werden. Schon zu oft war ich körperlichen Übergriffen ausgesetzt gewesen. Ich hatte gezeigt, dass ich nicht wehrlos war, aber ich schämte mich entsetzlich über das, was ich getan hatte. Ich wollte es aus meiner Erinnerung streichen. Ich wollte in Ruhe gelassen werden.

Drei Wochen später auf dem Heimweg von der Schule stellten mich die Mädchen aus der fünften Klasse erneut – diesmal sprangen sie hinter den Büschen hervor. Sie schlugen mich bewusstlos. Als ich wieder zu mir kam, brachte mich Michelle zum Ärztezentrum.

Ich wollte nicht kämpfen, aber ich wusste, dass Gewalt die einzige Sprache war, die Lorraine verstand. Ein paar Tage später erwischte ich sie auf einem Weg, der unweit der Schule vorbeiführt. »Wir können das Spiel endlos weiterspielen«, sagte ich. »Ich schlage dich jetzt zusammen, dann kommst du mit deinen Freundinnen, und ihr verprügelt mich, dann geb ich es dir wieder ...« Sie schaute mich an. Ich sah, wie unsicher sie war. »Wofür entscheidest du dich?«, fragte ich.

»Lassen wir's sein«, lenkte sie ein.

Ich ließ sie gehen; hoffte, dass die Sache damit erledigt wäre.

Aber die Ausgrenzung nahm kein Ende. Tony hatte mich gebrandmarkt – innerlich wie äußerlich. Nur meine Familie stand hinter mir. Meine Familie und meine beste Freundin Michelle. Jetzt waren wir beide Außenseiterinnen – ich wegen dem, was Tony mir angetan hatte, und Michelle, weil sie das einzige Mischlingskind in der Schule war. Wir hielten zusammen. Immer und jederzeit.

Eines Tages hingen wir auf dem Rasen vor der Schule rum und rauchten verbotenerweise Zigaretten, als zwei Mädchen aus der Fünften zu uns kamen. »In welcher Klasse seid ihr?«, wollten sie wissen.

»In der dritten.«

»Rückt euer Essensgeld raus.«

»Was?« Michelle war fassungslos.

»Rückt euer Essensgeld raus!«

»Wisst ihr, wer das ist?« Michelle deutete auf mich.

»Nein«, kam es in herablassendem Ton zurück. »Wer?«

»Mia Dolan.«

Einen Moment lang herrschte Stille. »Ihr könnt euer Essensgeld behalten.«

»Alles klar.«

Wir behielten unser Geld – und plünderten sie bis auf den letzten Penny aus. Mit ausgebeulten Taschen gingen wir in den Gemeinschaftsraum unserer Jahrgangsstufe und kippten unsere Beute auf den Tisch. Hätten wir das Geld behalten, hätten wir uns auf eine Stufe mit den beiden gestellt. Hier im Raum aber waren Kinder, die hatten nichts zu essen.

Es dauerte zehn Monate bis zur Verhandlung. Bis dahin versuchte ich, mir möglichst nichts zuschulden kommen zu lassen. Eines Abends stahlen Jed und ich uns aus dem Haus zu einer Party weiter unten an der Straße. Es war Sommer; hundert Jugendliche, die sich mit Apfelwein voll laufen ließen und in die Büsche kotzten. Gegen ein Uhr morgens ging der Plattenspieler kaputt.

»In der Kunstabteilung steht ein Cassettenrecorder«, erinnerte sich Jed. Das Schulgebäude lag am anderen Ende der Straße. »Den hole ich uns, und morgen bringe ich ihn wieder hin.« Der Plan klang perfekt. »Keiner wird merken, dass er weg war.«

Jed stieg durch ein Lamellenfenster in das Gebäude ein und kam eine halbe Stunde später mit einer nagelneuen Musikanlage zurück. Die Party konnte weitergehen.

Zwei Stunden später hörten wir Polizeisirenen und liefen hinaus auf die Straße. Der Kunstblock stand lichterloh in Flammen – zwei Stockwerke, so groß wie ein Footballfeld.

Der Himmel glühte. Entsetzt starrten wir Jed an. »Was zum Teufel hast du gemacht?«

»Gar nichts!« Jed war sprachlos.

»Und wie kommt es dann, dass die Schule brennt?«

»Scheiße.« Langsam dämmerte es Jed. »Ich hab mir eine Kippe angezündet.«

»Und wo hast du sie hingetan?«

Er zögerte einen Moment, dachte nach. »In den Papierkorb.«

»Was war da sonst noch drin?«

»Papier, denke ich mal. Schließlich ist das die Kunstabteilung ...«

Am darauf folgenden Tag stand die Polizei bei uns vor der Tür. »Wir haben Anlass zu der Vermutung, dass Ihr Sohn Gerald gestern Nacht in die Kunsträume der Schule eingedrungen ist und einen Brand verursacht hat«, erklärte der Beamte.

Mum war am Boden zerstört. Keiner in unserer Familie war je mit dem Gesetz in Konflikt geraten. Und außerdem waren wir am Abend zuvor doch alle ganz normal schlafen gegangen.

»Ich lege meine Hand für den Jungen ins Feuer«, erwiderte sie. »Er war die ganze Nacht zu Hause.«

Aber schon bald wurde auf der Insel von nichts anderem als dem Feuer geredet. Irgendwann wurde der Druck zu groß, und Jed beichtete Mum die Wahrheit.

»Ich habe es nicht absichtlich getan«, verteidigte er sich. »Was soll ich jetzt machen?«

Wieder stand die Polizei vor der Tür.

»An dem Gebäude ist ein Lamellenfenster aufgebrochen worden«, klärte uns der Beamte auf. »Es sind Blutspuren am Glas gefunden worden. Wir müssen unbedingt wissen, wer es war, denn die Scheibe war mit einer hochgiftigen Substanz beschichtet.«

Jed hatte sich an einer der zerbrochenen Lamellen den Arm verletzt.

»Es war mein Sohn«, gestand Mum.

Das mit der giftigen Substanz war eine Lüge gewesen; aber jetzt hatten sie Jed am Wickel.

Während Jed auf sein Verfahren wartete, erreichte uns ein Anruf der Polizei. Man teilte uns mit, dass Tonys Fall in zehn Tagen vor dem Gericht in Maidstone verhandelt würde: »Ihre Tochter muss anwesend sein.«

»Glaubst du, du schaffst das?«, fragte mich meine Mutter.

Ich sagte ihr, sie solle sich keine Sorgen um mich machen. Dann ging ich in den Garten und setzte mich auf meinen Lieblingsplatz am Apfelbaum. Ich konnte den Gedanken nicht ertragen, dass sich meine Eltern noch einmal aufregen würden. Ich wollte ihnen nicht ein weiteres Mal solches Leid zufügen. Tony bekannte sich nicht schuldig. Ich fragte mich, ob der Richter mir glauben würde. Und wenn er es täte – würde ich dann endlich aus dem Visier der anderen kommen?

Am ersten Verhandlungstag führte uns ein Inspektor in einen Nebenraum und sagte mir: »Du wirst ein paar Tage lang Rede und Antwort stehen müssen, und man wird dich in die Mangel nehmen, aber wenn du dich immer an die Wahrheit hältst, dann kann nichts schief gehen.«

Meine Eltern durften nicht bei mir bleiben, weil sie später selbst aussagen mussten. Als ich in den Gerichtssaal geführt worden war, warnte der Inspektor sie vor: »Ihre Tochter wird da drinnen komplett zerlegt werden. Wenn sie rauskommt, ist sie ein emotionales Wrack. Sie werden einiges zu tun haben, sie wieder aufzurichten.«

Mit hämmerndem Herzen betrat ich den Saal. Seit dem Abend der Vergewaltigung hatte ich Tony nicht mehr gesehen. Ich hatte Angst. Als man mich zum Zeugenstand führte, schaute ich zur Anklagebank hinüber. Er trug ein weißes Hemd und eine schwarze Krawatte. Er lächelte mich an. Sein Lächeln schien zu sagen: »Du hast keine Chance.« Ein Lächeln, das zeigte, dass er alles fest im Griff hatte.

Ich war vierzehn Jahre alt. Jeder glaubte, dass ich fertig gemacht würde, das wusste ich. Aber als ich dieses Lächeln von Tony sah, da machte es »Klick!« in mir. Sie würden keine Chance haben, mich aus dem Konzept zu bringen. So viel war klar.

In den darauf folgenden Tagen fiel Tonys Verteidiger über mich her: »Das Kleid, das du getragen hast, war eng«, meinte er. »Hast du dich darin sexy gefühlt?«

»Nein.«

»Ist das nicht genau die Art Kleid, die man sich kauft, um sich attraktiv zu fühlen?«

»Nein. Es war ein Geschenk meiner Eltern.«

»Ich nehme einmal an, dass du die Aufmerksamkeiten dieses jungen Mannes genossen hast; dass du dich geehrt fühltest ... Du hattest dich mit ihm verabredet, als du sagtest, du habest zum Jugendclub gehen wollen. Nachdem ihr Sex hattet, bist du in Panik geraten, weil du Angst hattest, was deine Eltern wohl sagen würden ...«

Und so weiter, und so fort ...

»Ich nehme einmal an, dass die Kratzspuren und Abschürfungen an deinen Armen daher rühren, dass du von der Leidenschaft hinweggerissen wurdest …«

»Nein.«

»Warum hast du dann nicht geschrien? Oder warum bist du nicht weggelaufen? Warum hast du dem Taxifahrer nicht gesagt, was dir passiert ist? Warum bist du in den darauf folgenden polizeilichen Verhören so ruhig gewesen?«

Ich regte mich nicht auf, verlor nie die Geduld, beantwortete alle Fragen langsam und mit Bedacht. Als ich am Ende des ersten Tages aus dem Gerichtssaal kam und meine Mutter mich fragte, ob ich in Ordnung sei, gab ich mich bewusst stark: »Ja. Fahren wir jetzt nach Hause? Ich sterbe vor Hunger.«

Auf dem Weg zum Ausgang kam der Inspektor auf uns zu. Er lächelte mich freundlich an und meinte: »Ich habe noch nie eine Frau erlebt – ganz gleich, in welchem Alter –, die im Zeugenstand so klar und unzweideutig gewesen wäre wie Mia heute.«

Zwei Tage lang wurde ich vernommen. Dann waren meine Eltern dran. Das Verfahren dauerte insgesamt drei Wochen, aber wir nahmen danach nicht mehr daran teil. Als der Telefonanruf endlich kam, war es wie eine Erlösung.

»Tony Brown ist für schuldig befunden worden«, eröffnete uns der Beamte. »Man hat ihn zu sieben Jahren Gefängnis verurteilt.«

3

Es war eine schwere Zeit für unsere ganze Familie. Jeds Verfahren fand nur zwei Monate nach dem von Tony statt. Im Stillen vertrauten wir darauf, dass er mit einer Bewährungsstrafe davonkommen würde, weil er noch nie zuvor mit dem Gesetz in Konflikt geraten war. Wir wollten die Tragödie vergessen, wollten alle zusammen sein. Gemeinsam sind wir stark.

Die Verhandlung dauerte nur einen Tag. Dann sprach der Richter sein Urteil: »Wir gehen davon aus, dass es keine Brandstiftung war; aber das ändert nichts an der Tatsache, dass das Gebäude nicht niedergebrannt wäre, wenn Sie nicht eingedrungen wären.«

Jed wurde zu »sechs-zwei« verurteilt – eine variable Strafe zwischen sechs Monaten und zwei Jahren, zu verbüßen in Borstal. Wir waren schockiert. Es war doch ein Unfall gewesen. Jed war kein Krimineller. Es war das erste Mal, dass er einen Fehler gemacht hatte.

Zwei Wochen später hatte Dad einen Bandscheibenvorfall. Er kam ins Krankenhaus und konnte drei Monate lang nicht zur Arbeit gehen. Da er nicht versichert war, kamen wir mit unseren Zahlungsverpflichtungen für das Auto und die Hypothek auf das Haus in Verzug. Wir nahmen ein Überbrückungsdarlehen auf.

Dad war zuversichtlich: »Nächsten Monat bin ich wieder auf den Beinen. Dann ist das alles ganz schnell wieder im Lot.«

Er hatte kaum zwei Wochen gearbeitet, da zog er sich eine beidseitige Lungenentzündung zu und musste noch einmal ins Krankenhaus eingeliefert werden. Es ging ihm furchtbar schlecht. Diesmal war er vier Monate lang krankgeschrieben

»Wenn Sie nicht mit dem Rauchen und Trinken aufhören«, ermahnte ihn der Arzt, »dann sind Sie in zwei Jahren tot.«

Für ein paar Monate stellte Dad seine Exzesse ein. Der Arzt hatte ihm Angst gemacht – wie uns allen. Aber es hielt nicht lange vor.

»Lieber ein kurzes, glückliches Leben als ein langes, trauriges«, verkündete er und griff nach seinen Player's Navy Cut. So war er nun einmal. Mit achtzehn war er zur Marine gegangen, und als er meine Mutter kennen lernte, hatte er schon mehr zu erzählen als alle anderen. Er ging keiner Gefahr aus dem Weg.

Am liebsten hörte ich die Geschichte von Dads Begegnung mit einem Hai: »Ich erneuerte gerade den Unterwasseranstrich an der Schiffswand, als auf einmal ein Hai neben mir auftauchte«, gab er zum Besten. »Da habe ich mich einfach zu ihm rübergelehnt und ihm meine Initialen aufgepinselt. Irgendwo da draußen« – der Stolz in seiner Stimme war unverkennbar – »schwimmt ein Hai herum, der meinen Namen auf dem Rücken trägt.«

»Gar nicht wahr«, protestierte ich und hoffte doch inständig, dass ich irrte.

»Und ob es wahr ist, uns' Mia«, beharrte er stets.

Schwach und krank, wie er war, musste Dad den Offenbarungseid leisten. Wir verloren Haus und Auto. Mum musste einen Job als Sekretärin im Stahlwerk annehmen, und es gelang ihr, eine der Werkswohnungen auf dem Hafengelände zu ergattern. So zogen wir nach Regency Close, einer alten Reihenhaussiedlung für Seeleute.

Die Wohnung war super, aber es gab nur zwei Schlafzimmer, und so musste ich mir von nun an ein Zimmer mit meinen beiden Brüdern teilen. Es machte uns nichts aus – wir waren so froh, endlich die Schulden los zu sein. Für uns war es wie ein Neuanfang.

Jed riss sich in Borstal zusammen, und so wurde er nach sieben Monaten wegen guter Führung entlassen. Aber er war verändert. Er bestand nur noch aus Haut und Knochen, und sein Körper war über und über mit Wunden und Narben versehen. Zu Hause gab er sich sanft wie eh und je, aber draußen auf der Straße, da kannte er keine Gnade mehr. Er legte sich mit jedem an. Wenn ihn früher jemand beschimpft hatte, lachte er ihn aus; es konnte ihm nichts anhaben. Aber wenn ihm jetzt einer »dumm kam«, konnte es leicht passieren, dass er ihm eins überzog.

Irgendwie hatte ich gehofft, durch Tonys Verurteilung Genugtuung zu erfahren; hatte geglaubt, die anderen würden dadurch endlich die Wahrheit zur Kenntnis nehmen. Aber obwohl Tony ins Gefängnis gekommen war, gestand er seine Schuld nie ein. So machten mich die, die mir vorher seine Verhaftung zur Last legten, nun dafür verantwortlich, dass man ihn verurteilt hatte.

Kein einziger Junge fragte mich je, ob ich mit ihm ausgehen wollte. Ich wusste, dass es nicht an meinem Aussehen lag (wann immer ich die Insel verließ, schwirrten genug Kerle um mich rum) – es war nicht mein Äußeres, sondern das Stigma, das mir anhaftete. Die einheimischen Jungs hatten Angst, dass ich sie in eine Falle locken und dann falsche

Anschuldigungen gegen sie erheben könnte. Eine Menge von den Erfahrungen, die ein normaler Teenager macht, gingen an mir schlichtweg vorüber.

Eines Tages – ich war gerade auf dem Weg zum Jugendclub unserer Kirche – quatschte mich ein Skinhead an. »Na, Dolan«, machte er mich an und versuchte, mir die Hand ins Dekolletee zu schieben. Ich stieß ihn weg.

»Komm schon«, beharrte er. »Ich weiß doch, dass dir das gefällt.«

Ich dachte: »Er tut das, weil ich ich bin – Mia Dolan –, mit einer anderen würde er das nie machen. Er hält mich für ein Dreckstück.«

Ich packte ihn am Kopf, riss ihn nach unten und zog mein Knie hoch in sein Gesicht. Zwei Züge, und er war schachmatt. Alles war voll Blut. Ich ließ ihn liegen und ging in den Jugendclub.

»Gut gemacht!«, lobte Michelle.

Für mich fühlte es sich aber alles andere als gut an. Wie bei der Schlägerei in der Toilette war es mir nur darum gegangen, ihm Einhalt zu gebieten. Ich konnte es nicht zulassen, dass er – oder irgendwer – mir je wieder so etwas antat.

Crispin war mein erster Freund. Er wohnte mit seinem Vater in einem alten Küstenwärterhäuschen in Warden Point oben an der Steilküste. Sein kleiner Bruder Lucien ging mit mir in eine Klasse. Ich war mit ihm sechs Wochen in Wales zu Besuch bei seiner Mutter. Es war furchtbar heiß.

Crispin war unendlich einfühlsam. Wir unternahmen lange Spaziergänge; wir hielten Händchen, und wir küssten uns. Er kannte die Namen aller Vögel, und mehrmals sah ich, wie er den Wildpferden etwas zuflüsterte. Crispin faszinierte mich. Er war ganz anders als die anderen Typen, die ich kannte. Nach ein paar Monaten schlief unsere Beziehung ein, aber er war einer der wenigen Jungs, die mich gut behandelt haben. Und er war nicht auf Sex mit mir aus. Er war einfach perfekt.

In dem Sommer, in dem ich fünfzehn wurde, verbrachte ich einen Großteil meiner Zeit am Strand. 200 Meter vor dem Ufer war eine große Holzplattform im Meer verankert, die wir »das Floß« nannten. Nicht selten waren wir mit dreißig oder mehr Jugendlichen da draußen – wir hockten einfach nur auf den Planken, sprangen ins Wasser oder schaukelten das ganze Ding hin und her.

Ich war braun gebrannt und hatte eine super Figur. Aber an Sex zeigte ich immer noch kein Interesse. Ich hing mit meinen Brüdern und ihren Kumpels rum und genoss ihre Gesellschaft; aber einen festen Freund zu haben, das wollte ich mir nicht antun. Ich war überzeugt, dass mir die Vergewaltigung ein für alle Mal die Lust am Sex ausgetrieben hätte. Bis mir Gareth über den Weg lief.

Gareth arbeitete an der Theke von »The Royal«, dem Pub, in dem wir Jugendlichen uns nach dem Baden immer trafen. Er war achtzehn Jahre alt und 1,80 Meter groß, sonnengebräunt, und er hatte dichtes weißblondes Haar. Er trug eng sitzende Kurzarm-T-Shirts und ein Band aus Liebesperlen um den Hals, und alle Mädchen waren hinter ihm her.

Als ich eines Tages in abgeschnittenen Jeans-Shorts und Bikinioberteil ins Pub kam, rief er mich zu sich rüber.

»Hättest du Lust, später noch mal vorbeizuschauen?«, fragte er mich. »Ich hab frei. Wir könnten uns ein bisschen unterhalten.«

»Okay«, gab ich zurück. »Wenn du willst.«

Um sieben Uhr kam ich wieder, und wir setzten uns an die Bar. Gareth war aus Wales, und das machte ihn irgendwie interessant für mich. Am nächsten Tag kam ich wieder, und am Tag darauf auch. Wir küssten uns, doch wann immer er mehr wollte, lachte ich und entwand mich. Aber er machte kein Theater deswegen. Nie setzte er mich unter Druck oder war beleidigt.

Sechs Wochen lang ging das so, als wir zusammen zum sechzehnten Geburtstag einer Freundin gingen. Es war jede Menge Apfelwein und Bier da, und zum ersten Mal in meinem Leben war ich richtig betrunken.

»Du kommst besser mit zu mir zum Ausnüchtern, bevor du nach Hause gehst«, riet mir Gareth.

Ich torkelte, als ich sein Zimmer im Gästehaus über dem Pub betrat. Wir schliefen miteinander, aber ich war viel zu betrunken, um noch mitzukriegen, ob es mir Spaß machte oder nicht. So gegen zwei Uhr morgens kam ich wieder zu mir. Gareth lag nackt neben mir. Da erst wurde mir bewusst, was passiert war, und ich rannte nach Hause.

Als wir uns am nächsten Tag sahen, erwähnten wir die Sache nicht. Stattdessen machten wir da weiter, wo wir vorher stehen geblieben waren – wir küssten uns, und wir unterhielten uns.

Meine Periode kam nicht. Ich vereinbarte heimlich einen Termin beim Arzt. Als er mir sagte, dass ich schwanger sei, konnte ich es nicht fassen. Ich hatte doch nur ein einziges Mal Sex gehabt, noch dazu in betrunkenem Zustand …

Von der Arztpraxis lief ich sofort zu dem Hotel, in dem Gareth arbeitete. Es war zu früh, um ihn im Pub an der Theke zu suchen, und so ging ich zu seinem Zimmer. Die Tür stand offen, und ich trat ein. Er lag mit meiner Freundin Jane im Bett.

Noch im selben Moment sahen sie mich und ließen voneinander ab.

»Du Schwein«, brachte ich heraus. »Ich bin hergekommen, um dir zu sagen, dass ich schwanger bin, und du liegst mit meiner Freundin im Bett.«

»Du weißt ja gar nicht, ob es von mir ist«, warf mir Gareth an den Kopf, ohne auch nur eine Sekunde nachzudenken.

Ich war sprachlos. Ich ging. Nur in Gedanken redete ich mit ihm: »Du bist der Einzige, mit dem ich geschlafen habe. Ich dachte, ich könnte dir vertrauen …«

Dann lief ich direkt zur Telefonzelle und rief meine Mutter an.

»Können wir uns in der Mittagspause sehen?«

»Ist etwas passiert?«

»Nein«, log ich. »Ich muss nur etwas mit dir besprechen.«

Dann setzte ich mich an den Strand. Das Ganze war so unfair! Alle meine Freundinnen hüpften dauernd mit irgendjemandem ins Bett, und ich tat es nur ein einziges Mal und wurde sofort schwanger. Meine Mutter würde ausrasten. Ich dachte daran, wie sie gelitten hatte, als ich vergewaltigt wurde. Ich konnte das Kind auf keinen Fall behalten. Es kam einfach nicht infrage. Außerdem: Ich betrachtete es nicht als Baby – für mich war es eine einzige Katastrophe. Ein weiterer Albtraum, in den ich meine Familie stürzte.

Ich wollte bloß, dass die Sache so schnell und sauber wie möglich beendet würde. Aber ich war erst fünfzehn, und darum brauchte ich für einen legalen Abbruch die schriftliche Einverständniserklärung meiner Mutter. Mum ist Katholikin. Sie hält nichts von Abtreibung. Es würde sie umbringen, gegen ihren Glauben verstoßen zu müssen.

Wir trafen uns im Bahnhofscafé. Ich holte uns eine Tasse Tee und setzte mich ihr gegenüber an den Resopaltisch.

»Hör zu, Mum.« Ich nahm meine ganze Entschlossenheit zusammen. »Ich bin schwanger und will eine Abtreibung machen lassen.«

Meine Mutter brach in Tränen aus. Sie leiden zu sehen, versetzte mir einen Stich ins Herz, aber jetzt gab es kein Zurück mehr.

»Wenn du die Einverständniserklärung nicht unterschreibst«, fuhr ich fort, »dann lasse ich das Sorgerecht für mich ans Jugendamt übertragen und hole mir von dort die Genehmigung.«

»Du weißt nicht, was du tust«, warf Mum ein.

»Ich weiß ganz genau, was ich tue«, widersprach ich. »Es ist nicht deine Entscheidung. Es ist meine. Für dich gibt es nichts zu entscheiden.«

Ich sah sie an, wie sie traurig und in sich zusammengesunken vor mir saß.

»Ich will nicht darüber diskutieren«, sagte ich.

Ich hätte sie so gern umarmt, wäre so gern von ihr umarmt worden. Aber ich musste die Sache durchziehen. Ich musste stark genug für uns beide sein. Ich stand auf.

»Heute Nachmittag rufe ich beim Arzt an und mache einen Termin aus. Ich will die Sache so bald wie möglich hinter mich bringen.«

Ich ließ Mum im Café sitzen. Es tat mir in der Seele weh, aber ich weinte nicht.

In den darauf folgenden Tagen vertraute ich keinem außer mir selbst. Ich konnte damit umgehen – ich wusste, dass ich es konnte. Ich brauchte niemanden damit zu belasten. Ich hatte meiner Familie schon zu viel zugemutet.

Am Tag der Abtreibung ließ ich mir von meiner Mutter die unterschriebenen Papiere geben und mich vor dem Krankenhaus absetzen. Dabeihaben wollte ich sie nicht. Ich war selbständig, hatte alles im Griff. Ich sah, wie meine Mutter litt, aber ich konnte es mir nicht leisten, mein Tun durch sie in Zweifel ziehen zu lassen.

Die Krankenschwestern behandelten mich wie ein Stück Dreck. Sie gaben mir das Gefühl, genau die Nutte zu sein, für die ich mich selbst hielt. Ich hatte Lust, sie anzuschreien: »Es war mein erstes Mal. Wie, glaubt ihr denn, dass ich mich fühle?« Aber ich biss mir auf die Zunge, behielt es alles für mich.

Schreckliche Albträume suchten mich heim. Ich rannte durch die Korridore eines großen Gebäudes und suchte nach dem Baby. Ich hörte es schreien. Ich rannte, machte Türen auf, rannte, suchte nach dem Baby. Ich fand es nie, obwohl sieben Monate keine einzige Nacht verging, in der ich es nicht gesucht hätte.

Mitten in der Nacht wachte ich jedes Mal schweißgebadet und tränenüberströmt in dem Zimmer auf, das ich mit meinen Brüdern teilte. Ich schlich mich ins Badezimmer, um mir das Gesicht zu waschen. Von meinen Albträumen erzählte ich keinem etwas. Menschen, die du liebst, stülpst du nicht dein Leid über. Außerdem wollte ich ihre Zuwendung nicht. Tief in meinem Inneren war eine wunde Stelle, die ich um jeden Preis schützen musste.

4

Der Hafen von Sheerness war ein belebter Umschlagplatz, und die Kneipen ringsum waren voll von Seeleuten aus aller Welt. Für die einheimischen Jungs war es eine Art Sport, die Matrosen zum Ausgeben von Runden zu überreden. Geld war immer knapp; sie aber befanden sich auf Landgang und damit in Urlaubsstimmung.

Eines Abends saß ich mit Michelle im Pub »Britannia«, und ich bekam mit, wie sich Jed und Peter mit zwei Seeleuten unterhielten. Sie schauten die ganze Zeit über die improvisierte Tanzfläche hinweg zu uns herüber.

Nach einer Weile kam Peter zu uns an den Tisch. »Alles klar, Schwesterchen?« Er legte mir die Hand auf die Schulter. Er war vierzehn, sah aber älter aus. Und sein Augenausdruck verriet mir, dass er nichts Gutes im Schilde führte.

»Was willst du?«, fragte ich. »Ich habe kein Geld.«

»Ich will gar nichts«, gab Peter zurück und grinste zu den Matrosen rüber. »Ich will nur wissen, ob es dir auch gut geht.«

Es dauerte nicht lange, da war er wieder bei uns. »Raste nicht aus, Mia«, meinte er, »aber du musst jetzt nach Hause gehen. Nimm den Weg durch die Toilette hinter der anderen Theke und pass auf, dass dich keiner sieht.«

»Du tickst wohl nicht richtig.«

»Du begreifst nicht.« Er machte einen neuen Ansatz: »Wir haben dich gerade verkauft.«

Michelle prustete los.

»Was meinst du damit, verdammt noch mal? Ihr habt mich verkauft?!«

»Pssst!«

Peter stand vor mir, sodass mir der Blick auf die Männer an der Theke verstellt war.

»Sie haben uns 30 Pfund gegeben«, erklärte er mir. »Du kriegst die Hälfte ab.«

»Ich will das Geld nicht.«

»Aber einen Teil davon haben wir schon für Getränke ausgegeben«, fuhr er fort. »Du musst gehen. Wenn du bleibst, dann ist hier gleich die Hölle los.«

Michelle schüttelte sich immer noch vor Lachen. »Ich komme mit dir «, erbot sie sich.

Ich wusste, dass es zu einer Schlägerei kommen würde, wenn wir blieben. Ich hatte keine andere Wahl. Als ich auf dem Weg zum Hinterausgang bei den Toiletten am Tresen vorbeikam, hob einer der Seeleute sein Glas in meine Richtung und grinste.

Um der Sache die Krone aufzusetzen, hauten Jed und Pete dann auch noch das ganze Geld auf den Kopf, bevor sie nach Hause kamen – ich bekam nicht einen Penny davon zu sehen. Tagelang konnte ich keinen Fuß in die Stadt setzen und musste warten, bis der holländische Frachter endlich auslief. Und was noch schlimmer war: Ein paar Monate darauf zogen sie die gleiche Nummer noch einmal ab.

Ich hätte toben sollen, aber ich wusste, dass es nichts als ein Dumme-Jungen-Streich war. Sie hätten es nie zugelassen, dass mir einer was zuleide tut. Sie hatten ein schlechtes Gewissen, mich verkauft zu haben, und verwöhnten mich nach Strich und Faden.

21. Januar 1977. Ich war allein in der Wohnung, als Mick, einer von Jeds Kumpels, bei uns auftauchte. Wir beschlossen, zusammen in die Stadt zu laufen. Kaum standen wir im Flur, da hörten wir einen Schrei. Wir rannten vor die Tür und sahen, wie ein Junge die Wendeltreppe runterfiel.

»O mein Gott!«

Wir stürmten hinterher, sahen, wie er immer tiefer stürzte und mit dem Kopf immer wieder gegen die Mauern knallte, hörten ihn schreien. Schließlich schlug er unten auf dem Betonboden auf. Und dann … Dann verschwand er.

Nicht einen Moment lang hatte ich ihn aus den Augen gelassen, und trotzdem war er spurlos verschwunden. Von der Seite her fiel Licht ins Treppenhaus, und in den Strahlen wirbelten Staubpartikel.

»Was ist passiert?« Mick war ebenso verblüfft wie ich. »Wo ist er hin?«

Ich hatte einen dicken Kloß im Hals. Mir war zum Heulen zumute.

»Keine Ahnung«, brachte ich hervor.

Mick rannte die Kellertreppe hinunter. Ich ging nach draußen vor das Haus und sah mich dort um. Irgendwo musste der Junge doch sein!

»Das gibt's doch gar nicht.« Mick schüttelte den Kopf.

Erst als wir wirklich sicher waren, dass der Junge nicht mehr da war, machten wir uns auf den Weg in die Stadt.

»Du hast doch auch gesehen, wie der Kleine die Treppe runtergefallen ist, oder?«, vergewisserte sich Mick noch einmal.

»Ja, vom ersten Stock aus – glaube ich zumindest.«

»Und unten an der Treppe ist er aufgeschlagen, neben der Eingangstür.«

»Er hatte dunkle Bermudas und Stiefel an«, fuhr ich fort.

»Ja«, stimmte Mick zu. »Teure Klamotten, aber irgendwie altmodisch.«

Immer und immer wieder gingen wir in allen Details durch, was wir gesehen hatten.

»Es muss ein Geist gewesen sein«, folgerte Mick schließlich.

Es war seine Idee, zu versuchen, ob wir irgendetwas über den Jungen in Erfahrung bringen könnten. Darum gingen wir zur Bibliothek und fragten, ob wir einen Blick in das Zeitungsarchiv werfen dürften. Schon bald lagen sie vor uns – die Titelseiten aller Ausgaben der örtlichen Wochenzeitung aus den vergangenen fünfzig Jahren. Und so fingen wir unsere Suche an. Wir wussten nur eins: Es musste irgendein Bericht über einen Jungen aus Blue Town sein – so hieß die Siedlung, in der ich wohnte. Es dauerte Stunden, aber am späten Nachmittag wurden wir schließlich fündig.

»Ich hab's, ich hab's!«, schrie Mick plötzlich los.

Und da war sie, die Geschichte eines tragischen Unfalls: Ein Junge war die Treppe hinuntergestürzt, hatte sich den Schädel gebrochen und war gestorben. »Und schau dir mal das Datum an!« Mick deutete auf die erste Zeile oben auf dem Blatt. Es war die Ausgabe vom 21. Januar 1927.

»Auf den Tag genau fünfzig Jahre.«

Plötzlich waren wir ganz still. Es war der Schock. Mir

wurde klar, dass ich zwar gesucht hatte; aber wirklich etwas zu finden, damit hatte ich nicht gerechnet. Auf dem Weg zum Pub, wo wir uns mit Jed und seinen Freunden treffen wollten, überließ ich Mick das Reden. Mir ging zu viel im Kopf herum, um mich zu unterhalten: Es gab also wirklich Geister; diese Erkenntnis musste erst einmal bei mir durchsickern. Mir fiel die Nonne wieder ein, die ich an der Kirche gesehen hatte. Auch sie löste sich auf geheimnisvolle Weise vor meinen Augen in Luft auf. Wenn es tatsächlich Geister gab, dann waren noch ganz andere Dinge möglich.

Es war draußen noch hell, als wir das Pub auf der Hauptstraße von Sheerness erreichten. Mick platzte sofort mit unserer Geschichte heraus, aber ich wollte nicht darüber reden, noch nicht. Ich machte mich aus dem Staub und ging nach Hause. Als ich das Haus betrat, kam ich an der Stelle vorbei, an welcher der Junge aufgeschlagen war. Ich spürte überhaupt keine Aufregung. Nein, im Gegenteil: Ich war die ganze Zeit über sonderbar ruhig gewesen.

»Wie hast du dich gefühlt, als du die Treppe hochgegangen bist?«, erkundigte sich Mum später.

»Es ging mir gut.«

»Dann ist es in Ordnung«, gab sie zurück. »Wahrscheinlich werden noch einmal fünfzig Jahre vergehen, bevor irgendjemand den Jungen das nächste Mal zu Gesicht bekommt.«

Durch das gemeinsame Erlebnis entstand etwas Verbindendes zwischen Mick und mir. Ständig redeten wir von dem Geist. Ich war die meiste Zeit über mit meinen Brüdern und ihren Freunden zusammen, und so war es nur natürlich, dass ich mit Mick rumhing.

Mick war 1,85 Meter groß, hatte hellbraunes Haar und sehr, sehr blaue Augen. An den Unterarmen war er tätowiert, und er war cool – er konnte kämpfen, hatte ein Auto und immer Geld in der Tasche. Irgendwann waren wir nicht mehr nur Kumpels, sondern Freund und Freundin. Ich mochte ihn, weil er gut drauf war, ich ihn süß fand und er nicht dauernd Sex von mir wollte. Meine Mutter war weniger begeistert von ihm. Mick war ein Schlägertyp mit Vorstrafenregister und außerdem sechs Jahre älter als ich.

»Fang mir bloß nichts mit dem an!«, beschwor sie mich eindringlich.

Zu meinem sechzehnten Geburtstag organisierten ein paar Freunde bei sich zu Hause eine Überraschungsparty für mich. An jenem Abend sagte Mick zu mir: »Ich kann hier keinen Job finden. Ich gehe nach Ipswich. Warum kommst du nicht mit?«

»Nach Ipswich?« Was für eine absurde Idee! »Das kann ich einfach nicht.«

»Du kannst alles, was du willst«, entgegnete Mick. »Du bist jetzt sechzehn.«

Am nächsten Morgen saßen meine Mutter und ich in der Küche zusammen.

»Hattest du einen schönen Geburtstag?«, erkundigte sie sich. »Was habt ihr gemacht?«

»Michelle hat eine Party für mich gegeben«, erzählte ich ihr. »Ich war mit Mick dort.«

»Habe ich dir nicht gesagt, dass du die Finger von ihm lassen sollst?«

»Du hast mir gar nichts mehr zu sagen«, konterte ich. »Ich bin jetzt sechzehn.«

»Ich sag es dir noch mal: Fang ja nichts mit dem Typ an!«

So hatte ich sie noch nie gesehen. Und dann sagte sie die fatalen Worte, die unser Leben schlagartig verändern sollten: »Solange du unter meinem Dach lebst, tust du, was ich dir sage!«

Es folgte der schlimmste Streit, den wir je gehabt hatten. Als sie aus dem Haus ging, packte ich meine Tasche und machte mich auf den Weg zu Mick.

»Und was soll die Reisetasche?«, wollte er wissen, als er mich vor der Tür stehen sah.

»Ich habe beschlossen, mit nach Ipswich zu kommen.«

Es war alles ganz einfach. Wir setzten uns in seinen alten, klapprigen Mini und fuhren noch am selben Tag los. Ich hatte keine Ahnung, was ich tat. Ich schmiss mein ganzes Leben hin. Schule, ade, Freunde, ade, Jed, Peter, Mum und Dad, ade. Es war ein spontaner Entschluss. Ein Abenteuer.

In der ersten Nacht kamen wir in der Wohnung von einem Paar unter, mit dem Mick befreundet war. Sie zogen das Sofa im Wohnzimmer für uns aus, und das Mädchen brachte uns einen Stapel Bettwäsche. Für sie war es die natürlichste Sache der Welt, dass Mick und ich zusammen schliefen, aber wir waren noch nie miteinander im Bett gewesen. Es war mir peinlich, und ich hatte ein bisschen Angst.

Ich war es gewohnt, zu einer bestimmten Zeit zu Hause sein zu müssen. Und auf einmal dämmerte es mir: Es wartet ja keiner auf dich! Du bist ja von zu Hause weg!

Mick war ausgesprochen zärtlich. Es war das erste Mal, dass ich freiwillig Sex hatte. Ich fühlte mich sicher bei ihm. Aber das Allerschönste war das Kuscheln danach – wie ich dalag, in seinen Armen, und dabei einschlief.

Es dauerte nicht lange, und wir hatten ein winziges Ein-Zimmer-Apartment im Zentrum von Ipswich gefunden. Mick bekam eine Stelle als Schweißer, und ich suchte mir einen Job in einer Wurstfabrik: sieben Stunden am Tag am Fließband stehen und Würste in Form klopfen. Am zweiten Tag riss ich mir kaum eine halbe Stunde nach Schichtbeginn das aus Hygienegründen vorgeschriebene Haarnetz vom Kopf und stürmte ins Büro des Vorarbeiters.

»Es muss doch irgendeine interessantere Beschäftigung geben, als Würste zu rollen!«, brachte ich vor.

»Na ja«, meinte er. »Wenn du dir das zutraust – ich kann dich auch in der Metzgerei einsetzen.«

Er führte mich in eine riesige Halle, in der achtzehn Männer mit elektrischen Messern Schlachttiere zerlegten. Zwanzig Minuten hielt ich durch, dann gab ich es auf.

Nach ein paar Tagen rief ich Mum an.

»Komm nach Hause, mein Schatz«, sagte sie. »Komm nach Hause.«

»Nein, Mum. Ich komme nicht heim«, beharrte ich. »Aber es geht mir gut. Ehrlich. Ich komme euch bald besuchen.«

»Komm einfach nach Hause.«

Ich telefonierte nicht lange mit ihr und weigerte mich, ihr meine Adresse zu geben. Ich fühlte mich schuldig, redete mir ein, dass sie sich mit der Zeit schon daran gewöhnen würde.

Als Nächstes arbeitete ich in einer Gemüsefabrik: Hunderte von Zwiebeln schälen. Ich wurde pro Sack bezahlt. Meine Augen tränten so sehr, dass ich nichts mehr sehen konnte. Jeden Tag, etwa eine Stunde lang. Dann gewöhnte ich mich daran.

Auf der Heimfahrt im Bus rückten die Leute von mir weg. Der Geruch war unerträglich.

Zwei Monate später ergatterte ich eine Stelle in einem Laden für Scherzartikel. Fortan verbrachte ich meine Tage zwischen Juckpulver, Seife, die im Kontakt mit Wasser schwarz wurde, Kackhaufen aus Plastik, Spielzeugzigaretten und Zigaretten, die eigentlich Feuerwerkskörper waren. Immer wieder kamen Kinder herein, ließen eine Stinkbombe mitgehen und nebelten uns mit dem Gestank ein, bevor sie johlend aus dem Laden stürmten.

Wenn ich nicht bei der Arbeit war, spielte ich Hausmütterchen. Zum ersten Mal kaufte ich selbst ein und kochte. Wie aufregend es war, meine erste Kuchenform zu erstehen! Ich pflückte Osterglocken im Park und stellte sie in einer Milchflasche auf den Kaminsims. Zum ersten Mal in meinem Leben kaufte ich mir selbst ein Päckchen Zigaretten – zwanzig Zigaretten, ganz für mich allein.

Eine neue Pizzeria machte in der Stadt auf, und ich wurde für abends als Kellnerin engagiert. Die anderen Angestellten waren fast alle Italiener, und die Pizzas wurden frisch vor den Augen der Gäste zubereitet. Meine Arbeit machte mir Spaß, und ich bekam jede Menge Trinkgeld. Anfangs holte Mick mich nach der Arbeit immer ab, irgendwann aber ging er lieber mit seinen Freunden weg.

»Du bist schließlich arbeiten«, grummelte er. »Was erwartest du denn von mir?«

Er kam immer später nach Hause. Einmal blieb ich bis zwei Uhr morgens auf, um auf ihn zu warten. Ich dachte schon, es sei ihm etwas Schreckliches passiert.

Jed kam uns mit seiner Freundin Theresa besuchen, und wir beschlossen, zusammen in ein Haus an der Cobbled Street zu ziehen. Es war alt und heruntergekommene, aber wir besorgten einen großen Eimer cremeweißer Farbe und malten alle Zimmer frisch aus. Und wir holten uns einen halb verhungerten Whippet-Mischling von der Straße. Wir nannten ihn »Nipper«.

Mick und ich waren drei Monate in Ipswich, als wir uns zum ersten Mal richtig stritten. Ich hatte etwas zum Abendessen und eine Flasche Wein besorgt. Er aber wollte mit seinen Kumpels losziehen.

»Du kannst heute nicht gehen«, verbot ich ihm. »Der heutige Abend ist für uns reserviert.«

Er zog sich seine Jacke an. »Ich gehe jetzt.«

Ich packte ihn am Ärmel. »Nein, das tust du nicht!«

Er haute mir links und rechts eine runter und knallte die Tür hinter sich zu.

Ich machte den Wein auf und trank die ganze Flasche aus. Als Theresa später am Abend nach Hause kam, sperrte ich mich in der Toilette ein. Ich wollte mit niemandem reden. Ich wollte einfach nur meine Ruhe haben. Aber dann entdeckte Theresa in der Küche ein leeres Röhrchen Schlaftabletten und glaubte, dass ich eine Überdosis genommen hätte. Sie rief die Polizei und den Krankenwagen.

Als ich im Krankenhaus zu mir kam, wollten sie mir gerade einen Schlauch in den Hals stecken.

»Was machen Sie da?«

»Wir pumpen Ihnen den Magen aus.«

»Ich hab doch gar nichts genommen.«

Aber Theresas Hysterie war überzeugender als mein alkoholisiertes Gebrabbel.

»Wir wissen, dass Sie etwas genommen haben. Und wenn Sie uns nicht machen lassen, müssen wir eine Sektion vornehmen. Sie sind in Lebensgefahr.«

Verkatert und mit wehem Bauch und wundem Hals wurde ich aus der Klinik nach Hause geschickt. Mick saß im Wohnzimmer. Er hatte das Licht nicht eingeschaltet. Ich dachte, er würde sich entschuldigen. Ich war bereit, ihm einen Kuss zu geben und mich mit ihm zu versöhnen. Aber stattdessen ging er in die Küche und kam mit dem Brotmesser zurück. Er hielt mir den Griff hin.

»Wenn du dich umbringen willst«, sagte er, »dann plänkle nicht rum. Wenn schon, dann mach es richtig!«

Jed und Theresa gingen nach einem Monat wieder zurück. Sie hatten Heimweh nach der Insel. Ich vermisste sie auch, aber mein Leben fand jetzt hier statt. Und außerdem war Mick wieder nett zu mir – obwohl er sich nie bei mir entschuldigt hat.

Eines Abends kam die Freundin von einem von Micks Kumpels zu mir in die Pizzeria. »Ich finde, dass du es wissen solltest«, klärte sie mich auf. »Während du hier arbeitest, treibt sich Mick mit einer anderen rum.«

Ein halbes Jahr lang hatten wir zusammengewohnt. Ich dachte, wir würden uns lieben. Alles, worauf ich mein Leben aufgebaut hatte, zerbröckelte mit einem Mal. Ich fühlte, wie sich der Raum um mich herum drehte. Ich musste mit Mick reden. Mein Chef gab mir für den Abend frei. Ich ging nach Hause und wartete.

In den frühen Morgenstunden kam Mick nach Hause. Er hatte einen Knutschfleck am Hals.

»Ich weiß, dass du eine andere hast.«

»Stimmt«, gab er zu. »Du hast Recht. Und ich habe gerade erfahren, dass sie den Tripper hat. Am besten, du legst dich gleich mit ins Krankenhaus.«

Kein Zeichen von Reue. Kein Betteln um Vergebung. Keine Schwüre, es nie wieder zu tun. Mick wusste, wie sehr ich litt, aber es war ihm egal. Ich war von zu Hause weggegangen und hatte mich in billigen Jobs ohne jede Aufstiegschancen verdingt, weil ich ihm vertraute. Und jetzt stellte sich heraus, dass es alles eine einzige große Lüge gewesen war. Er war nicht der Mann, für den ich ihn gehalten hatte.

In jener Nacht schlief ich in Jeds und Theresas ehemaligem Schlafzimmer. Am nächsten Morgen ging ich allein ins Krankenhaus. Ich war siebzehn Jahre alt, und es war mir schon allein peinlich, nach der Abteilung für Geschlechtskrankheiten zu fragen.

»Wohin muss ich gehen, wenn ich den Tripper habe?«, flüsterte ich einer ausländischen Krankenschwester zu.

»Wie bitte?« Sie hatte keine Ahnung, wovon ich sprach.

Ich wusste nicht, wohin ich meinen Blick wenden sollte. »Tripper«, brachte ich noch einmal hervor.

»Tripper?«

»Könnte sein, dass ich Gonorrhöe habe.«

»Ach so, die Klinik für Geschlechtskrankheiten«, posaunte sie lauthals los. »Da müssen Sie den Eingang an der Rückseite des Gebäudes nehmen.«

Ich wurde untersucht, und man führte diverse Tests mit mir durch. Dann musste ich ins Sprechzimmer.

»Sie haben weder Gonorrhöe noch irgendeine andere Geschlechtskrankheit«, teilte mir der Arzt mit. »Aber haben Sie gewusst, dass Sie schwanger sind?«

Ich war hergekommen, um nachschauen zu lassen, ob ich mir einen Tripper eingefangen hatte, weil ich mit einem Typen zusammen war, der sich keinen Deut für mich interessierte, und jetzt sagte man mir, dass ich ein Kind von ihm kriegen würde.

»Sie sind im zweiten Monat«, fuhr der Arzt fort.

Ich war so schockiert, dass ich kein Wort herausbrachte.

»Wollen Sie einen Abbruch machen lassen?«

»Ich weiß es nicht«, stammelte ich. »Ich muss es mir erst überlegen.«

Ich setzte mich auf eine Bank am See. Da waren Schwäne auf dem Wasser, und am Ufer stand eine Trauerweide. Ich dachte an die Abtreibung, die ich zwei Jahre zuvor hatte machen lassen. An die schrecklichen Albträume.

Ein zweiter Abbruch kam für mich nicht infrage – das war das Einzige, was ich mit Sicherheit wusste. Aber was zum Teufel sollte ich tun? Bei Mick konnte ich nicht bleiben – die Beziehung würde nicht halten, das war mir klar. Wo sollte ich mit meinem Baby hin? Sollte ich es meinen Eltern sagen? Ein Kind zu bekommen war ein großer Akt.

Ich ging nach Hause, richtete das Abendessen und wartete auf Mick.

»Warst du im Krankenhaus?«, wollte er wissen.

»Ja.«

»Und?«

»Ich habe nichts«, erklärte ich ihm. »Aber ich bin schwanger.«

Einen Moment lang war er still. Was dann kam, überraschte mich vollkommen: »Das ist ja phantastisch!«, jubelte er.

Ich versuchte, ebenso viel Begeisterung aufzubringen wie er, aber da war einfach nichts. Er hatte mich zu tief verletzt. Ich war innerlich schon auf dem Absprung.

Mick und ich lebten weiter als Paar in dem Haus an der Cobbled Street zusammen. Ich war im fünften Monat, und meine Eltern wussten immer noch nicht, dass ich schwanger war. Micks Mutter Lillian war total nett zu mir: eine Ersatzmama. Sie war freundlich und großzügig und kam dauernd mit irgendetwas Neuem für das Baby daher. Ich nahm ihre Geschenke dankend entgegen und verstaute sie im künftigen Kinderzimmer. Strampelanzüge, Jäckchen, Decken für die Wiege – sogar einen Kinderwagen von der allerteuersten Sorte.

Als ich zum ersten Mal in der ganzen Zeit zum Arzt ging, drückte er mir ein Rezept für Eisentabletten und ein Informationsblatt über einen Geburtsvorbereitungskurs in die Hand.

»Sie müssen einen Termin bei einer Hebamme ausmachen«, trug er mir auf.

Ich schrieb seinen guten Rat in den Wind und warf das Rezept in den nächsten Papierkorb. Ich wusste nicht, wie ich mit meiner Schwangerschaft umgehen sollte, und so weigerte ich mich, darüber nachzudenken. Mein Bauch wurde dick, aber ich betrachtete ihn nur als eine große Beule.

Mick war jetzt kaum noch zu Hause. Manchmal nahm mich Lil mit in die Bingohalle, wie früher meine eigene Mutter. Sie gab mir das Gefühl, nicht ganz so allein auf der Welt zu sein.

Zum ersten Mal, seit ich von zu Hause weggegangen war, fuhr ich zu meinen Eltern. Ich war im siebten Monat, aber ich trug ein locker sitzendes Kleid und hoffte, dass Mum nichts merken würde. Wir saßen im Garten, und sie schaute mich an: »Du bist schwanger.«

»Na und?« Ich war sofort auf Ablehnung gepolt.

Aufgeregt, wie sie war, sprudelte es nur so aus ihr heraus: »Was hast du jetzt vor? Bist du bereit für ein Baby? Hast du Angst vor der Geburt? Hast du alles, was du brauchst? Bist du glücklich?«

»Es ist alles geregelt, Mum«, beruhigte ich sie. »Reden wir über was anderes.«

Sie hatte mir gesagt, ich solle nichts mit Mick anfangen, aber ich setzte meinen Kopf durch. Das war ein großer Fehler gewesen. Meine Mutter hätte mir nie vorgeworfen, dass sie mich schließlich gewarnt habe. Trotzdem war ich zu stur, zu stolz, um zu sagen: »Mick vögelt mit einer anderen rum, und ich bin arbeitslos und lebe von der Hand in den Mund.«

Ich saß mit ihr im Garten – alles war so vertraut, war genau so, wie ich es in Erinnerung hatte. Und ich dachte: »Wenn ich das Kind kriege, wird nichts mehr so sein, wie es war.« Und: »Meine Kindheit ist endgültig vorbei.« Das kleine bisschen Freiheit war vorüber.

Ich hatte überlegt, ob ich nicht zu meinen Eltern und Brüdern zurückgehen sollte. Vielleicht könnte ich dort wieder ganz von vorn anfangen. Aber wie ich jetzt bei ihnen war, spürte ich, dass ich ein ganz anderer Mensch geworden war. Und ich schämte mich so, weil ich mein Leben nicht auf die Reihe kriegte. Ich konnte mich ihnen nicht zumuten. Ich konnte nicht bleiben. Ich hatte mir die Suppe selbst eingebrockt, und darum musste ich sie auch selbst auslöffeln. So stand ich auf und ging zur Tür.

Mum weinte. Sie wollte mich nicht gehen lassen. Zum Abschied nahm ich sie in den Arm.

Auch mein Vater machte sich Sorgen. »Du brauchst nicht zu gehen«, versicherte er mir. »Du bist uns willkommen.«

»Ich kann nicht bleiben.« Es kostete mich Mühe, positiv zu klingen. »Ich habe eine schöne Wohnung in Ipswich. Micks Mutter ist echt goldig, und in meiner Beziehung läuft auch alles prima. Sobald das Baby da ist, besuche ich euch, damit ihr es sehen könnt«, versprach ich.

Auf dem Rückweg nach Ipswich prasselte der Regen gegen die Fenster des Zuges, und ich fühlte mich so einsam wie nie zuvor. Als ich von zu Hause weggegangen war, hatte ich es leichten Herzens getan und mich unschlagbar gefühlt; neun Monate später war ich schwanger, verletzlich, pleite und steckte in einer kaputten Beziehung. Ich hatte alle Fehler gemacht, die nie zu machen ich mir geschworen hatte. Wie gerne wäre ich zu meinen Eltern zurückgekehrt, aber das Leben, das ich gekannt hatte, gab es nicht mehr. Damit hatte ich meine letzte Illusion verloren – die Illusion, nach Hause gehen zu können.

»Was habe ich bloß getan?«, fragte ich mich.

Ich war siebzehn, aber reif für mein Alter. Vom Kampf gebeutelt, doch optimistisch. Wenn das Baby erst einmal da wäre, so hoffte ich, würde mit Mick alles wieder in Ordnung kommen. Das Kind würde uns zusammenbringen. Und wenn ich erst einmal meine Figur wieder hätte, würde er aufhören, mit anderen Frauen rumzumachen.

Den ersten Weihnachtsfeiertag verbrachten wir bei Micks Eltern, und ich aß und aß, um alles andere zu verdrängen. Am Nachmittag ging Mick zu seinen Kumpels. Er kam nicht mehr zurück. Ich saß mit seinen Eltern und meinem dicken Bauch im Wohnzimmer. Es war kaum auszuhalten; es war mir so peinlich. Wie konnte er mir das nur antun?

Bis zum errechneten Geburtstermin waren noch drei Wochen hin, aber auf dem Weg zum Telefon – ich wollte mir ein Taxi rufen, um nach Hause zu fahren –, da krümmte ich mich auf einmal vor Schmerzen. Lil tastete meinen Bauch ab. Er war hart wie ein Fußball. Aber weil ich mich geweigert hatte, mich auch nur ansatzweise mit meiner Schwangerschaft zu befassen, hatte ich keine Ahnung, dass das etwas mit dem Einsetzen der Wehen zu tun haben könnte. Lil rief mir einen Krankenwagen.

»Wenn Mick auftaucht, sage ich ihm, dass du im Krankenhaus bist«, versprach sie mir.

Der Rest der Nacht fühlte sich für mich wie eine Strafe an. Die Stunden vergingen, aber von Mick keine Spur. Ich hatte schwere Wehen, doch die Krankenschwester glaubte mir nicht. Ich bat um ein Schmerzmittel, sie hingegen meinte, es seien noch viele Stunden hin.

Die Schmerzen waren kaum auszuhalten. Ich hatte noch nie ein Buch über Babys in der Hand gehabt, keinen Geburtsvorbereitungskurs gemacht, nie mit meiner Mutter oder irgendeiner anderen Frau darüber gesprochen, was auf mich zukam. Ich ließ mich über das Kopfteil des Bettes nach hinten hängen; ich kroch auf allen vieren durchs Zimmer. Ich hatte solche Schmerzen, dass ich nicht wusste, wohin damit.

Ich klingelte nach der Schwester. »Ich glaube, das Baby kommt.«

»Es dauert noch Stunden!«

»Schauen Sie nach. Bitte!«

Als die Schwester mich untersuchte, war sie überrascht. »Der Kopf ist ja schon da!«

Sofort brachte sie mich in den Kreißsaal, und zehn Minuten später hielt ich mein Kind im Arm. Es war 5.20 Uhr. Das Baby war blau angelaufen. Sie gaben ihm Sauerstoff. Es wurde rosa. Ein Junge. Shane Dolan. 3400 Gramm. Geboren am zweiten Weihnachtsfeiertag.

Es war früh am Morgen. Ich saß heulend und rauchend im Aufenthaltsraum am Ende der Geburtenabteilung. Ich war am Boden zerstört. 28 Stiche hatten sie mir gemacht, und mir tat alles weh. Wo war Mick? Ich hätte so gern meine Eltern angerufen, aber es war zu früh. Ich wollte sie nicht wecken. Ich war verzweifelt.

Um 8.30 Uhr griff ich schließlich zum Hörer und rief Mum und Dad an: »Es ist ein Junge.«

»Wie ist es gelaufen?«, erkundigte sich meine Mutter.

»Ich hab's überstanden. Aber ein zweites Mal will ich so was nicht erleben.«

»Bist du okay? Brauchst du irgendwas?«

»Nein. Sobald sie mich aus dem Krankenhaus entlassen, komme ich, damit ihr Shane sehen könnt.«

»Vergiss nicht, dass wir dich lieb haben«, versicherte mir

Mum. »Wenn du irgendwas brauchst – wir sind für dich da.«

Zur Besuchszeit waren die Betten all der anderen frisch gebackenen Mütter von lieben Menschen umlagert – Ehemänner, kleine Kinder, Blumen, Pralinen und Spielsachen. Mick und seine Mutter kamen in der Mittagszeit – ich hatte es ohne ihn kaum noch aushalten können. Er war doch alles, was ich hatte.

»Wo bist du gestern Abend gewesen?«, fragte ich.

»Meine Kumpels haben mir einen Mickey Fin eingetrichtert«, redete er sich heraus. »Danach hab ich nichts mehr mitgekriegt.«

Ich wusste, dass er log, aber mir fehlte die Kraft, der Sache weiter nachzugehen. Jetzt, wo das Baby da war, würde er sich bestimmt bessern.

Mick hob Shane aus seinem Bettchen. »Sieht er mir nicht ähnlich?«, schwärmte er. »Ich kann gar nicht glauben, dass ich einen Sohn habe.«

Nach einer halben Stunde ging er und sagte, er käme am Abend noch mal wieder. Ich wartete vergeblich.

Vor der Geburt war ich in Panik gewesen, aber nachdem ich das Kind zum ersten Mal gesehen hatte, wusste ich, dass alles gut gehen würde. Er hatte so wunderschöne blaue Augen; sie waren wie Saphire, so strahlend. Man musste mir zeigen, wie ich ihn füttern, baden und wickeln sollte – ich hatte nicht die geringste Ahnung. Zuerst war ich unsicher, aber eine Welle der Liebe schwappte über mich.

Als ich Shane am Silvesterabend wickelte, merkte ich, dass er blau um die Lippen war. Seine Gesichtshaut war blass und fleckig.

»Er könnte sich erkältet haben«, vermutete die Schwester. »Ich hole den Doktor, damit er ihn sich mal ansieht.«

Der Arzt bestätigte, dass es sich um einen Infekt handelte, und ließ ihn auf die Intensivstation bringen.

»Da oben ist es einfach wärmer«, beruhigte er mich. »Machen Sie sich keine Sorgen.«

Ich drückte Shane noch einmal an mich. Es gab keinen Grund zur Besorgnis, und so machte es mir nichts aus, ihn im Krankenhaus zu lassen. Ich war völlig erschöpft. Vielleicht könnte ich auf diese Weise wenigstens einmal eine Nacht durchschlafen.

Ich verbrachte den Abend zusammen mit zwei anderen Frauen – einer Schwangeren und einer, deren Kind ebenfalls auf der Intensivstation lag. Wir sahen fern und tranken Tee. Um Mitternacht stießen wir mit einem Glas Wein auf das neue Jahr an: 1979.

Am nächsten Morgen – wir waren gerade beim Frühstücken – kam ein Arzt zu uns in den Aufenthaltsraum und bat alle Mütter, für einen Moment nach draußen zu gehen. Ich wollte mich gerade von meinem Stuhl erheben, als er auf mich deutete. »Nein, Sie nicht«, meinte er. »Mit Ihnen will ich sprechen.«

Er hielt mich bei der Hand. »Es tut mir Leid, es Ihnen sagen zu müssen, aber Shane geht es nicht gut. Er hat einen Herzfehler. In der Nacht mussten wir mehrmals Wiederbelebungsmaßnahmen einleiten.«

Shane lag im Sterben! Augenblicklich hatte ich unendliche Sehnsucht nach ihm. Mein Sohn kämpfte um sein Leben. Ich musste bei ihm sein.

»Wir möchten ihn in die Herzklinik nach London verlegen, aber wir müssen erst warten, bis er transportfähig ist.«

Immer noch hielt der Arzt meine Hand. »Es tut mir Leid. Es gibt nichts, was wir sonst für ihn tun könnten. Möchten Sie jetzt zu ihm gehen?«

»Ja«, nickte ich. »Ja, natürlich.«

Eine Krankenschwester brachte mich nach oben, und als ich im Aufzug stand, überkamen mich auf einmal unendliche Schuldgefühle. Wie sorglos hatte ich die Nacht verbracht! Während ich Wein trank und auf das neue Jahr anstieß, wurde Shane wiederbelebt. Warum sagte mir niemand etwas? Sie hatten ihn mir weggenommen, und das Einzige, woran ich gedacht hatte, war, einmal eine Nacht durchschlafen zu können.

Die Intensivstation war riesig und belegte das gesamte oberste Stockwerk des Krankenhauses. Shane lag in einem gläsernen Brutkasten, umringt von lauter Lichtern und klickenden und surrenden Maschinen. Das Ganze wirkte wie in einem Science-Fiction-Film. Der Junge hatte nur eine Windel an, sonst nichts. In seiner Nase steckte ein Schlauch, und ein zweiter kam aus dem Fußgelenk heraus. Auf dem Herzen hatten sie ihm Überwachungssensoren angebracht. Seine Atmung war langsam und schwer.

»Ich lasse Sie einen Moment mit ihm allein«, bot die Schwester an. »Später hole ich Sie wieder ab.«

Ich legte meine Hände gegen den Brutkasten, und zum ersten Mal machte ich mir so richtig bewusst, dass ich ein Kind zur Welt gebracht hatte. Ich sah mir Shanes Nase, sah mir seine Finger, Zehen, Augen und Ohren an, und ich dachte: »Dies ist mein Sohn, er gehört mir; er kam aus meinem Körper, und es ist meine Aufgabe, mich um ihn zu kümmern.« In diesem Augenblick entstand meine Bindung zu ihm – eine Bindung, die hielt, solange er lebte.

Ich weinte. Shane musste es schaffen – er musste am Leben bleiben. Mit jeder Faser meines Seins wünschte ich es mir. »Bitte, lass ihn nicht sterben.«

Ich wusste nicht, zu wem ich diese Worte sprach. Shane öffnete die Augen. Er hatte solch strahlende Augen!

In jenem Moment wünschte ich mir, dass es einen Gott geben möge. Ich wollte, dass er mir hilft – dass er uns hilft. Zum ersten Mal in meinem Leben betete ich.

»Bitte, lass Shane nicht sterben. Wenn es dich wirklich gibt«, flüsterte ich, »dann bitte, bitte, lass ihn nicht sterben.«

5

Mick musste es wissen. Ich ging zur Telefonzelle und wählte unsere Nummer. Es war neun Uhr morgens. Keiner hob ab. Ich rief Micks Freund an. Dessen Freundin ging an den Apparat.

»Weißt du, wo Mick ist?«, fragte ich.

»Nein«, antwortete sie. »Ich habe ihn nicht gesehen. Aber ...«, sie zögerte, »... ich weiß nicht, ob ich es dir sagen soll, aber ich glaube, du solltest es wissen. Während du im Krankenhaus warst, war Mick bei Carol.«

Carol – das war das Mädchen, mit dem er rummachte, als ich erfuhr, dass ich schwanger war.

»Bist du okay?« Sie klang besorgt.

Sie wusste nicht, dass Shane krank war – aber wozu es ihr sagen? »Ja«, gab ich zurück. »Es ist nicht wichtig. Ich muss jetzt Schluss machen.«

Ich legte den Hörer auf. Mick betrog mich also wieder –

die neuerliche Verletzung addierte sich zu all den vielen anderen hinzu, aber ich hatte nicht die Kraft, mich aufzuregen. Mein Sohn lag im Sterben.

Ich ging in die Intensivstation zurück und setzte mich neben Shanes Brutkasten. Auf einmal fühlte ich mich wie ein kleines, unwissendes Kind. Ich begriff nicht, wozu all diese Technik gut war. Ich wusste nicht, was ich tun sollte. Ich war so verletzlich, hatte solche Angst, war so mutterseelenallein.

Ich rief nicht bei Micks Eltern an. Ich dachte an seine Mutter, aber zu erreichen versuchte ich sie nicht. Meine eigene Familie wollte ich auch nicht mit meinen Sorgen behelligen. Ich saß einfach da, bei Shane, und die Stunden vergingen.

Die Nacht verbrachte ich in der Geburtenabteilung. Ringsum lauter Mütter mit ihren Babys. Nur ich war allein; die einzige Mutter, neben deren Bett keine Wiege stand. Es zerriss mir das Herz. Würde Shane es schaffen? Würde ich ihn je wieder im Arm halten können?

Als ich am nächsten Tag mit dem Aufzug zu Shane hinauffuhr, dachte ich wieder an Gott – wie sehr wünschte ich mir, dass es ihn geben möge, auch wenn ich in meinem Inneren noch so sehr vom Gegenteil überzeugt war. Und ich schloss einen Pakt mit Gott. »Bitte, lass Shane am Leben. Dafür verspreche ich, eine wirklich gute Mutter und ein guter Mensch zu sein.«

Am 3. Januar kam Mick mit seiner Mutter ins Krankenhaus. Ich war erleichtert, ihn zu sehen. Er war sechs Jahre älter als ich. Vielleicht wüsste er ja, was zu tun sei – wenn er an meiner Seite wäre, würde vielleicht alles gut werden.

Mick stand am Brutkasten, den Kopf gebeugt. Er weinte. »Shane wird sterben, nicht wahr?«

»Ja«, gab ich zurück.

»Das kann ich nicht aushalten.«

»Ich kann es auch nicht aushalten!«, hätte ich ihm ins Gesicht schreien wollen. Aber was blieb mir denn anderes übrig, als stark zu sein? Ich hatte mir gewünscht, dass Mick die Zügel in die Hand nehmen und bei mir bleiben würde. Aber nach zwanzig Minuten war er verschwunden.

Ich vermisste meine Mutter. Alle hatten ihre Eltern, ihre Kinder, ihre Männer. Alle anderen Babys wurden liebevoll in den Kreis ihrer Familie aufgenommen. Die Station quoll über vor lauter Glückwunschkarten, Spielzeugen und Blumen, die die Besucher mitgebracht hatten. Micks Mutter gab mir einen winzigen Teddy, und wir legten ihn ans Fußende von Shanes Brutkasten.

Ich wurde ohne Shane aus dem Krankenhaus entlassen und kam in einer Einrichtung für ledige Mütter unter – eine Anstalt, kein Zuhause. Auf meiner Etage gab es acht Zimmer; sechzehn Leute, die sich eine große Küche teilen. Die Leiterin war herrisch, streng und gefühllos.

Shane lag eine Woche auf der Intensivstation, als sein Arzt mich aufsuchte. »Wir können nicht genau sagen, warum, aber Shanes Zustand stabilisiert sich, und er wird zunehmend kräftiger«, berichtete er.

Besser! Es ging ihm besser!

»Auf diese Entwicklung hatten wir gehofft«, fuhr er fort. »Dem Kleinen geht es jetzt gut genug, um ihn nach London bringen zu lassen.«

Ein Krankenwagen brachte uns in die Spezialklinik. Shane – winzig in seinem tragbaren Brutkasten, von der lebenserhaltenden Technik abhängig. Würde er es schaffen? Die Sanitäter rollten den Brutkasten durch die Ambulanz. Ein Gefühl von Dringlichkeit begleitete uns. Alle Blicke waren auf uns gerichtet. Ich hatte Lust, sie anzuschreien: »Er ist kein Monster zum Anstarren!«

Mit dem Lift nach oben zur Herzstation. Shane wurde mir sofort entrissen; ich blieb allein zurück. Ich zündete mir eine Zigarette an und schaute aus dem Fenster des Wartezimmers. Ich war allein und mit der Aussicht konfrontiert, meinen Sohn zu verlieren.

»Schwesterchen.«

Ich drehte mich um. Es war mein Bruder.

»Pete. Ich kann kaum glauben, dass du es bist.«

Er war fünfzehn und hatte die Schule geschwänzt, um bei mir sein zu können. In einem Augenblick tiefster Not hatte mich ein Mitglied meiner Sippe gefunden. Nie hatte ich ihn mehr geliebt, mich nie im Leben mehr gefreut, einen Menschen zu sehen, als in diesem Augenblick.

»Wie sieht's aus?«

»Sie machen alle möglichen Untersuchungen, Pete. Es ist schrecklich«, hörte ich mich sagen. »Könnte sein, dass Shane stirbt.«

Pete blieb den ganzen Tag bei mir. Um fünf Uhr abends kam der Arzt zu uns herein. »Ihr Sohn hat einen Ventrikelseptumdefekt.«

»Was bedeutet das?« Mein Puls raste.

Der Arzt erklärte mir, dass das Herz vier Kammern habe; und bei Shane klaffe in der Trennwand zwischen den beiden oberen ein Loch. Darum vermische sich das mit Sauerstoff angereicherte mit dem sauerstoffarmen Blut, sodass bei ihm der Sauerstoffgehalt im Blut niedriger sei als normal.

»Wir werden ihm herzstärkende Medikamente geben«, fuhr er fort. »Operieren können wir ihn erst in ein paar Monaten, wenn er kräftiger ist.«

Shane lebte, und es gab Hoffnung. Langsam fing ich an, zu glauben, dass es doch einen Gott gab – ja sogar einen, der mich erhört haben könnte. Was für ein tröstlicher Gedanke!

Pete wollte unbedingt mit uns nach Ipswich kommen. »Ich will dich nicht allein lassen«, beharrte er. »Wie willst du allein zurechtkommen?«

Wie gern hätte ich ihn mitgenommen! Es fiel mir schwer, auf seine Unterstützung zu verzichten. Aber der Fahrer des Krankenwagens verwies darauf, dass er keine weiteren Begleitpersonen mitnehmen könne. Pete blieb bei uns, bis wir losfuhren. Es brach mir das Herz, aber ich wusste, dass ich stark sein musste.

Zum ersten Mal konnte ich Shane mit nach Hause nehmen, sofern man das Heim für ledige Mütter ein »Zuhause« nennen konnte. Es war ein unhygienischer Ort – viel zu viele Leute, und ständig liefen Kinder auf dem Gang auf und ab und schrien herum. Die ersten drei Tage setzte ich keinen Fuß vor unser winziges, voll gestopftes Zimmer.

Bevor ich das Baby zu mir holte, hatte ich alles sorgfältig geputzt und desinfiziert: die Fußleisten, die Fenster, mein Bett, die Wiege, die Kommode. Aber damit war noch lange nicht alle Gefahr gebannt. Man hatte mir eine Warnung mit auf den Weg gegeben: »Das Immunsystem des Kleinen ist stark geschwächt. Lassen Sie keinen Kranken in seine Nähe.« Wegen des Infektionsrisikos hatte ich Angst, Shane mit aus dem Zimmer zu nehmen. Allein lassen wollte ich ihn aber auch nicht, denn ich fürchtete, er könnte plötzlich einen Atemstillstand haben. Ständig läuteten bei mir die Alarmglocken.

Dazu kam die Verantwortung, Shane seine Medikamente geben zu müssen. Im Krankenhaus hatte man mir gezeigt, wie ich ihm zweimal am Tag 0,05 Milligramm mit einem Tropfer in den Mund zu träufeln hatte. Und was, wenn ich etwas falsch machte? Auf dem Arzneifläschchen war ein Totenkopfzeichen aufgedruckt, und darunter stand: »Achtung! Gift!«

Ich bekam kaum ein Auge zu. Jede Stunde wachte ich auf und schaute nach, ob Shane noch atmete. Mit siebzehn Jahren war ich die Jüngste in der Einrichtung. Die anderen Mütter lachten und scherzten in der Gemeinschaftsküche herum, während ich das Gefühl hatte, die ganze Last der Welt auf meinen Schultern zu tragen. Ich war zu jung, sprach den Dialekt des Südens und hatte ein sterbenskrankes Kind. Und wieder war ich die Außenseiterin.

Shane schrie schon seit Stunden. Irgendetwas war nicht in Ordnung mit ihm. Er hatte gebrochen. Auf der anderen Straßenseite gab es eine Telefonzelle – ich musste unbedingt hin. Aber ich traute mich weder, den Kleinen allein im Zimmer zu lassen, noch ihn mit nach draußen zu nehmen. Es herrschte Frost; alles war zugeschneit.

Ich klopfte an der Tür meiner Nachbarin. Sie war dreißig und sah aufgeputzt und erwachsen aus.

»Kannst du ein paar Minuten auf Shane achten?«, bat ich sie. »Ich muss schnell über die Straße und den Arzt anrufen.«

Sie schüttelte den Kopf. »Geht nicht«, wehrte sie ab. »Er ist zu krank. Was ist, wenn irgendwas passiert, während er hier bei mir ist?«

»Ich will doch bloß schnell telefonieren!«

»Tut mir wirklich Leid. Aber die Verantwortung ist mir einfach zu groß.«

Ich ging in mein Zimmer zurück, war gefangen. Was hätte ich bloß gemacht, wenn nicht ausgerechnet in dem Augenblick die Gesundheitsberaterin vorbeigekommen wäre? Es war ihr erster Besuch, seit ich mit dem Kleinen aus London zurück war, und ich hatte sie nicht erwartet.

Ein Blick auf das Kind genügte ihr. Sie wickelte ihn in eine Decke und meinte: »Ich bringe ihn in die Klinik. Kommen Sie nach.«

Sie packte Shane in ihren Mini, und ich stapfte zu Fuß durch den Schnee ins Krankenhaus. Ich hatte Hauslatschen und eine Strickjacke an. Völlig durchnässt und vor Kälte zitternd, kam ich an. Mein Kind lag unter dem Sauerstoffzelt.

»Nur eine Vorsichtsmaßnahme«, versuchte der Arzt mich zu beruhigen. »Er hat eine starke Erkältung. Aber kein Grund zur Besorgnis.«

Langsam löste sich der Knoten in meinem Herzen. »Ist er wirklich außer Gefahr?«

»Ja.« Der Arzt klopfte mir auf die Schulter. »Ruhen Sie sich aus. Kommen Sie wieder, wenn es ihm besser geht.«

Ich hatte keinen Penny in der Tasche und seit drei Tagen nichts gegessen. Glücklicherweise hatte ich meine Sozialhilfeschecks dabei, und so ging ich zur Post und holte etwas Bargeld ab. Dann setzte ich mich ins nächste Café und bestellte mir ein Frühstück. Eine große Tasse dampfenden Tee und heißen Toast mit Butter. Tagelang hatte ich unter Hochspannung gestanden; jetzt waren andere da, die sich um Shane kümmerten. Zum ersten Mal in der ganzen Zeit fiel der Druck von mir ab, und ich fühlte mich wieder wie ein Mädchen und nicht wie ein heruntergekommenes Wrack.

Vier Tage später kam der Kleine aus dem Sauerstoffzelt heraus.

»Er hat sich großartig gemacht«, freute sich die Krankenschwester.

Das Herz ging mir auf.

»Besonders, wenn man bedenkt«, fuhr sie beiläufig fort, »dass er am Montag beinahe gestorben wäre.«

Das war der Tag gewesen, an dem ich im Café saß. Während ich Tee trank, lag mein Sohn im Sterben. Keiner hatte mir etwas gesagt.

»Aber es wurde mir doch versichert, dass es keinen Grund zur Sorge gäbe – dass er außer Gefahr sei?«

»Der Arzt muss sich gedacht haben, dass Sie zu jung sind, um Ihnen die Wahrheit zumuten zu können. Er wollte Sie nur schonen. Shane hatte nämlich eine beidseitige Lungenentzündung.«

Was gab ihnen das Recht, zu entscheiden, was man mir sagen und was man mir vorenthalten sollte? Ich war außer mir – und voller Schuldgefühle.

»Wie lange wird es dauern, bis ich ihn nach Hause holen kann?«

»Der Doktor will selbst mit Ihnen darüber reden.«

Der Arzt war kühl und kurz angebunden. »Es tut mir wirklich Leid, Miss Dolan«, eröffnete er mir. »Aber wir glauben, dass es Ihnen an den Möglichkeiten fehlt, Ihr Kind richtig zu versorgen.«

»Was meinen Sie damit?«

»Solange Sie keine geeignetere Wohnung haben, können wir Shane nicht nach Hause entlassen.«

Eine geeignetere Wohnung – in meinem Kopf rasten die Gedanken.

»Haben Sie schon einmal in Erwägung gezogen, das Kind zur Adoption freizugeben?«

»Wie bitte?!« Ich schaute dem Arzt direkt in die Augen – er meinte es ernst.

»Ein reiferes, stabileres Paar, das in geregelteren finanziellen Verhältnissen lebt, könnte Shane einen sehr viel besseren Start ins Leben ermöglichen.« Er breitete den Plan wie ein Buffet vor mir aus. »Sie könnten dem Kleinen eine sichere Zukunft, eine solide Basis verschaffen.«

»Aber ich habe doch nichts falsch gemacht!« Wie konnte ich mich ihm bloß begreiflich machen? »Ich kann dazulernen. Ich habe doch alles sauber gehalten.«

»Es geht nicht um das, was Sie für ihn tun«, unterbrach mich der Arzt. »Es geht darum, wo Sie wohnen.«

Ich hatte keine Wahl: Ich musste eine andere Bleibe für uns finden. Aber das örtliche Wohnungsamt verweigerte mir jegliche Unterstützung. Ich lebte noch nicht lange genug in dem Bezirk, um Anspruch auf eine Sozialwohnung zu haben. Private Hausvermieter aber verlangten Hunderte von Pfund Kaution, und sobald sie erfuhren, dass ich von der Sozialhilfe lebte, kam ich für sie als Mieterin von vornherein nicht infrage.

»Haben Sie schon einmal in Erwägung gezogen, das Kind zur Adoption freizugeben?« Jeden Tag, wenn ich ins Krankenhaus kam, wurde mir die gleiche Frage gestellt – von Sozialarbeitern, von Krankenschwestern. »Es gibt hier in dieser Gegend Leute mit Häusern und Geld; Leute, die richtig für Shane sorgen könnten. Seien Sie nicht egoistisch. Bedenken Sie, was das Beste für ihn wäre.«

Aber irgendetwas in mir wusste, dass der absolut beste Platz für Shane bei mir war – seiner leiblichen Mutter. Uns zu trennen, würde heißen, ein naturgewolltes Band zu zerschneiden. Ich durfte die verurteilenden Stimmen nicht an mich heranlassen.

»Eine Woche lassen wir Ihnen noch, um sich eine Wohnung zu suchen«, teilte mir der Arzt mit. »Im Krankenhaus können wir Shane nicht länger behalten, und Ihre Wohnverhältnisse sind ungeeignet. Die einzige Alternative, die es gibt, ist, den Jungen bei einer Pflegefamilie unterzubringen.«

Ich saß im Wartezimmer. Verzweifelt. Mum – wenn ich sie nur anrufen könnte! Aber ich hatte immer noch das Gefühl, alles allein regeln zu müssen. Warum eigentlich? Was versuchte ich zu beweisen? Auf einmal fiel es mir wie Schuppen von den Augen, und mir wurde klar, dass ich eines opfern musste: mein Kind oder meinen Stolz. Kaum hatte ich das begriffen, war alles andere einfach.

Ich rief zu Hause an: »Ich bin's – Mia.«

»Alles in Ordnung, Schwesterchen?« Jed war am Apparat. »Sie ist es!«, rief er.

In dem Augenblick fingen alle an, »Happy Birthday« zu singen. Auf einmal fiel es mir ein: Ich hatte ja Geburtstag. Ich wurde achtzehn und hatte es vollkommen vergessen. Da schluchzte ich los. Es war das erste Mal, dass mir die Tränen kamen, seit damals, als ich neben Shanes Brutkasten gestanden hatte.

»Mia.« Es war meine Mutter. »Wie ist es dir ergangen?«

Sie klang so vertraut. Besorgnis lag in ihrer Stimme. Mein letzter Rest an Zurückhaltung schmolz dahin, und ich schenkte ihr reinen Wein ein: »Shane ist schwer krank.«

»Komm nach Hause«, bat Mum. »Bring ihn nach Hause.«

»Frag erst Dad.« Ich konnte gar nicht fassen, dass es so einfach sein könnte, wieder zurückzukehren.

Ich hörte ihn im Hintergrund sagen: »Sag dem Mädel einfach, dass es heimkommen soll!« Seine feste Stimme. »Alle beide. Sie sollen alle beide nach Hause kommen.«

Als wir vor dem Haus meiner Eltern vorfuhren, war die ganze Familie an der Tür versammelt, um uns zu begrüßen: Mum, Dad, Peter, Jed. Das Erste, was meine Mutter sagte, war: »Lass mich Shane halten.«

Es war das erste Mal, dass jemand anderes als das Krankenhauspersonal diese Bitte an mich richtete. Alle hatten schon Angst gehabt, auch nur in seine Nähe zu kommen. Ich gab ihr meinen Sohn, und sie hielt ihn in einem Arm, während sie den anderen um mich legte.

»Jetzt, wo du zu Hause bist, Mia«, meinte sie, »da wird alles gut werden.«

Daheim: warm, gemütlich, sicher. Wie wir im Wohnzimmer auf dem Sofa zusammensaßen, hatten meine Mutter und ich uns viel zu erzählen. Ihr Gefühl, was Mick betrifft, hatte sie nicht getrogen. Sie wollte mich vor ihm schützen, aber jeder muss seine eigenen Fehler im Leben machen.

»Es war nicht richtig von mir, nach Ipswich zu gehen«, gestand ich ein.

»Es war nicht richtig von mir, dich aufhalten zu wollen«, hielt Mum entgegen.

Schon bald zog Normalität in unseren Alltag ein. Während die anderen bei der Arbeit waren, kümmerte ich mich um Shane und den Haushalt und kochte Essen für alle. Als der Kleine drei Monate alt war, fand ich einen Job in einer Bar, wo ich abends arbeiten konnte, während er gut behütet im Haus meiner Eltern schlief. Es war anstrengend, aber es tat mir so gut, wieder in die Welt zurückzukehren.

Mick hatte immer eine Möglichkeit gefunden, um in Kontakt zu bleiben – meist per Telefon. Auf einmal aber häuften sich seine Anrufe. Irgendetwas musste passiert sein.

»Ich vermisse dich«, versuchte er, sich an mich ranzumachen. »Ich will mit dir und Shane zusammen sein.«

»Keine Chance«, gab ich ihm zu verstehen. »Du hast Gelegenheiten genug gehabt. Es ist aus und vorbei.«

Eine Woche später stand Mick vor der Tür. Ich war mit Shane allein zu Hause. Er ging ins Wohnzimmer.

»Wenn aus uns beiden nichts mehr wird«, sagte er, »dann kannst du meinen Sohn nicht behalten.«

Ich starrte ihn fassungslos an.

»Ich meine es ernst«, fuhr er fort. »Pack seine Sachen zusammen. Ich nehme ihn mit.«

In der Küche griff Mick nach Shanes Fläschchen und packte es in seinen Rucksack ein.

»Sei nicht albern«, brachte ich vor. »Du kannst Shane nicht mitnehmen. Du kennst dich mit seinen Medikamenten nicht aus – ja, du kennst nicht mal ihn selbst.«

»Das kriege ich schon hin.«

Schlagartig wurde mir bewusst, dass Mick es tatsächlich ernst meinte. Er dachte, er könnte einfach so hereinspazieren und mir Shane abnehmen. Ich hatte nur eines im Kopf: die Sicherheit des Kindes. Ich konnte es nicht mit Mick allein lassen; er hatte doch keine Ahnung vom Leben. Er wusste nicht, was es bedeutete, Shane am Leben zu halten: ihm mit solcher Sorgfalt seine Medikamente zu geben. Er war nie auch nur eine Stunde mit seinem Sohn allein gewesen, und jetzt dachte er, er könne ihn versorgen.

Ich hörte ein Surren in meinen Ohren – genau dasselbe Surren wie damals, als ich die Fünftklässlerinnen in die Flucht geschlagen hatte. Mick wandte mir den Rücken zu, um Shanes Fläschchennahrung einzupacken. Da griff ich nach dem Brotmesser, das neben der Spüle lag. Als er sich wieder zu mir herdrehte, hielt ich ihm das Messer hin.

»Du nimmst Shane nicht mit«, sagte ich.

Mick sah mich verächtlich an. »Dazu hast du nicht den Nerv.«

Er kam auf mich zu. Ich hob das Messer. Er bewegte sich zur Seite. Ich stieß die Klinge durch seinen Mantel und heftete ihn an die Küchentür an.

»Verdammt!« Micks Atem ging schneller. »Du bist ja verrückt.«

Er ließ den Rucksack fallen, in dem all die Sachen waren, die Shane zum Leben brauchte. Ich stemmte meinen Fuß gegen die Tür und setzte mein ganzes Gewicht ein, um das Messer aus der Tür zu ziehen.

»Mach, dass du wegkommst!«

Danach sah ich ihn sieben Jahre lang nicht wieder.

Tagsüber verbrachte ich meine Zeit mit Shane, und abends arbeitete ich in »Woody's Bar«: Durch die regelmäßigen Alltagspflichten verlief mein Leben wieder in geordneten Bahnen. Ich genoss es, wieder bei meinen Eltern zu sein. Mir war, als würde ich mit meinen besten Freunden unter einem Dach leben. Sie unterstützten mich auch tatkräftig bei der Betreuung von Shane – zwei zusätzliche Augenpaare, um über seine Gesundheit und die Gabe der Medikamente zu wachen. Endlich fühlte ich mich wieder sicher, geborgen und geliebt.

Dunkles Haar, grüne Augen, 1,80 Meter groß – Andy war ein alter Schulfreund meines Bruders Jed. Er lud mich ein; wir spielten Billard und unterhielten uns. Er war locker und entspannt.

Eine Woche später wurde ich mit Blinddarmentzündung ins Krankenhaus eingeliefert. Andy besuchte mich und brachte Geschenke mit: Parfum, Blumen, Kosmetika, Pralinen – sogar eine Haarbürste. Er war so gut wie immer da.

Als ich wieder zu Hause war, stand er jeden Tag auf der Matte. Er hatte einen guten Draht zu Shane. Eines Abends erzählte er mir auf dem Weg zum Park, wie es ihm in seiner Kindheit ergangen war. Sein Stiefvater habe ihm schwer zugesetzt; geliebt habe er sich von ihm nie gefühlt. Seine Mutter sei in der Zwickmühle gewesen. Am Ende habe sie sich auf die Seite ihres Mannes gestellt. Wenn er sich unsere Familie anschaue, meinte Andy, dann hätte er große Lust, selbst auch eine zu gründen.

»Wenn wir uns zusammentun«, versprach er, »dann sorge ich dafür, dass Shane nie irgendein Leid geschieht.«

Der Kleine war ein Jahr alt. Es würde ihm gut tun, einen Vater zu haben. Andys Worte stießen bei mir auf offene Ohren.

»Möchtest du mit mir zusammenziehen?«, fragte er.

Eine Zeit lang saßen wir schweigend da. Ich dachte an Mick; daran, wie schrecklich es gewesen war, mit ihm unter einem Dach zu leben.

»Nein«, entschied ich. »Das ist mir zu unsicher.«

»Dann heiraten wir eben«, beharrte er.

»Heiraten?«

Es hörte sich so romantisch an, aber ... »Der Aufwand wäre einfach zu groß ...« Ich versuchte, pragmatisch zu klingen.

»Es geht ganz schnell.«

»Wie schnell?« Damit hatte ich Andy das Stichwort gegeben.

»Das können wir ja zusammen rausfinden«, lachte er. »Du wirst sehen, das wird ein Riesenspaß!«

Es war nicht der Traum vom großen Liebesglück. Wir waren vier Wochen lang zusammen gewesen, mehr nicht. Wir redeten mit niemandem von unseren Plänen aus Angst, dass uns jemand in die Quere kommen könnte. Andy besorgte eine Spezialgenehmigung. Er hatte Recht gehabt – es machte wirklich Spaß.

Am Abend vor der Hochzeit fand meine Mutter alles heraus. Sie versuchte, mit mir zu reden.

»Bist du dir wirklich sicher?«, fragte sie.

»Ja«, nickte ich. »Einen besseren Vater als Andy kann ich mir für Shane nicht wünschen.«

»Und wie sieht's mit dir aus?«

»Er wird gut zu mir sein.«

Meine Mutter wusste es besser, als mir rundheraus davon abzuraten. Sie wirkte resigniert.

»Andy hat eine schreckliche Kindheit gehabt«, versuchte ich, sie zu beruhigen. »Und er sucht nach einer Chance, es anders zu machen.«

Am nächsten Tag kümmerte sich meine Mutter um Shane, während Andy und ich zum Standesamt nach Sittingbourne fuhren. Wir saßen auf Plastikstühlen im Wartezimmer. Ich trug ein Seidenhemd in Beige und Rostrot und eine dazu passende beigefarbene Hose. Andy hatte ein beigefarbenes T-Shirt mit V-Ausschnitt an.

In einer Viertelstunde war die Zeremonie vorüber. Sich die Haare schneiden zu lassen, hätte länger gedauert. Erst als wir über die Brücke von Kingsferry zurück auf die Insel fuhren, begriff ich es: Ich war mit dem fremden Mann auf dem Nebensitz verheiratet. Was hatte ich bloß getan?

Als wir zu meinen Eltern nach Hause kamen, um Shane abzuholen, standen Jed und Pete an der Tür.

»Das könnte euch so passen, euch heimlich aus dem Staub zu machen. Aber so leicht kommt ihr uns nicht davon!«

Im Flur drängten sich Freunde und Verwandte. In der Küche hingen Luftballons. Mum hatte eine Überraschungsparty für uns organisiert. Sogar eine kleine Hochzeitstorte hatte sie besorgt.

Andy nahm mich zur Seite. »Ich will hier weg«, flüsterte er.

»Unmöglich«, schüttelte ich den Kopf. »Wir sind doch gerade erst gekommen. Und meine Mutter hat sich solche Mühe gemacht!«

»Aber ich habe keine Lust auf so was«, wehrte sich Andy. »Komm, lass uns gehen.«

Ich sagte meiner Mutter Bescheid, und sie packte Essen vom Buffet in eine Tupperwaredose ein. Dann nahm sie mich fest in den Arm.

»Viel Glück!«

Wir ließen Shane über Nacht bei ihr und fuhren die drei Meilen nach Leysdown, wo unser neues Leben auf uns wartete. In dem Ferienhäuschen, das wir für die Hochzeitsnacht gemietet hatten, war es so kalt, dass wir sofort ins Bett gingen und bis zum nächsten Tag dort blieben – mit unserer Tupperwaredose und einer Flasche von Mums bestem Brandy. Wir liebten uns, redeten, tranken und aßen. Und es gab viel zu lachen.

Andy entschuldigte sich dafür, dass er mich von der Party weggelotst hatte, doch ich sagte ihm, es sei schon in Ordnung. Er war der erste Mann, mit dem ich einen Orgasmus hatte. Ich hielt das für Liebe.

Drei Monate waren wir verheiratet, als ich merkte, dass ich schwanger war. Ich war entsetzt.

»Ich will nicht noch ein Kind«, schluchzte ich. »Was ist, wenn es auch krank zur Welt kommt? Was, wenn es noch schlimmer als bei Shane wird?«

»Es wird schon alles gut gehen«, versuchte Andy, mich zu beruhigen. Die Aussicht, Vater zu werden, begeisterte ihn. »Das ist doch großartig!«, jubelte er. »Was könnte es Schöneres geben?«

So gern Andy auch vom eigenen Kind träumte, mit der praktischen Seite der Elternschaft hatte er nicht viel am Hut. Wir mussten in eine Notunterkunft der Gemeinde ziehen: Andy, Shane und ich in einem Zimmer, ringsum unsere Habseligkeiten, in Müllsäcken verpackt.

Drei Wochen lebten wir in unserem neuen Domizil, als mir eines Morgens Blut an den Beinen entlanglief. Andy rief den Krankenwagen. Wie wir so mit Blaulicht und Sirene durch die Straßen jagten, wurde mir auf einmal klar, wie kostbar dieses Kind für mich war, das ich erst gar nicht hatte haben wollen. Jetzt wollte ich mein Baby auf keinen Fall verlieren.

»Wenn es dich gibt, Gott« – in meiner Verzweiflung wandte ich mich an ihn, genau wie damals, als es so aussah, als würde ich Shane verlieren – »dann lass mich dieses Kind behalten.«

Wir kamen im Krankenhaus an, doch da hatte die Blutung aufgehört. Zwei Tage später wurde ich entlassen.

Als ich im fünften Monat schwanger war, zogen wir in unsere ersten eigenen vier Wände ein – ein ehemaliges Wachhaus der Küstenwache. Es war runtergekommen und schmuddelig, aber ich fühlte mich in dieser Situation so, als hätten wir den ersten Schritt hin zu einem »anständigen« Leben getan – als wären wir erstmals »richtige Eltern«. Wir strichen die Wände frisch an, legten neuen Teppichboden und richteten alles mit Möbeln vom Trödler ein.

»Sie ist gesund!« Kaum ein paar Minuten alt, lag unser kleines Mädchen, in eine Decke gewickelt, in Andys Arm. Er hatte Tränen in den Augen.

»Ehrlich?«, vergewisserte ich mich.

»Ja, ehrlich!«

Diesmal war zwar der Vater des Kindes bei mir – aber genießen konnte ich den Moment dennoch nicht. Ich fand einfach keine Ruhe. »Wie sieht es mit ihrer Gesichtsfarbe aus?«

»Rosa.«

»Untersuchen Sie ihr Herz«, bat ich die Schwester.

»Was ist denn bloß los mit Ihnen?«, fuhr sie mich an. »Die Kleine ist doch kerngesund!«

Auf der Geburtenstation wurde Tanyas Wiege neben mein Bett gerollt. Sie hatte türkisfarbene Augen und weiches, dunkles Haar. Als der Arzt kam, erklärte er mir, dass er während der Geburt ein Gewächs entdeckt habe, das sich unter dem Druck der Presswehen aus meinem Harnleiter herausgeschoben habe. »Wir müssen in den nächsten Tagen operieren.« Ich hörte ihn kaum.

»Wenn Sie mit der Untersuchung fertig sind« – das war das Einzige, was mich interessierte – »gucken Sie dann bitte noch mal, ob bei meiner Tochter auch das Herz in Ordnung ist?«

Widerwillig hörte er sie mit dem Stethoskop ab. »Alles in Ordnung, Mrs. Ogilvie«, verkündete er.

Doch ich war immer noch beunruhigt. Tief in meinem Inneren war ich überzeugt, dass Tanya einen Herzfehler hatte. Ich hatte Angst, ihr nahe zu sein, hielt sie nur, um sie zu füttern oder zu wickeln – nie, um mit ihr zu schmusen. Wenn ich Abstand hielt, wäre ich nicht so verletzlich …

Am dritten Tag kam Shanes Ärztin in die Klinik – endlich ein Mensch, der meine Ängste ernst nahm. Sie hatte mir immer die Wahrheit gesagt. Zwanzig Minuten nahm sie sich Zeit, um Tanya zu untersuchen. Dann wickelte sie sie wieder in ihre Decke ein. Ich hielt den Atem an. Sie lächelte: »Ihre Kleine ist vollkommen gesund.«

Nachdem die Ärztin gegangen war, nahm ich Tanya aus ihrer Wiege. Stundenlang hielt ich sie im Arm und betrachtete sie. Zum ersten Mal gestand ich mir zu, Gefühle für mein Kind zu entwickeln. Ich spürte eine Woge der Liebe – eine Woge, die mich überrollte und davonspülte.

Tanya war zehn Tage alt. Ich hatte keine Angst vor meiner Operation – ein Routineeingriff, ein kleiner Schnitt. Danach könnte ich nach Hause gehen und mit meiner neu gegründeten Familie glücklich sein. Alle meine Gedanken waren auf diese Aussicht gerichtet.

In einem kleinen Nebenzimmer kam ich wieder zu mir. Ein Bett, eine Klingel, eine Uhr. Ich war allein. Ich wollte mich aufsetzen, aber ich konnte mich nicht bewegen. Ich versuchte, meine Beine zu bewegen. Nichts.

Beine, Füße, Zehen, Hüften – nicht die kleinste Bewegung war möglich. Vom Brustkorb abwärts fühlte ich gar nichts. Mit den Armen zog ich mich übers Bett, um die Klingel zu erreichen. Eine Schwester betrat den Raum.

»Irgendetwas stimmt nicht.« Panik lag in meiner Stimme. »Ich kann meine Beine nicht spüren.«

Die Schwester nahm meinen Puls. »Kein Grund zur Sorge«, beruhigte sie mich. »Dass Sie sich ein bisschen komisch fühlen, liegt an der Narkose.«

»Ich kann gar nichts fühlen«, gab ich zurück. »Ich kann mich nicht bewegen. Bitte schauen Sie nach. Bitte kümmern Sie sich um mich.«

Sie zog die Decke weg und kniff mich in den Zeh. »Spüren Sie das?«

Ich sah, wie sie meinen Fuß anfasste, aber ich fühlte nichts. Ich fing an zu weinen.

»Ich spüre nichts. Ich kann mich nicht bewegen.«

Sie kniff mich am anderen Fuß in einen Zeh.

»Nein«, schüttelte ich den Kopf. »Nichts.«

»Machen Sie sich keine Sorgen«, ihr Ton war unverändert, »Narkosemittel haben die sonderbarsten Wirkungen. Ich hole den Arzt. Der soll Sie sich mal anschauen.«

Der Arzt hatte eine Sicherheitsnadel in der Tasche. Er stach mich damit in den Oberschenkel. Nichts.

»Und hier?« Er stach sie mir in den Fuß.

Ich sah ihn an. »Nein.«

»Drücken Sie mir die Hand.«

Das konnte ich.

»Wir müssen ein paar Untersuchungen durchführen«, meinte er schließlich. »Aber kein Grund zur Beunruhigung. Wir kriegen das schon hin.«

Die folgenden Stunden waren die längsten in meinem Leben. Ich lag allein in dem Zimmer, die Tür war zu. Vor dem Fenster ein Busch mit langen Zweigen, die der Wind gegen die Scheiben peitschte. Mein Blick wanderte von der Uhr zum Fenster, vom Fenster zur Uhr, die ganze Nacht. Und ich dachte: »Das war's dann wohl. Für den Rest meines Lebens gelähmt und ans Bett gefesselt.« Ich hatte zwei kleine Kinder. Was sollte ich bloß tun?

Wann immer ich in meinem Leben in einer schwierigen Situation gewesen war, war ich immer irgendwie aktiv geworden. Das war es, was mich gerettet hatte – Entscheidungen zu fällen, etwas zu tun. Jetzt aber war ich völlig hilflos. Absolut verletzlich. Ich konnte nichts machen. Ich konnte ja noch nicht einmal die paar Schritte bis zur Tür laufen!

Gegen sechs Uhr morgens fingen meine Beine auf einmal

zu kribbeln an. Tausend Nadeln. Gefühl. Erleichterung. Raus aus dem Bett. Vorsichtig setzte ich einen Fuß vor den anderen, stützte mich an der Wand, wankte hinüber zur Tür.

Noch Monate später geschah es, dass mir mitten beim Abwaschen oder Füttern die Beine urplötzlich einschliefen. Ich spürte es nie kommen. Und wenn es wieder einmal so weit war, wusste ich nie, ob das Gefühl auch diesmal wieder zurückkehren würde. Der Sozialdienst des Krankenhauses sorgte dafür, dass ich eine Haushaltshilfe bekam.

Ich wollte wenigstens, dass man sich bei mir entschuldigte, also suchte ich mir einen Anwalt. Es stellte sich heraus, dass ich allen Anlass hatte, die Klinik wegen eines Kunstfehlers zu verklagen. Es sollte Jahre dauern, bis die Wahrheit ans Licht kam: In der OP-Vorbereitung hatte mich ein Anästhesist in Ausbildung mit einer anderen Patientin verwechselt und mir eine Epiduralanästhesie gelegt – und die Nadel noch dazu an der falschen Stelle angesetzt. Er spritzte mir ein viel zu hoch dosiertes Narkosemittel, das eigentlich für das Rückenmark gedacht war, in die Steißbeingegend. Als im Laufe der Jahre immer mehr Fakten auf den Tisch kamen, war ich zunehmend schockiert über das, was man mit mir gemacht hatte.

Tanya war mittlerweile drei Monate alt. Ich bat Andy, sich um die Kinder zu kümmern, damit ich mit meiner Mutter zum Bingospielen gehen konnte. »Seit Tanyas Geburt bin ich nicht *einmal* weg gewesen«, gab ich zu bedenken.

Andy war unsicher. »Wenn du sie vorher ins Bett bringst, dann mache ich es«, gestand er mir schließlich zu.

Zwei Stunden war ich weg. Als ich wieder nach Hause kam, herrschte heilloses Chaos, und beide Kinder brüllten wie am Spieß.

»Das mache ich nie wieder«, stand für Andy fest.

Und er hielt Wort. In all den Jahren, die wir verheiratet waren, blieb er nicht ein einziges Mal mit den Kindern allein. Aber er leistete seinen Beitrag auf andere Weise. Er war ein guter Versorger. Immer war genug zu essen da, und die Kinder hatten alles, was sie brauchten. Er erfüllte die Vaterrolle, so gut er konnte – aber seine Geschäfte nahmen ihn stark in Anspruch. An- und Verkauf von Autos. So sagte er.

Eines Nachmittags kam Pete zu mir. »Ich muss dir etwas sagen«, meinte er. Wir setzten uns an den Küchentisch. Ich machte uns eine Tasse Tee, aber mein Bruder rührte seinen nicht an. Immer wieder sprang er von seinem Stuhl auf und tigerte im Raum auf und ab.

»Ich will dich nicht verletzen«, begann er. »Ich hab die ganze Nacht kein Auge zugetan, weil ich nicht wusste, was ich tun sollte.«

Mein Herz fing an zu rasen.

»Ich war gestern Abend bei Mark. Andy war da. Er hatte ein Mädchen auf dem Schoß sitzen.«

»Und was haben sie getan?«

»Sie haben sich geküsst.« Pete schaute mich an, als wollte er meine Reaktion abschätzen. »Ich wollte es dir eigentlich nicht sagen, aber andererseits dachte ich, dass du es wissen solltest.«

»Wer ist es?«

»Joy.«

Joy war eine Freundin von mir. Shane spielte oft mit ihrem Sohn zusammen.

»Ich krieg das schon hin, Pete. Gut, dass du es mir gesagt hast.«

Wenn Andy und Joy so wenig Hemmungen hatten, vor den Augen meines Bruders herumzuknutschen, musste die Beziehung schon eine ganze Weile gedauert haben. Aber wie lange? Und wie war es möglich, dass ich nichts gemerkt hatte? Erst am Abend zuvor hatte ich mit Andy geschlafen. Ich liebte ihn. Ich dachte, er liebte mich.

Betrug. Ablehnung. Schmerz. Ich hatte mich auf einen Mann eingelassen und war wieder enttäuscht worden. Ich war wütend über meine eigene Vertrauensseligkeit. Vor allem aber kochte ich vor Zorn auf Andy.

Ich stopfte seine Kleidung in einen Koffer. Als er die Haustür aufmachte, stand ich oben an der Treppe.

»Du Schwein!«

Ich warf den Koffer die Treppe hinunter. Er traf ihn an der Brust und stieß ihn um.

»Ich weiß von dir und Joy«, tobte ich. »Raus hier!«

»Ich gehe nirgendwohin«, konterte er. »Ich wohne hier genau wie du.«

Er ging ins Wohnzimmer und setzte sich aufs Sofa.

»Okay«, rief ich ihm nach. »Dann geh ich eben.«

6

Ich hatte Andy vertraut, und er betrog mich. Wie ein geprügelter Hund kehrte ich zu meinen Eltern zurück. Ich kletterte aus dem Loch, in das ich gestürzt war – ich musste da rauskommen. Ich rief Jeds Frau Theresa und meine Freundin Janet an: »Kommt, wir machen einen drauf!«

Seit meiner Hochzeit mit Andy war ich nicht ein einziges Mal mit meinen Freundinnen ausgegangen – vierzehn Monate lang. Ich wollte den Schmerz auslöschen.

Wir zogen durch die Pubs an der Hauptstraße von Sheerness. Ich schüttete den Alkohol wie Limonade in mich hinein, aber die Gedanken an Andy und die Art, wie er mich belogen hatte, nagten in mir weiter.

Als wir in unserem siebten Pub, »The Crown«, angelangt waren, entdeckte ich Alan, einen von Petes Freunden, an der Bar. Wir kannten uns seit Jahren, er war oft bei meinen Eltern zu Besuch. Während wir uns unterhielten, tauchte auf einmal der Gedanke in mir auf: »Ich könnte mit ihm ins Bett gehen.« Ich wollte das letzte bisschen Erinnerung an Andy aus meinem Körper herausbrennen.

Ich könnte mit ihm schlafen. In meinem Kopf malte ich mir schon die praktischen Details aus – wie, wo –, als ein Mädchen von der Toilette kam und sich auf den leeren Hocker neben Alan setzte. »Kennst du meine Freundin Tracey?«, stellte Alan uns vor.

Wie konnte ich nur so blöd sein? Noch nie im Leben hatte ich einen One-Night-Stand gehabt. Was glaubte ich denn eigentlich?! Ich bestellte mir ein Taxi, um zu meinen Eltern zu fahren. Es gab keinen Ausweg – keine Möglichkeit, dem Schmerz zu entkommen.

Am nächsten Tag stand Andy vor der Tür. »Können wir reden?«

Wir setzten uns auf die Mauer vor dem Haus.

»Joy hat mich angemacht, und es war ein gutes Gefühl, dass sie mir so viel Beachtung schenkte«, gab er zu. »Aber sonst ist nichts zwischen uns gewesen. Ich würde nie unsere Familie aufs Spiel setzen.«

Er hatte Tränen in den Augen. »Ich verspreche dir, dass so etwas nie wieder vorkommt«, gelobte er. »Bitte komm wieder nach Hause.«

Ich glaubte ihm nicht, aber ich hatte zwei kleine Kinder. Vielleicht könnten wir es ja doch schaffen; es irgendwie hinkriegen.

»Okay«, stimmte ich zu. »Aber wenn das noch einmal passiert, ist es aus und vorbei.«

Noch am selben Vormittag kam ich wieder nach Hause und knüpfte den Faden meines Lebens an der Stelle wieder an, wo ich ihn gekappt hatte. Die Kinder waren glücklich und in Sicherheit, und so redete ich mir ein, dass meine Entscheidung nur vernünftig gewesen sei.

Seit drei Tagen war ich nun wieder daheim, und als wir zusammen vor dem Fernseher saßen und ich zu Andy hinüberschaute, da wusste ich es: Die Leidenschaft, die ich mal für ihn empfunden hatte, war erloschen. Ich liebte ihn nicht mehr.

Keines meiner Kinder war geplant gewesen. Als ich mit Shane schwanger wurde, hatte ich die Pille genommen. Und dann sagte man mir, dass ich keine Kinder mehr kriegen könnte – bis Tanya kam. In Wirklichkeit hätte ich bei meiner Veranlagung bis zu meinem dreißigsten Geburtstag zehn Kinder in die Welt setzen können … Ich liebte sie über alles. Trotzdem stand für mich absolut fest, dass ich nicht noch einmal schwanger werden wollte.

Ich vereinbarte einen Termin beim Frauenarzt und sagte ihm, dass ich mich sterilisieren lassen wolle. Ich war 21. Zu jung – so fand er –, um eine solche Entscheidung zu treffen. Er bestand darauf, mich erst einem Ärztegremium vorzustellen.

»Und wenn Ihr Mann stirbt, oder Sie sich trennen? Und wenn Sie jemand Neues kennen lernen? Dann möchten Sie vielleicht doch noch ein Kind«, beharrte er. »Oder etwa nicht?«

»Wollen Sie damit sagen, dass ich jedes Mal, wenn ich jemanden liebe, ein Kind in die Welt setzen muss?«

Die Vehemenz, mit der ich diese Entgegnung vorbrachte, überzeugte ihn dann doch. Drei Wochen später wurde die Sterilisation vorgenommen.

Gleich nach Shanes Geburt hatte man mir gesagt, dass der Junge am Herzen operiert werden müsse. Doch nach vier Jahren setzten die Ärzte seine Medikamente ab. »Ich weiß nicht genau, warum«, gestand mir der junge Arzt, »aber Shanes Herzdefekt ist aus unerfindlichen Gründen ausgeheilt. So etwas ist uns noch nie untergekommen. Die Operation ist nicht mehr nötig.«

Man hatte mich gewarnt, dass Shane immer dünn, schwach und kränklich bleiben würde, aber nichts hätte der Wahrheit ferner liegen können. Mit vier Jahren war Shane groß, kräftig – und erschreckend hyperaktiv.

Als Tanya achtzehn Monate alt war, brach auf einmal Andys Hepatitis voll aus, und er wurde schwer krank. Wir lebten vom Krankengeld, und die Finanzen waren knapp. Ich pflegte Andy, aber es fiel ihm schwer, das anzunehmen. Er wollte immer der Stärkere von uns beiden sein, der Brotverdiener. Das sah er als seine Aufgabe an.

Für jeden Penny, den ich ausgab, musste ich ihm einen Beleg abliefern. Er schimpfte, dass die Kinder zu viel Krach machten. Ich tat mein Bestes, um die Wogen zu glätten; sorgte dafür, dass das Haus sauber und ordentlich war, und verbrachte möglichst viel Zeit mit Shane und Tanya außer Haus, um ihm Raum zu geben.

»Schau dir doch bloß mal an, in welchem Zustand hier alles ist!«, schimpfte er eines Morgens und strich mit dem Finger oben über die Wohnzimmertür. Da war Staub. Er hielt ihn mir unter die Nase. Ich holte einen Staubwedel und wischte die Tür damit sauber. Andy hob nie einen Finger im Haushalt, aber meckern tat er gern.

Wenn du zum ersten Mal kritisiert wirst, tut es weh; du willst es besser machen. Auch beim zweiten und dritten Mal fühlst du dich noch angegriffen. Aber irgendwann nimmst du es einfach hin. Ich schlich auf Zehenspitzen um ihn herum und tat alles, um nur ja keine Reibungspunkte zu bieten: Ich hielt das Haus sauber und kaufte die Lebensmittel ein, von denen ich wusste, dass Andy sie mochte; ich kochte ordentliche Mahlzeiten und servierte sie zur rechten Zeit. Schlag sieben stand das Abendessen auf dem Tisch.

Mit Tanyas Geburt hatte alles angefangen. Andy hütete sie wie seinen Augapfel. Er ließ keinen Besucher in ihre Nähe, den er im Verdacht hatte, erkältet zu sein. Für seine Tochter sollte alles perfekt sein. Bei Shane sah er das anders.

Sein Herz gehörte Tanya. Für Shane hatte er nicht viel übrig.

Es tat mir weh, zu sehen, dass er Shane einfach so überging. Er brauchte einen Vater – und Andy hatte mir versprochen, diese Rolle für ihn zu übernehmen. Wann immer wir Besuch hatten, lobte er Tanya über den grünen Klee. Er konnte gar nicht oft genug sagen, wie toll sie sei. Aber Shane erwähnte er mit keinem Wort.

Eines Mittags tischte ich Kartoffelpüree auf. »Da sind Klumpen drin«, beschwerte sich Andy.

Er warf seinen Teller an die Wand. Er flog nur knapp an meinem Kopf vorbei. An der Tapete lief ein Gemisch von Brei, Fleisch und Soße herunter.

Die Kinder waren mucksmäuschenstill.

»Alles, was ich verlange, ist, dass du mir ein normales Essen vorsetzt!«, brüllte er los. »Ich bin krank, aber dir ist das scheißegal!«

Ich schnappte unsere Jacken und ging mit den Kindern an den Strand. Es war Ebbe, und wir suchten zwischen den Kieseln nach Krabben. Wir hatten weder Spielsachen noch Geld dabei.

Das Mittagessen und Andys Wutausbruch wollten mir einfach nicht aus dem Kopf gehen; sosehr ich mich auch bemühte, ich konnte keine Erklärung dafür finden. Ich verstand nicht, was ich falsch gemacht hatte. Das war das erste Mal, dass ich Angst vor Andy bekam.

Zuerst dachte ich, ich würde nie wieder zu ihm zurückgehen – dass es endgültig aus sei. Aber als es Abend wurde, waren wir müde und hungrig. Ich ging in eine Telefonzelle und meldete ein R-Gespräch an.

»Ich bin's.«

»Wo bist du?«

»Mit den Kindern am Strand.«

Stille.

»Glaubst du nicht, dass du ein wenig übertreibst?«, meinte Andy dann. »Du hättest nicht gleich aus dem Haus zu rennen brauchen.«

»Du hast mich zu Tode erschreckt.«

»Ich habe bloß die Nerven verloren. Ich habe doch niemanden verletzt.«

»Ist es okay, wenn ich jetzt nach Hause komme?«

»Na klar. Komm heim.«

Während wir vor der Telefonzelle standen und auf Andy warteten, der uns abholen wollte, erklärte ich den Kindern: »Papa hat gesagt, dass es ihm echt Leid tut. Er hat es nicht so gemeint. Er will, dass wir nach Hause kommen und zusammen zu Abend essen.«

Später, als die Kinder im Bett waren, setzte ich mich zu Andy auf die Couch. »Wir müssen darüber reden«, sagte ich. »Du hast mir Angst eingejagt – mir und den Kindern.«

»Es geht mir total schlecht«, erklärte Andy. »Und ich mache mir solche Sorgen, wie es mit dem Geld weitergehen soll. Mir wächst irgendwie alles über den Kopf.«

Es tat Andy wirklich Leid. Und er machte mir ein Versprechen: »Nie werde ich dir oder den Kindern auch nur ein einziges Haar krümmen.«

Mitten in dieser Phase begann es, dass auf einmal Dinge verschwanden. Als Erstes war Andys Brille weg. Er legte sie vor dem Einschlafen immer auf das Nachtkästchen, aber als er eines Morgens aufwachte, war sie weg. Wir stellten das ganze Haus auf den Kopf. Wir montierten sogar das Bett auseinander, um darunter nachzuschauen. Andys Laune war im Keller. Er brauchte seine Brille.

»Ich verstehe das einfach nicht«, sagte er immer und immer wieder.

Ich räumte wie jeden Tag auf und machte die Betten. Von Andys Brille keine Spur. Bis ich am späten Nachmittag ins Schlafzimmer ging, um mir einen Pullover zu holen: Da lag sie – mitten auf unserer Bettdecke!

Als Nächstes war Tanyas Haarbürste wie vom Erdboden verschluckt. Sie hatte langes blondes Haar, und ihre Bürste lag immer in der Küche, damit ich ihr noch einmal durchs Haar fahren konnte, bevor sie nach draußen ging. Und das Spiel begann von vorne: Erst durchsuchten wir das ganze Haus, und dann lag sie auf einmal mitten auf dem leeren Couchtisch.

Es kam oft vor, dass etwas verschwand, weswegen ich langsam dazu überging, mich darauf zu verlassen, dass es schon wieder an irgendeiner offensichtlichen Stelle auftauchen würde. Ich machte mir keine Gedanken darüber, wie komisch das Ganze eigentlich war. Erst im Rückblick wurde mir klar, dass dies der Anfang meiner paranormalen Erfahrungen war.

Mit dem Verschwinden von Gegenständen fing es also an. Und dann begann eines Nachts das Bett so heftig zu wackeln, dass ich davon wach wurde – ein Phänomen, das sich in der Folgezeit regelmäßig wiederholte. Auch schaltete der Fernseher ohne mein Dazutun von einem Programm aufs andere um, oder das Licht ging von allein an oder aus.

Etwa zu dieser Zeit hörte ich die Stimme zum ersten Mal.

Ich ging zum Arzt und erzählte ihm, was mit unserem Bett, dem Fernseher und den Lichtern im Haus passierte.

»Es ist der Stress«, tat er meine Befürchtungen ab. »Wenn Sie innerlich unter Hochspannung stehen, dann zittern Sie, und diese Vibration überträgt sich auf das Bett.«

»Und was ist mit dem Fernseher und den Lichtern?«

»Das ist bloße Vergesslichkeit. Alles, was Sie mir beschreiben, hat einzig und allein mit Stress zu tun.«

Ich hatte einen wiederkehrenden Albtraum. Ich wanderte durch ein Tal, eine grüne Niederung zwischen zwei Hügeln, und wie ich so lief, senkte sich auf einmal ein schwarzer Nebel auf mich herab. Ich wollte mich daraus befreien, aber der Nebel griff mit Fingern nach mir und zog mich nach unten. Jedes Mal wachte ich schweißgebadet und mit rasendem Herzen auf.

Als ich eines Nachts wieder einmal diesen Traum hatte und versuchte, mich dem Griff des Nebels zu entwinden, streckte ich meine Hände nach oben. Da kam Licht aus dem Himmel und floss in meine Hände, durch meinen ganzen Körper hindurch und um meine Füße herum. Die Strahlen lösten den Nebel auf. Es war faszinierend, mit anzusehen, wie das Licht die Dunkelheit vertrieb.

Gegen vier Uhr morgens wachte ich auf, stand auf und ging nach unten, um mir eine Tasse Tee zu machen und eine Zigarette zu rauchen. Ich hatte ein unglaublich friedliches Gefühl, und ich wusste, dass der Traum nicht mehr wiederkommen würde. Etwas Wichtiges war beendet. Ich fühlte mich an etwas angeschlossen, was größer war als ich selbst.

Dann kam der wahre Wendepunkt – jener Sonntagmorgen, an dem ich draußen im Garten die Wäsche aufhängte und mich plötzlich im Schreckensszenario eines Flugzeugabsturzes wiederfand, der noch nicht stattgefunden hatte. Für mich war das der Beweis, dass all diese merkwürdigen Ereignisse weder das Produkt einer allzu lebhaften Phantasie noch ein Zeichen von stressbedingter Verwirrtheit waren. Ich wollte es nicht glauben, aber was da passierte, war real. Irgendetwas geschah mit mir, und ich wollte, dass es aufhört.

Am Tag nach dem Flugzeugabsturz durchforsteten meine Mutter und ich die Gelben Seiten und das Archiv der Lokalzeitung. Wir suchten unter »Geister«, »paranormal« und »übersinnlich«, bevor uns schließlich das Stichwort »Spiritismus« einfiel und wir eine »Spiritistenkirche« fanden.

Ich rief bei der angegebenen Nummer in Sheerness an: »Können Sie Menschen helfen, in deren Leben die sonderbarsten Dinge passieren?«, erkundigte ich mich.

»Ja, meine Liebe.« Die Frau am anderen Ende der Leitung klang mütterlich und freundlich. »Kommen Sie einfach in unsere Kirche.«

Kirche – allein das Wort wirkte abschreckend. Ich hatte keine Ahnung, was da auf mich wartete. Ob da wohl lauter Hippies versammelt wären? Oder lauter schwarz gekleidete Figuren, die Choräle sangen? Aber es hatte mir irgendwie gut getan, mit der Frau zu sprechen. Ich fühlte mich wie jemand mit einer seltenen Krankheit, der plötzlich einen Spezialisten entdeckt hatte. Ich würde bald Leute treffen, die wussten, was ich durchmachte; Leute, die solche Dinge nicht von vornherein für Humbug hielten.

Noch für denselben Abend war eine Versammlung in der Halle der Labour Party angesetzt. Mum kam zum Babysitten (obwohl Andy zu Hause war). Ich kam zu spät und nahm auf einem Stuhl in der hintersten Reihe Platz. Es waren fast nur Frauen da – alles gesetzt wirkende Damen in Twinsets und bequemen Schuhen. Was machte ich hier bloß?

Ich bin katholisch erzogen worden, und für mich wirkte dies auf den ersten Blick wie eine heidnische Versammlung. Vorne war ein Resopaltisch aufgebaut, über den ein blaues Samttuch gebreitet war. Auf einem Beistelltisch stand ein silbernes Kreuz, daneben lag eine Bibel.

»Lasst uns mit einem Lied beginnen. Gesangbücher liegen neben den Stühlen.«

Es wurde immer schlimmer – genau wie in einer richtigen Kirche. Sie sangen »Vorwärts Christi Streiter«; widerwillig sang ich mit. Was, wenn irgendjemand aus meinem Freundeskreis mitkriegen würde, dass ich hier gewesen war?

»Gott im Himmel«, betete die Frau, nachdem das Lied geendet hatte. »Wir danken dir für deinen Segen, den du uns für unsere heutige Versammlung gegeben hast. Schütze uns auch in Zukunft, sodass wir sicher mit unseren lieben Verstorbenen in Kontakt treten können. Amen.«

»Amen.«

Das Medium war ein Mann im schwarzen Anzug; er war um die sechzig, hatte eine Glatze, ein rundes Gesicht und ausgesprochen buschige Augenbrauen. Er redete ein paar Minuten lang über die Lektionen des Lebens und was wir über andere denken sollten. Dann schloss er kurz die Augen, schlug sie wieder auf und wandte sich an eine Frau in einer der hinteren Reihen. Ihr verstorbener Mann, so sagte er, habe eine Botschaft für sie. Ich hielt das Ganze für Unsinn – glaubte, dass er nur falsche Hoffnungen in ihr nährte und ihre Naivität ausnutzte. Und außerdem war ich wegen so etwas nicht hergekommen. Ich suchte nach jemandem, der mich von der Stimme erlösen konnte – nicht einen, der sie noch zusätzlich zum Reden ermunterte.

»Sie haben leuchtende Farben«, sagte das Medium. Er kam den Gang entlang auf mich zu. »Sie haben die Farben eines natürlichen irdischen Mediums«, fuhr er fort. »Sie haben die Gabe.«

Mein Herz schlug mir bis zum Hals.

»Versuchen Sie, vorsichtig damit umzugehen«, riet er mir. »Sie sind noch viel zu jung für so etwas. Sie haben es nicht unter Kontrolle. Passen Sie auf.« Dann ging er zum Nächsten weiter.

Ich blieb sitzen, als die Versammlung vorüber war. Es wurden Porzellantassen mit Tee und kleine Teller mit Pudding herumgereicht. Ich wollte mit dem Medium sprechen, aber man sagte mir, es sei erschöpft. Der Mann tauchte nicht mehr auf.

Obwohl ich mehr als skeptisch war, hatten mir seine Worte doch Hoffnung gemacht. Ich wollte, dass diese sonderbaren Dinge aufhörten, und dies war das erste Mal, dass ich so etwas wie eine Erklärung gefunden hatte. So kam es, dass ich in den nächsten beiden Monaten einmal in der Woche mit gemischten Gefühlen in der hintersten Reihe der Versammlungshalle der Labour Party saß und mir die Botschaften von Medien anhörte. Ich sah das alles mehr als kritisch, aber wenn sich eine der Botschaften als zutreffend erwies, fand ich es doch spannend. Einmal verriet eines der Medien einer Zuhörerin, wo ihr verstorbener Mann seine Ersparnisse versteckt hatte; und ein anderes wusste, welches die letzten Worte einer Mutter gewesen waren, bevor sie starb.

Nach der sechsten Versammlung, an der ich teilgenommen hatte, wurden wir nicht nur zu Tee und Plätzchen, sondern außerdem zu einer Sitzung bei einer Heilerin eingeladen. Wir stellten uns der Reihe nach an. Ich hatte keine Ahnung, worum es bei einer solchen »Heilung« gehen sollte, aber dies war die erste Chance, die sich mir bot, unter vier Augen mit jemandem zu reden, der mir vielleicht helfen konnte. Ich war fest entschlossen, sie dazu zu bringen, die Stimme verstummen zu lassen.

Die Heilerin war eine Frau Mitte fünfzig mit kurzem braunem Haar. Sie trug eine zitronengelbe Strickjacke. Die Besucherinnen nahmen eine nach der anderen auf einem Stuhl vor ihr Platz, und sie legte ihnen die Hände auf den Kopf. Ich bemerkte ein diffuses Licht rings um ihre Schultern und sah mich um, um herauszufinden, woher es kommen könnte. Heute weiß ich, dass ich damals zum ersten Mal eine Aura sah – ein Energiefeld, das für die meisten Menschen unsichtbar ist.

Schließlich war ich an der Reihe. Ich setzte mich mit dem Rücken zu ihr gewandt vor sie hin, und sie legte mir die Hände auf den Kopf. Die Wärme aus ihren Händen war deutlich zu spüren, obwohl sie mehrere Zentimeter von meinem Kopf entfernt waren. Dann ließ ich die Schultern sinken. Mir war gar nicht bewusst gewesen, wie verspannt ich gewesen war.

»Ich spüre da viel Aktivität in Ihrer Aura«, hörte ich sie sagen. »So viel Energie. Es gibt offenbar einiges, was Sie beängstigt.«

Auf einmal erzählte ich ihr alles, was mir auf der Seele brannte – es sprudelte nur so aus mir heraus: die Stimme, die Lichter, der Flugzeugabsturz. Die ganze Zeit über bewegte sie ihre Hände über meinem Kopf und meinen Schultern.

»Können Sie dafür sorgen, dass das aufhört?«, fragte ich.

»Sie haben die Gabe«, erklärte sie mir. »Das alles macht Ihnen nur deshalb Angst, weil Sie es nicht verstehen. Sie müssen lernen, damit umzugehen.«

»Ja, schon«, gab ich ungeduldig zurück. »Aber können Sie es wegmachen?«

»Sie sind ungewöhnlich jung dafür, so offen zu sein«, meinte sie. »Aber loswerden ... loswerden können Sie es nicht.«

Ich war verzweifelt. Diese Stimme, all diese merkwürdigen Phänomene – das alles würde nie wieder weggehen. Ich hatte das Gefühl, in der Falle zu sitzen.

»Die Stimme, die Sie da hören ...«, fuhr sie fort, »das ist Ihr Führer.«

Was wollte sie damit sagen?

»Er versucht, mit Ihnen zu sprechen«, erklärte sie. »Er will Ihnen nichts Böses; er hat nichts als Ihr Wohl im Sinn.«

Sie redete von der Stimme, als ob es sich dabei um eine Person handelte. Ich war irritiert, gleichzeitig aber auch interessiert. Mit der sachlichen Art, in der sie zu mir sprach, weckte sie meine Aufmerksamkeit.

»Ihr Führer kann Ihnen dabei helfen, Ihre Gabe zu entfalten. Er ist da, um Sie dabei zu unterstützen, anderen Menschen zur Seite zu stehen. Reden Sie mit ihm. Ich kann die Stimme nicht zum Verstummen bringen, aber ich kann erreichen, dass Sie die Angst vor ihr verlieren«, versprach die Heilerin. »Ich bringe Ihnen eine Visualisierungsübung bei, mit der Sie sich verschließen können, wenn Ihnen danach zumute ist.«

Es ging darum, sich eine Bühne vorzustellen, vor der langsam die Vorhänge zugingen.

»Ich stelle mir das einfach vor, und dann hört es auf?«, fragte ich ungläubig.

Sie legte mir die Hand auf die Schulter. »Haben Sie Geduld und warten Sie ab.«

Draußen vor der Halle zündete ich mir eine Zigarette an und ging in Gedanken noch einmal alles durch, was sie mir gesagt hatte. Ich ging über die High Street nach Hause. Alles sah genauso aus wie immer, aber ich fühlte mich anders. Ich hatte den Eindruck, als hätte sie mir einen Zauberspruch mit auf den Weg gegeben.

Bevor ich mich verschloss, so schien es mir, musste ich erst mit meinem Führer reden. »Bist du da?«, fragte ich. Ich tat es eher im Spaß, ohne wirklich eine Antwort zu erwarten.

»Ja.« Die Stimme klang gelangweilt, aber freundlich.

Dies war das erste Mal, dass ich von mir aus ein Gespräch begonnen hatte, und ich bekam sofort eine Reaktion. Verdammt! Ich zog heftig an meiner Zigarette.

Auf der katholischen Schule hatte ich gelernt, dass jeder Mensch einen Schutzengel hat; manche sprachen zu Heiligen und Propheten. Aber ich hatte einen Ehemann, der vom Krankengeld lebte, und war den lieben langen Tag damit beschäftigt, nach meinen Kindern zu sehen – ich war kaum die Art von Mensch, zu der Engel reden. Ich glaubte nicht an Gott.

»Also gut«, meinte ich. »Okay. Wenn es dich wirklich gibt, warum dann ausgerechnet ich? Ich glaube nicht an Gott, und ein besonders guter Mensch bin ich auch nicht.«

Keine Antwort. Also redete ich weiter; sprach mit dem

Himmel: »Warum nicht eine Nonne oder irgendjemand, der sich für spirituelle Dinge interessiert?«

Die Antwort, als sie dann kam, war ziemlich ernüchternd: »Keine Ahnung. Da kann ich auch nur raten.«

7

Wenn ich mich schon so mit der Stimme unterhalten sollte, als sei sie real, dann musste ich als Allerserstes klären, wie es mit meiner Privatsphäre aussah. Kaum war ich wieder zu Hause, fragte ich laut: »Siehst du mir zu, wenn ich im Bett bin?«

Ich wusste, dass meine Frage albern war, aber ich musste sie einfach stellen.

»Siehst du mir zu, wenn ich im Badezimmer bin?«

»Nein«, lautete jedes Mal die Antwort.

»Und als ich neulich Sex hatte?«

»Nein.« Es klang freundlich, aber desinteressiert.

»Ich frage ja nur«, entschuldigte ich mich. »Es ist mir wichtig. Weißt du immer, was ich tue?«

»Ja.«

Langsam wünschte ich mir, ich hätte das Gespräch nie begonnen. Ich wollte nur eins: Normalität. Ich schaltete den Fernseher ein.

Aber meine Gedanken kreisten die ganze Zeit um die Stimme. Einige Tage später – es war Abend, Andy war außer Haus, die Kinder schliefen – beschloss ich, zu schauen, ob sie noch da sei. Ich war in der Küche beim Abwaschen.

»Bist du noch da?«, sprach ich in die Luft.

»Ja.«

Die Stimme kam von außerhalb meines Kopfes – klar, nah, real. Stand er etwa neben mir?

»Kann dich sonst jemand hören?«

»Nein, ich spreche nur zu dir.«

»Du wirst meinen Kindern doch keine Angst einjagen, oder?«

»Ich habe keine Absicht, irgendjemandem Angst einzujagen.« In der Stimme schwang leichte Ungeduld mit.

Ich ging ins Wohnzimmer und schaltete den Fernseher an, konnte mich aber nicht konzentrieren. Ich war innerlich aufgewühlt. Mit der Stimme zu reden, war etwas so Sonderbares – es konnte gar nicht real sein. Und doch fühlte es sich ebenso wirklich an wie alles andere, was ich sonst so tat.

Ich hatte mich da auf etwas eingelassen, vor dem ich auf einmal Angst bekam. Mir war danach, aus dem Haus zu rennen – wie von Furien gehetzt. Aber der Geist – oder was immer es sein mochte – war nicht ans Haus, sondern an mich gebunden. Ich konnte nicht vor ihm fliehen.

Erst versuchte ich, mir die Sendung anzusehen. Dann ging ich nach oben, um nach den Kindern zu schauen. Ich wusste nicht, was ich mit mir anfangen sollte. Wieder im Wohnzimmer, ließ ich mich aufs Sofa fallen und schaltete den Fernseher aus. Es musste einen Grund dafür geben, warum die Stimme aufgetaucht war. Ich beschloss, ihn herauszufinden.

»Also gut«, seufzte ich laut. »Was willst du?«

»Ich glaube, dass wir zusammenarbeiten sollen.«

»Zusammenarbeiten?« Ich schüttelte den Kopf. »Was für eine Arbeit, was sollten wir tun?«

»Das musst du entscheiden.«

»Das ist doch lächerlich!«, rief ich. »Ich glaube ja noch nicht einmal an Gott.«

Ich wartete auf eine Antwort, aber es blieb still. So stellte ich die bedeutsamste Frage, die mir einfiel: »Gibt es einen Gott?«

Die Antwort kam unverzüglich: »Ja.«

Ich zündete mir eine Zigarette an. Bis zu diesem Zeitpunkt war ich zögerlich und unsicher gewesen, aber jetzt wurde ich auf einmal wütend. Wenn es wirklich einen Gott gab, warum gab es dann so viel Leid auf der Welt? Alle meine offenen Fragen schossen mir durch den Kopf. Schon als Kind hatte man mich mit diesem Gefasel von Gott voll gequatscht, aber einen Beweis war man mir schuldig geblieben. Die Welt war voller Abscheulichkeiten. Alles in mir lehnte sich auf, und ich war bereit zum Kampf.

»Okay«, fing ich an. »Wenn es einen Gott gibt, warum lässt er dann zu, dass Kinder verletzt werden? Warum lässt er Leute verhungern? Was ist mit Krankheiten und Hungersnöten und Erdbeben?«

Ich lief im Zimmer auf und ab und redete in einem fort. Alles Leid der Welt listete ich auf, bis mir der Atem ausging. Als ich fertig war, setzte ich mich hin.

»Warum?«, fragte ich noch einmal.

»Gott macht nicht, dass Böses geschieht«, antwortete die Stimme. »Ebenso wenig, wie er macht, dass Gutes geschieht.«

»Das ist doch eine faule Ausrede«, schnaubte ich.

»Stell dir vor, du hättest ein autistisches Kind«, erklärte die Stimme. »Es ist isoliert, in seiner eigenen Welt verloren. Und der Arzt würde zu dir sagen: ›Überlassen Sie mir Ihr

Kind für ein Jahr; dann kehrt es geheilt zu Ihnen zurück. Während es weg ist, wird es leiden müssen. Aber wenn Sie es mir nicht mitgeben, dann wird es immer isoliert und einsam sein.‹ Würdest du ihm dein Kind anvertrauen?«

»Na klar würde ich das.«

»So wie Gott euch zur Erde schickt.«

Das klang logisch. Mein Zorn legte sich. Als Jugendliche hatte ich die ganze Heuchelei der Kirche mitbekommen und war zu dem Schluss gelangt, dass es keinen Gott gibt. Auf einmal aber hatte ich den tieferen Sinn begriffen. Es war plötzlich so offensichtlich, so einfach. Es war nichts Persönliches.

Es war nicht »der Wille Gottes«. Glück oder Pech – das war etwas Zufälliges.

Im Laufe der folgenden Monate erfuhr ich einiges über die Anschauungen meines Führers. Was er mir zu sagen hatte, fesselte mich immer mehr. Seine Sicht der Dinge war ausgesprochen beruhigend und half mir, das Weltgeschehen besser zu verstehen. Statt gegen das Leben anzukämpfen, schien ich auf einmal im Einklang mit ihm zu leben. Die Stimme wurde für mich zu einem Lehrer.

»Das Leben ist also so eine Art Schule?«, wollte ich wissen.

»Ja.«

»Und warum stolpern dann manche Leute von einer Schwierigkeit in die nächste, während bei anderen alles glatt läuft?«

»Die Lektionen, die sie zu lernen haben, sind schwerer«, kam die Erklärung. »Es sind ältere Seelen; sie existieren länger.«

»Was heißt das?«

»Eine ältere Seele – eine, die schon mehrmals auf Erden war und viele Emotionen durchlebt hat – kann mit schwierigeren Lektionen umgehen. Eine junge Seele kann noch nicht viel Schmerz verkraften; sie würde daran zugrunde gehen.«

»Die Seele«, fuhr die Stimme fort, »kann nur durch emotionales Erleben lernen. Je schmerzlicher die Emotion, desto weiser wird die Seele. Letztlich geht es um das eine große Ziel, alles zu erfahren, was es zu erfahren gibt.«

Ich hob abwehrend die Hand.

»Ich will jetzt nicht weiterreden.«

Die Stimme verstummte. Sie drängte sich mir nicht auf. Ich war allein zu Hause und besann mich einer Methode, die ich während meiner Kindheit oft genutzt hatte, wenn mir alles zu viel wurde: Ich machte mir eine Tasse Tee und setzte mich vor den Fernseher. Ich wollte nicht mehr nachdenken.

Am liebsten hätte ich in die Welt hinausposaunt: »Ich kenne die Antworten – ich weiß, warum wir hier sind!« Aber das, womit ich aufwarten konnte, war so offensichtlich, dass ich es mir auch selbst hätte ausdenken können. Manchmal fragte ich mich, was die Wahrheit war. Ein Teil von mir glaubte immer noch nicht an das, was ich da erlebte. Immer noch gab es Augenblicke, in denen ich mich für verrückt hielt – und panische Angst hatte, dass jemand merken könnte, wie ich Gespräche mit einem Unsichtbaren führte.

Doch solange ich das Ganze im Geheimen tat, so sagte ich mir, würde es nicht schaden, so viel wie möglich in Erfahrung zu bringen. Meine Angst schwand – und meine Neugier wuchs. Mir war, als hätte ich einen neuen Spielkameraden gefunden; ich wollte ausprobieren, was sich mit ihm anfangen ließ.

Ich saß auf dem Sofa im Wohnzimmer und machte einen erneuten Versuch. Ich war aufgeregt und freute mich schon, denn mittlerweile hatte ich Gefallen daran gefunden, mit der Stimme zu reden: »Bist du da?«

Keine Antwort. Ich spürte eine Mischung aus Panik und Enttäuschung in mir aufsteigen. Was, wenn er weg wäre? Was, wenn alles aus sein sollte?

»Bist du da? Bist du da?«

»Ja.«

»Hast du einen Namen?«

»Merlin.«

Merlin – das haute mich komplett um. »Hör bloß auf!«, stöhnte ich. Das war doch absurd! »Wahrscheinlich sitzt König Arthur auf dem Stuhl neben dir ...« Ich konnte mir meinen Sarkasmus nicht verkneifen. »Am runden Tisch.«

Keine Antwort.

»Merlin ist mit mir nicht zu machen«, wehrte ich ab.

Nach einer Pause sagte die Stimme: »Wie wär's mit Eric?«

»Eric ...« Ich war erleichtert. Endlich ein normaler, vernünftiger Name. »Okay. Eric. Aber den Namen Merlin will ich nicht noch einmal hören.«

Seit unserer letzten Unterhaltung hatte ich mir einige Fragen ausgedacht. Er erzählte mir damals etwas über Reinkarnation, und das hatte mir Angst gemacht. Aber jetzt war ich bereit, mehr darüber zu erfahren.

»Gibt es eine Hölle?«

»Nein. Nicht in dem Sinne, wie ihr Menschen es versteht.«

»Dann kommen also alle in den Himmel?«

»Es gibt verschiedene Ebenen von ...« Er hielt einen Moment inne und betonte dann das Wort »Himmel« auf eine Art und Weise, die mir verriet, dass es mein und nicht sein Wort dafür war.

»Wenn wir sterben, werden wir also beurteilt und dann unserer jeweiligen Ebene zugewiesen«, malte ich mir aus.

»Jeder beurteilt sich selbst.«

»Na, wenn das so ist, dann schneidet doch jeder super ab und landet ganz oben.«

»Nein«, wehrte Eric ab. »Es ist das höhere Selbst eines jeden Einzelnen, das die Beurteilung vornimmt.«

»Dann gibt es mich also in zweifacher Ausfertigung?«, fragte ich nach. »Ein höheres und ein niederes Selbst – wie Zwillingsschwestern, nur besser?«

»Du bist dein höheres und dein niederes Selbst«, führte Eric aus. »Solange du auf der Erde bist, ist nur dein niederes Selbst wach.«

»Ist es etwa so, wie wenn man ein schlechtes Gewissen hat?«, wollte ich wissen. »Wenn du weißt, dass du etwas getan hast, was du nicht hättest tun sollen, und es dann in dir nagt – ist es etwa so?«

»Ja, so ähnlich.«

»Na, dann könnte das so eine Art Hölle sein«, schlussfolgerte ich.

Ich hatte das Gefühl, dass Eric nur über ein begrenztes Maß an Energie und Zeit verfügte, und so beeilte ich mich mit meiner nächsten Frage: »Wir sollen also zusammenarbeiten?«

»Ja.«

»Und was sollen wir tun?«

»Menschen helfen.«

»Okay. Aber wie?«

»Indem wir ihnen Wissen vermitteln und ihnen so zu einem besseren Verständnis verhelfen.«

Mir fiel ein, wie ich Jennifer damals gesagt hatte, dass sie schwanger sei, und wie ich gemerkt hatte, dass Janet und Will sich trennen würden. Ein magischer Geist war mir zur Seite gestellt, und alles, was ich tun musste, war, ihm Fragen zu stellen. Damit eröffneten sich unbegrenzte Möglichkeiten.

»Heißt das, dass du mir, wenn ich einem Menschen gegenübersitze, alles über sein Leben erzählen wirst?«, unterbrach ich ihn aufgeregt. »Was er erlebt hat, was mit ihm passieren wird? Und dass ich es ihm dann sagen kann?«

»So funktioniert das nicht«, wehrte Eric ab. »Du musst erst sehen lernen.«

»Wie meinst du das – ›sehen lernen‹?«

»So, wie ich es sage. Du musst sehen lernen.«

»Gibt es denn irgendwelche Bücher, in denen steht, wie das gemacht wird?«

»Du brauchst keine Bücher. Alles, was du an Informationen benötigst, trägst du in dir.«

In dem Augenblick fing Shane oben zu weinen an.

Ich war enttäuscht und niedergeschlagen. Die anfängliche Begeisterung war verflogen. Eric war kein Partytrick, mit dem ich im Freundeskreis Eindruck schinden konnte. Ich würde nicht gleich loslegen können. Ich musste erst zu einem tieferen Verständnis gelangen – und das würde mir nicht einfach so zufliegen.

Ich hatte das Gefühl, eine Art Ausbildung absolvieren zu müssen, aber ich war mir nicht sicher, ob ich mir wirklich die Mühe machen wollte. Einmal von der Stimme abgesehen – das Einzige, was ich wirklich gesehen hatte, war der Flugzeugabsturz. Und ich hatte keine Lust, solche Bilder noch einmal zu sehen.

Außerdem nahm mich mein Alltag voll in Anspruch. Andy und die Kinder, die Hausaufgaben, das Kochen und Putzen – mir blieb kaum eine Minute für mich selbst. Andy war immer noch zu Hause: Es ging ihm schlecht, er war gereizt und weigerte sich, auch nur einen Strich im Haushalt zu machen. Woher sollte ich die Zeit und Geduld nehmen, ein Studium bei einem vergeistigten Engel zu absolvieren? Und wozu auch? Damit ich irgendwann in ferner Zukunft in irgendeiner Spiritistenkirche stehen und wildfremden Menschen die Hände auflegen könnte? Nicht gerade eine verlockende Aussicht.

»Ich habe über alles nachgedacht«, informierte ich Eric, als ich das nächste Mal allein war. »Und ich kann mir wirklich nicht vorstellen, so weise zu sein wie Mutter Erde. Wenn ich dich wenigstens sehen könnte, dann würde ich das alles viel besser begreifen. Wäre das möglich? Kannst du dich mir zeigen?«

»Dazu bist du noch nicht bereit.«

»Ich bin also bereit, eine Stimme zu hören, die aus heiterem Himmel zu mir spricht«, fragte ich nach, »aber nicht bereit, die Person zu sehen, die sich dahinter verbirgt?«

»Nein.« Eric blieb fest. »Du bist nicht bereit.«

»Ich habe mich noch nicht entschieden«, warf ich ein. »Ich weiß ja gar nicht, ob du wirklich echt bist, oder ob ich den Verstand verloren habe. Es würde mir helfen, wenn ich dich sehen könnte.«

»So sei es«, gab Eric nach.

Die Tür vom Wohnzimmer zum Flur stand offen. Eine kleine Nebelschwade zog herein und verdichtete sich zu einem Licht, das immer stärker und heller wurde. Auf einmal reichte es vom oberen Ende des Türrahmens bis zum Teppich. Und dann teilte sich das Licht wie ein Vorhang, und ein Mann stand vor mir.

Er war alt, etwa 1,65 bis 1,70 Meter groß, und er trug ein braunes Gewand, eine Art Mönchskutte, die vorne völlig verfleckt war. An den Füßen trug er lederne Sandalen. Er hatte eine fast vollständige Glatze; nur an den Seiten wuchsen Haare. Seine Augen waren auffällig blau.

Seine Hände ruhten auf einem knorrigen Wanderstecken; die Finger waren gekrümmt, die Gelenke geschwollen. Eric beugte sich leicht zu mir vor und lächelte mich freundlich an.

Ich wich erschrocken zurück. »O mein Gott!«, stöhnte ich auf. »Du hast Recht gehabt. Ich bin nicht bereit. Ich bin nicht bereit.«

Der Lichtvorhang fiel zu, und es blieb nur eine dünne Säule davon zurück, die sich zu einer kleinen Scheibe zusammenzog. Einen kurzen Augenblick lang leuchtete sie auf, bevor auch sie verschwand. Völlig verängstigt rief ich bei Mum an. Sie kam sofort und blieb bei mir, bis Andy nach Hause kam.

Nach dem, was ich von Gemälden in Kathedralen und Kirchen her kannte, hatte ich erwartet, eine Art Charlton Heston in leuchtend weißem Gewand zu sehen. Ich hatte mir einen himmlischen Körper vorgestellt. Mit allem hätte ich gerechnet, nur nicht damit, dass es sich bei meinem Schutzengel um einen schmuddeligen Alten handelt, dessen Verfallsdatum längst überschritten war. Mein Gefährte – der Schwarm meiner einsamen Nächte – war in die Jahre gekommen und hinfällig.

»Ich dachte, er würde sich mir als nebulöse Gestalt präsentieren«, erklärte ich meiner Mutter. »Oder als Engel mit schillernden Flügeln. Aber auf einmal stand ein alter Mann vor mir in der Tür – das hat mich zu Tode erschreckt.«

»Du wolltest ihn unbedingt sehen«, versuchte meine Mutter, mich zu beruhigen. »Er hat dir gesagt, dass du nicht bereit wärest. Aber du hast nicht nachgegeben. Du kriegst ihn erst wieder zu Gesicht, wenn du ihn darum bittest.« Meine Mutter schien auf ihre intuitive Weise sehr viel mehr Vertrauen in Eric zu haben als ich selbst. »Er steht doch auf deiner Seite«, versicherte sie mir.

Als wir ein paar Tage später abends zu Bett gingen, rollte sich Andy auf seine Seite und schlief sofort ein. Ich aber lag wach und dachte an Eric. Mir war klar, dass er derjenige von uns beiden war, der die Bedingungen stellte. Entweder es lief so, wie er wollte, oder es lief gar nicht. So hatte ich mir das zwar nicht vorgestellt; aber aufgeben wollte ich den Kontakt zu ihm trotzdem nicht.

Es widerstrebte mir, laut zu sprechen, denn ich hatte Angst, Andy zu wecken. Darum versuchte ich zum ersten Mal, Eric nicht mit Worten, sondern nur in Gedanken zu rufen: »Kannst du mich hören, Eric?«

»Ja.«

Bis dahin hatte ich Erics Stimme immer außerhalb von

mir gehört, aber diesmal war sie in meinem Kopf. Unsere Verbindung fühlte sich auf einmal so innig und vertraut an. Ich war nicht allein. Er war immer bei mir.

»Was soll ich also tun?«, fragte ich.

»Entspanne dich«, wies Eric mich an. »Mach die Augen zu und lass dich treiben, ohne einzuschlafen. Beobachte die Bilder, die in dir aufsteigen. Betrachte sie teilnahmslos.«

Ich schloss die Augen und wartete. Es dauerte nicht lange, da sah ich drei Steine nebeneinander liegen. Ich hielt vor Aufregung den Atem an, und augenblicklich waren sie wieder verschwunden. Ich versuchte es noch einmal. Sobald aber auch nur ein Fünkchen Interesse für das Gesehene in mir aufflackerte, trat das Bild sofort wieder in den Hintergrund.

Entnervt schimpfte ich: »Es klappt einfach nicht!«

»Hab Geduld«, besänftigte mich Eric. »Es kann viele Nächte dauern.«

Wochenlang versuchte ich, mich zu entspannen und treiben zu lassen. Jedes Mal sah ich Steine. Immer und immer wieder dieselben Steine. Eines Abends dann weitete sich das Bild zu einer gepflasterten Straße aus. Ich sah einen Mann, der einen Karren schob. Er war altmodisch gekleidet. Aufregung rührte sich. Ich verlor das Bild.

Ich hatte gedacht, es seien Kiesel am Strand. In Wirklichkeit aber waren es Pflastersteine. Das war wesentlich spannender. Bleib ruhig, sagte ich mir. Entspann dich und sei offen. Ich schaute wieder und sah, dass der Mann Holzpantinen an den Füßen trug.

Die Straße war von Holzhäusern gesäumt, und ein paar dürre Hühner liefen herum. Eine Frau mit einem langen, trist wirkenden Kleid tauchte auf. Dauernd verlor ich das

Bild, aber ich kehrte beharrlich immer wieder zurück, konnte es nicht mehr als ein paar Minuten lang aufrechterhalten.

»Was hat das zu bedeuten?«, wollte ich später von Eric wissen.

»Du lernst zu sehen«, erklärte er mir. »Und dazu musst du erst hinschauen lernen.«

Ich hatte Wochen damit zugebracht, diese eine Szene zu erkennen, und erwartet, irgendeine besondere Botschaft daraus zu beziehen. Jetzt aber stellte sich heraus, dass es bloß irgendwelche obskuren Bilder waren, die nicht das Geringste mit mir zu tun hatten. Ich fühlte mich verschaukelt.

Weder die Steine noch die Straße tauchten je wieder vor mir auf, doch ein paar Tage darauf sah ich gelben Sand. Ich zwang mich dazu, mich innerlich zurückzulehnen und einfach nur hinzuschauen. Er breitete sich aus, und nach einer gewissen Zeit sah ich, dass da an einer Seite Wasser war – und es gab Palmen. Ich hatte England noch nie verlassen und bis dahin keinen solchen Strand gesehen. Ich wusste nicht, ob dies ein realer Ort war oder nicht; ich wusste nur, dass ich zuvor nie etwas so Schönes gesehen hatte.

Ich schaute nach rechts, und da waren Felsen, die von Wellen umspült wurden. Ich hörte das Wasser darüberplätschern. Das Bild war so klar – realer als im Kino. Ich hatte das Gefühl, dort zu sein; ich stand wie unter einem Zauberbann.

Nach ein paar Minuten trat die Szene in den Hintergrund, aber mit einem Mal war mir klar, dass ich nicht nur schreckliche Dinge wie den Flugzeugabsturz zu sehen bekommen würde; ich hatte auch Zugang zu wunderschönen Bildern.

Kurze Zeit später fing das Bett mitten in der Nacht auf einmal so heftig zu wackeln an, dass Andy davon wach wurde: »Das verdammte Bett wackelt«, schimpfte er.

»Du spürst es?«

»Und ob ich es spüre, zum Teufel nochmal.«

»Ich habe es dir doch gesagt«, seufzte ich erleichtert. »Das Bett wackelt schon seit Wochen.«

»Dann sorg dafür, dass es stehen bleibt«, trug mir Andy auf.

»Lass es sein!«, befahl ich in der Hoffnung, dass sich meine Stimme zuversichtlicher anhörte, als ich mich fühlte.

Das Wackeln hörte auf.

Ein paar Tage darauf wurde ich mitten in der Nacht von einem Geräusch in Tanyas Zimmer aus dem Schlaf gerissen. Ich quälte mich aus dem Bett, um nach ihr zu sehen. Durch die offene Tür sah ich, dass ihre Bettdecke zu Boden gerutscht und ihr Teddy vor ihrem Gesicht eingeklemmt war. Sie schlief tief und fest.

In dem Moment hörte ich Andy nach mir rufen. Ich ging ins Schlafzimmer zurück und sah mich selbst neben ihm liegen. Augenblicklich lag ich wieder im Bett und schaute die Decke an. Mir war, als wäre ich nie aufgestanden.

Mit klopfendem Herzen richtete ich mich auf, stellte die Beine neben dem Bett auf dem Boden auf und sah, dass mein Körper immer noch dalag. Kaum war ich mir dessen bewusst, war ich auch schon wieder in ihm zurück. Ich bewegte die Finger und hob meinen Arm langsam nach oben. Vom Flur her drang so viel Licht in unser Schlafzimmer, dass ich ihn gut sehen konnte – er war völlig durchsichtig und bestand aus einem rosaroten Licht, das in vielen

Schichten übereinander lag. Und in diesen Schichten schwirrten lauter winzige Pfeile weißer Elektrizität umher.

Mir stand der Schweiß auf der Stirn. Ich setzte mich auf, diesmal wirklich. Dann stand ich auf und ging ins Bad, um mir das Gesicht zu waschen. Unterwegs kam ich an Tanyas Zimmer vorbei; ich schaute hinein, und es sah genau so aus, wie ich es gesehen hatte – ihre Bettdecke lag wirklich auf dem Boden. Ich hätte es nicht wissen können, wenn ich nicht dort gewesen wäre.

Den Rest der Nacht lag ich hellwach da und überlegte, was das alles zu bedeuten hatte. Mein Geistkörper verließ meinen physischen Körper – sie waren also tatsächlich voneinander verschieden. Das hieß für mich: Wenn der Körper starb, musste der Geist nicht unbedingt sterben.

Ich erinnerte mich daran, dass ich – als ich mit meinem Geistkörper in Tanyas Zimmer war – die gleichen Emotionen und Gedanken gehabt hatte wie in meinem physischen Körper. Geister hatten folglich Gefühle genau wie wir. Diese Erkenntnis erschütterte meine atheistischen Überzeugungen zutiefst.

Ich stand an der Supermarktkasse in der Schlange, und jedes Mal, wenn ich in die Nähe der vor mir wartenden Frau kam, hatte ich das Gefühl, mich durch Treibsand zu bewegen. Eine tiefe Traurigkeit übermannte mich. Trat ich einen Schritt zurück, verschwand das Gefühl.

Draußen auf der Straße kam ich an einer Gruppe von Männern vorbei. Einer von ihnen regte sich über irgendetwas auf, und als ich bis auf etwa 30 Zentimeter an ihn herankam, durchfuhr es mich auf einmal, als hätte mich der Blitz getroffen.

Auf dem Heimweg fragte ich mit lauter Stimme: »Warum hatte ich bei der Frau im Supermarkt so ein sonderbares Gefühl?«

»Du hast ihre Energie aufgenommen«, erklärte mir Eric.

»Es fühlte sich ziemlich schwer und unangenehm an«, gab ich zurück. »Und was war mit dem Mann auf der Straße?«

»Hast du den Unterschied gemerkt?«

»Na klar habe ich das gemerkt!«

»Er war in einem anderen emotionalen Zustand, und darum hast du eine andere Form von Energie gespürt.«

Von da an fing ich an, zu beobachten, was es in mir auslöste, wenn ich mich in der Nähe von anderen Menschen befand. Kam meine Aura mit der eines anderen in Berührung, spürte ich, was für eine Emotion dort gerade Vorrang hatte. Es war herrlich, jemandem zu begegnen, der glücklich war – ein aufregendes Gefühl, fast so prickelnd wie Champagner.

Ich saß im »Light-Bite«-Café in Sheerness, um die Zeit zu überbrücken, bis ich Tanya aus der Vorschule abholen konnte. Vor lauter Langeweile starrte ich dauernd eine Frau an, die an einem der Nebentische saß. Kurz zuvor hatte ich entdeckt, dass ich, wenn ich meinen Blick leicht unscharf werden ließ, ein weißes Licht im Umfeld der Menschen sehen konnte – genau wie damals bei der Heilerin in der Spiritistenkirche.

Wie ich so dasaß, meinen Tagträumen nachhing und den Lichtschein rings um die Frau betrachtete, lief plötzlich in meinem Kopf eine Serie von Bildern ab. Ich sah sie weinen; sah, wie ein Mann sie anschrie; wie sie von ihm wegging und eine Tür zuknallte. Die Bilder waren ausgesprochen lebendig, und ich wusste, dass sie sich gerade mit ihrem Partner gestritten hatte.

Ich war schockiert, hatte auf einmal das Gefühl, andere Leute auszuspionieren. Schnell verließ ich das Café und machte mich auf den Weg zur Vorschule. Ich nahm den Weg über den Strand, um mit Eric reden zu können. Kaum war ich allein, rief ich ihn: »Eric?«

»Ja.«

»Was ist passiert? Was war das? Ich habe eine Frau angeschaut und Bilder gesehen. Habe ich ihre Gedanken gelesen?«

»Nein, du hast gesehen, was der Auslöser für ihre Gefühle war.« Dies war eine vollkommen neue Entwicklung.

»Kann mir das bei jedem gelingen?«

»Du hast die Fähigkeit, die Emotionen aller Menschen zu erspüren.«

Mir war, als hätte man mir urplötzlich eine Röntgenbrille aufgesetzt. Ich war aufgeregt und erwartungsvoll; konnte es kaum abwarten, zu sehen, was ich als Nächstes entdecken würde. In den folgenden Wochen tauchte ich regelrecht in andere Menschen ein, und dabei fühlte ich mich fast so, wie Superman sich gefühlt haben muss, als er erkannte, dass er durch Wände hindurchlaufen kann. Mein sechster Sinn entwickelte sich langsam, und meine Ängste verflogen.

Meine Freundin Janet war eine der Ersten, denen ich von meiner Gabe und meinen Erfahrungen bei deren Entfaltung erzählte. Ich hatte erwartet, dass sie mich mit einer zynischen Bemerkung abfertigen würde, aber zu meiner Überraschung zeigte sie sich neugierig und ermunterte mich sogar zum Weitermachen.

Kurze Zeit später saßen wir in einem Pub zusammen, und ich versuchte, herauszufinden, ob ich Zugang zu jedem x-beliebigen Menschen hätte. Ich pickte mir einen der jungen Männer heraus, die an der Bar saßen, und schaute ihn kurz an. Kaum hatte ich wieder weggesehen, stellten sich in schneller Folge Bilder ein. Ich sah ein blondes Mädchen in Strümpfen und Strapsen, die mit verführerischem Blick auf einem Bett lag. Obwohl der Typ einfach nur dastand und sich mit seinen Freunden unterhielt, konnte ich spüren, wie ihn die Vorstellung in seinem Kopf erregte. Ich war schockiert.

»O mein Gott«, stöhnte ich. »Der Kerl hat nichts als Sex im Kopf.«

Ich erzählte Janet, was ich gemacht hatte. »Es war, als hätte ich ein paar Minuten lang in einem Männerkörper gesteckt«, erklärte ich ihr. »Ich habe das Ganze von einem absolut männlichen Standpunkt aus betrachtet.«

»Wenn du auch so neugierig bist! Das soll dir eine Lehre sein!«, bemerkte Janet.

Sie hatte Recht: Mich hatte die Neugier gepackt. Und mit ihrer Hilfe konnte ich eine Menge lernen. Durch die Filme, die blitzartig in mir abliefen, und das – wenn auch sehr kurze – Hineinversetzen in die Gefühle wildfremder Menschen konnte ich die Welt mit den Augen anderer sehen.

Langsam erkannte ich, dass der Mensch in emotionalen Räumen lebt; er existiert im Bannkreis der Gefühle, die er zum jeweiligen Zeitpunkt hat. Er macht sich keine Gedanken darüber, wie er sich gestern gefühlt hat oder morgen fühlen wird; er ist sich nur seiner alles überschattenden unmittelbaren Empfindungen bewusst.

Mir wurde auch klar, dass jeder in seinem eigenen Kopf lebt und die Außenwelt immer im Verhältnis zu sich selbst betrachtet und beurteilt. Es können zwanzig Leute auf ein und derselben Party sein und den Abend alle völlig unterschiedlich erleben. Und doch ist keinem bewusst, dass das, was er fühlt, nur einem anderen Standpunkt, einer unterschiedlichen Perspektive entspringt.

Wenn mich die blitzartigen Einsichten in das Leben von fremden Menschen auch faszinierten, so hatte ich doch keine Möglichkeit, herauszufinden, ob das, was ich sah, auch der Wahrheit entsprach.

»Du musst üben«, legte mir Janet eines Morgens nahe.

»Ja«, nickte ich. »Ich glaube, du hast Recht.«

»Versuch es bei mir«, schlug sie vor. »Guck, was passiert.«

Wir saßen einander am Küchentisch gegenüber. Unsere Kinder waren in der Schule.

»Okay«, stimmte ich nervös zu. Ich richtete meinen Blick auf den Bereich über ihrem Kopf und versuchte, ihre Aura zu sehen. Da war eine zarte weiße Linie. Ich strahlte sie an; und als sie zurücklächelte, schauten wir uns in die Augen. Wieder wandte ich mich ihrer Aura zu, diesmal mit der Erinnerung an ihre Augen. Ihre Augen – das war alles, was ich sah; sie schienen näher und näher zu kommen, so als würde ich in sie eintauchen. Dann sah ich Janet wieder an.

»Ich weiß, wie du dich fühlst«, fing ich an. »Du hast Schmerzen in der Seite, und dein Hals ist leicht entzündet.«

Janet nickte.

»O ja, und du solltest den obersten Knopf deiner Jeans aufknöpfen. Sie ist dir zu eng.«

Sie lachte.

»Na, was ist?«, fragte ich. »Stimmt das?«

»Ja, du hast absolut Recht, mach weiter«, ermunterte sie mich. »Vielleicht siehst du noch etwas anderes.«

»Ich sehe eine Tasse auf den Küchenboden fliegen und zerbrechen«, fuhr ich fort.

»Luke hat heute Morgen seine Tasse fallen lassen.«

»Wirklich?« Ein Gefühl der Aufregung stieg in mir auf. »Stand er an der Spüle?«

»Ja«, nickte Janet. »Er wollte sie hineinstellen, hat aber irgendwie zu kurz gegriffen und sie fallen lassen.«

Ich hatte es gesehen. Ich konnte es kaum glauben. Dann kam ein weiteres Bild. »Ich sehe das Hinterrad eines Kinderwagens.«

»Damit habe ich Ärger«, bestätigte Janet. »Die Bremse lässt sich nicht mehr lösen.«

Ich hielt inne und schaute sie an – staunend, aufgeregt, aber auch ein bisschen verwirrt. Was ich gesehen hatte, war so trivial; ich hoffte darauf, bald irgendetwas wirklich Bedeutsames zu erkennen.

Ich konnte es nicht abwarten, meinen nächsten Versuch zu unternehmen, und so sprach ich mit meiner Freundin Bernadette: »Ich glaube, ich habe übersinnliche Fähigkeiten.« Eric erwähnte ich nicht. Ich wusste, dass ich niemandem außer meiner Mum von ihm erzählen konnte. »Ich glaube, dass ich bestimmte Dinge im Leben von Leuten sehen kann.«

»Probier es doch mal bei mir aus«, schlug Bernadette vor.

Ich hatte mir eingeredet, dass die Menschen aus meinem unmittelbaren Umfeld mich für unzurechnungsfähig erklären würden. Umso mehr überraschte es mich, dass Bernadette in dieser Beziehung ebenso offen wie Janet war. Aus meiner Erfahrung mit ihr wusste ich, dass die Kontaktaufnahme am besten über den Blick in die Augen funktionierte. Dass ich die ausdrückliche Erlaubnis hatte, in mein Gegenüber hineinzuschauen, erleichterte das Ganze zusätzlich.

Bernadette hatte mir immer den Eindruck vermittelt, eine perfekte Ehe zu führen, aber wie ich jetzt in sie eintauchte, spürte ich Ärger, Frustration und Einsamkeit. In ihr steckten all diese negativen Gefühle gegenüber ihrem Mann, doch nach außen hin zeigte sie nichts davon. Ich war unerfahren; ich posaunte es heraus. »Du hast mir nie erzählt, wie du Michael gegenüber wirklich empfindest.«

Bernadette schaute mich an. »Was willst du damit sagen?«

»Du hast das Gefühl, dreimal so viel wie er zu leisten.«

Tränen stiegen ihr in die Augen. »Das stimmt«, bestätigte sie.

Dann schüttete sie mir ihr Herz aus. Wir kamen uns an jenem Tag näher als je zuvor. Es war eine große Ehre für mich. Ich hatte erfahren, dass ich Einblick in sehr viel tiefere emotionale Ebenen nehmen konnte, als ich es mir hätte vorstellen können.

8

»Beeil dich!«, rief ich zu Shane die Treppe rauf. »Komm runter zum Frühstücken.«

Es war 8.30 Uhr morgens; die Kinder mussten in zwanzig Minuten in der Schule sein. Andy lag noch im Bett.

»Musst du denn so schreien? Verdammt nochmal!«, brüllte er. Er war immer noch krank und mittlerweile seit einem

Jahr nicht mehr arbeiten gegangen. Für gewöhnlich bemühte ich mich, es ihm um des lieben Friedens willen nur ja recht zu machen, aber wir waren spät dran, und ich stand unter Druck.

Sarkastisch rief ich hoch: »Tut mir Leid, wenn ich dich geweckt haben sollte!«

Polternd sprang Andy aus dem Bett und rannte die Treppe runter. Er drängte mich ins Esszimmer. Er war feuerrot im Gesicht.

»Du mit deinem frechen Maul!«, schrie er. »Kannst du nicht einfach mal die Klappe halten?«

Wie er auf mich zukam, wich ich zurück, bis ich mit dem Rücken an der Wand stand.

»Wir sind spät dran«, brachte ich hervor. »Ich will die Kinder doch nur zu etwas mehr Eile antreiben.«

Ich versuchte, ihn wieder auf den Teppich zu bringen, aber es war zu spät. Er holte aus und schlug mir mit der Faust auf den Mund. Es war das erste Mal, dass er mich schlug. Schockiert stand er da; reglos. Ich ging zum Wäscheschrank auf der anderen Seite des Raumes, zog ein Handtuch heraus und hielt es mir gegen das Gesicht. Meine Hände waren sofort nass – das Handtuch blutdurchtränkt.

Andy rührte sich nicht vom Fleck. Er hatte den Blick immer noch auf die Wand gerichtet. Das Telefon stand auf einem kleinen Tischchen am unteren Ende der Treppe. Ich wählte 999 und bestellte einen Krankenwagen.

»Was ist passiert?«, wollte die Frau am anderen Ende der Leitung wissen.

»Ich bin die Treppe runtergefallen«, log ich. »Und bin mit dem Gesicht gegen einen Tisch geschlagen.«

Andy war noch immer wie erstarrt. Als er sich umdrehte, sah ich, dass er unter Schock stand.

»Bring Shane zur Schule und Tanya in den Kindergarten«, trug ich ihm auf. »Und vergiss nicht, dass Tanya um 11.30 Uhr aushat.«

Er antwortete nicht; er sah mich nur unverwandt an.

Der Krankenwagen kam. Die Polizei auch. »Er hat Sie geschlagen, nicht wahr?«, vermutete der Beamte.

»Nein«, beharrte ich. »Ich bin die Treppe runtergefallen.«

»Wir können ihn jetzt sofort mitnehmen. Es wird Ihnen nichts passieren.«

»Nein«, wiederholte ich. »Ich bin die Treppe runtergefallen.«

»Sollen wir die Kinder in Obhut nehmen?

»Nein.« Ich schüttelte den Kopf. »Nein.«

»Sie verliert zu viel Blut«, unterbrach der Sanitäter. »Sie muss sofort in die Klinik.«

Das gelbe Handtuch war rot durchweicht; das Blut strömte mir aus dem Mund, den Hals und die Arme entlang. Mein Gesicht war völlig verquollen. Nur mühsam konnte ich sprechen.

»Kannst du dich um die Kinder kümmern?«, bat ich Andy.

Er nickte.

Im Krankenwagen sah sich der Sanitäter mein Gesicht an. »Es könnte sein, dass der Kiefer gebrochen ist«, schätzte er.

Wie ich dann im Krankenhaus auf der fahrbaren Bahre lag, mit einer Decke zugedeckt, klopfte mir das Herz bis zum Halse. Würde es jemals wieder zu bluten aufhören?

»Eric«, rief ich stumm nach ihm. »Eric, Eric.«

Endlich meldete er sich. »Mach dir keine Sorgen«, tröstete er mich. »Es ist nicht so schlimm, wie du glaubst. Mach die Augen zu.«

Ich schloss die Lider, und auf einmal stieg ein wunderbar friedliches Gefühl in mir auf – ein Gefühl, das die ganze Zeit in mir blieb, selbst als ich mit dem Krankenwagen in eine nahe gelegene Spezialklinik gebracht wurde.

»Drei Zähne fehlen, und ein vierter ist locker«, stellte der Arzt fest.

Zwei der beschädigten Zähne mussten mit der Pinzette herausgezogen werden: Einer steckte oben in der Mundhöhle, ein zweiter in der Wange. Später kam der Mann, der mir das alles angetan hatte, um mich abzuholen. Er war zerknirscht.

»Ich wusste nicht, dass ich dich so fest geschlagen habe.«

Andy wollte unbedingt, dass ich bei ihm bliebe. Er versprach sogar, zum Psychiater zu gehen. Ich musste immerzu daran denken, wie er dastand, nachdem er mich geschlagen hatte – wie er unverwandt die Wand anstarrte. Selbst nachdem die Polizei gekommen war, rührte er sich nicht, brachte er kein einziges Wort hervor. Er war vollkommen geschockt gewesen von dem, was er getan hatte. Sein Bedauern war ehrlich. Wie hätte ich ihn hassen können? Er tat mir nur Leid.

Andy zog los und kaufte einen Mixer. Zum ersten Mal, seit wir verheiratet waren, kochte er – Fleisch, Kartoffelpüree und Soße. Er zerkleinerte eine Portion für mich, und ich aß Brei wie ein Baby. Er hat mich nie gebeten, die Wahrheit für mich zu behalten – hätte er das getan, wäre es mir leichter gefallen, wütend auf ihn zu sein. So aber wollte ich ihn schützen – ihn und mich.

Meine Mutter kam, und sie schaute mich eine lange Weile einfach nur an. Ich wusste, dass sie es wusste.

»Ich bin die Treppe runtergefallen«, erzählte ich ihr. Und um es glaubhafter klingen zu lassen, fügte ich hinzu: »Ich hatte in einer Hand ein Glas und in der anderen den Wecker; ich hab mich mit dem Fuß im Morgenmantel verheddert und bin gestürzt. Und dann bin ich mit dem Gesicht gegen den Tisch geknallt.«

Ich hasste es, meine Mutter anzulügen; aber ihr die Wahrheit zu sagen, brachte ich nicht übers Herz.

»Und wie fühlst du dich jetzt?«, wollte sie wissen.

Ich wusste, dass sie eigentlich fragen wollte, ob ich darüber reden möchte; aber wenn ich darüber gesprochen hätte, wären Entscheidungen angestanden, die zu treffen ich nicht bereit war.

»Ich bin okay«, log ich.

In der Nacht lag ich neben Andy im Bett und heulte. Mein Mann hatte mich geschlagen – bedeutete das etwa, dass ich an Scheidung denken musste? Ich wusste, dass ich handeln, dass ich etwas verändern musste. Aber ich fühlte mich dem allen nicht gewachsen.

Andy brauchte mir bloß ins Gesicht zu sehen, um daran erinnert zu werden, was er gemacht hatte. Wie oft saß er im Sessel und vergrub das Gesicht in den Händen. »Ich kann es nicht fassen, dass ich dir das angetan habe«, beteuerte er immer wieder.

Es setzte ihm zu, dass er nicht zur Arbeit gehen konnte; dass er es sich nicht leisten konnte, den Kindern Kleidung und Schuhe zu kaufen. Ich tat mein Bestes, um ihn moralisch aufzurichten.

»Wir haben ein Dach über dem Kopf«, redete ich ihm zu. »Es könnte alles viel schlimmer sein.«

Er fing an, zu kochen und die Kinder zur Schule zu bringen. Er fuhr sogar ein paar Tage nach Sidmouth in Devon mit mir; unsere ersten Ferien – es hätten die Flitterwochen sein können, die wir nie gemacht hatten. Aber Andy war deprimiert, und mit meinem geschwollenen, genähten Gesicht fühlte ich mich so hässlich, dass es mir peinlich war, mit irgendjemandem auch nur ein Wort zu reden. Bis zu unserer Reise hatte ich noch an unsere Beziehung geglaubt. Ich hatte gedacht, dass der Funke vielleicht noch einmal überspringen würde. Aber in Sidmouth erkannte ich, dass für uns beide der Zug bereits abgefahren war.

Ich musste warten, bis die Schwellung zurückgegangen war. Erst dann konnte der Zahnarzt die Abdrücke für die Brücke anfertigen. Ich schämte mich, unter Leute zu gehen. Aber dass ich vier Monate lang ans Haus gefesselt war, hatte auch etwas Gutes: Dauernd kamen irgendwelche Verwandten oder Freunde zu Besuch, an denen ich meine neu entdeckten hellseherischen Fähigkeiten ausprobieren konnte.

Eines Abends, als ich mit ein paar Freundinnen bei einer Flasche Wein zusammensaß und mit meiner medialen Gabe herumspielte, hörte ich auf einmal Erics Stimme: »Es ist kein Partytrick!«

Meine Beziehung zu Eric war nicht nur etwas, was sich auf einer inneren Ebene abspielte; es ging dabei auch darum, mit anderen Menschen zu einer wirklich in die Tiefe gehenden Kommunikation zu finden. Um dies zu erreichen, war es mir gegeben, die größeren Zusammenhänge zu erkennen, in die das Leben meines Gegenübers eingebettet war. Dies ermöglichte es mir, über den Tellerrand des Offensichtlichen hinauszublicken.

Meine seherische Gabe sprach sich schnell herum. Die Verwandten berichteten ihren Freunden davon, und die wiederum erzählten es in ihrer Familie weiter. So geschah es, dass immer mehr Leute auf mich zukamen, um meinen Rat einzuholen, und ich bald regelmäßig Klienten empfing. Anfangs dauerten die Durchgaben, die ich bei meinen Sitzungen bekam, nicht länger als fünf Minuten. Mit der Zeit wurden zwanzig Minuten, später auch eine halbe Stunde daraus. Doch immer noch war ich ziemlich schnell mit meinen Schlussfolgerungen und Ratschlägen bei der Hand.

Wenn ich jemandem wieder einmal einen meiner Einzeiler an den Kopf geworfen hatte, hörte ich Eric bisweilen sagen: »Du fühlst dich nicht wirklich ein.« Oder: »Urteile nicht.« Oder: »Schau noch einmal genauer hin. Das Wichtigste hast du übersehen.«

Er brachte mir bei, worauf ich achten musste und wie ich das Gesehene zu interpretieren hatte. Manche Leute meinten, ich würde durch den Kontakt mit Eric vor mir fliehen, aber in Wirklichkeit brachte er mich näher zu mir selbst. Wann immer ich dasaß und mich meinem Gegenüber öffnete, war ich innerlich ruhig, und ich fühlte mich an eine Energie angeschlossen, die mir half, das Leben aus einem gewissen Abstand zu betrachten.

Allmählich hatte ich es immer weniger nötig, mit meiner Gabe zu prahlen. Ich spürte die Emotionen der Menschen, die zu mir kamen, und betrat das Allerheiligste in ihrem Leben. Es war eine Ehre, ein Privileg.

Wenn ich ein Bild sah, dann war die Versuchung groß, es mit meinen Phantasien auszuschmücken. Die Menschen, die mir gegenübersaßen, gerieten oft in helle Aufregung über das, was ich ihnen schilderte, und ich hatte solche Angst, ihren Anforderungen nicht zu genügen. Da war die Versuchung groß, Dinge hinzuzufügen oder Schlüsse zu ziehen, die mir persönlich logisch erschienen. Fehler waren damit programmiert.

Manchmal kam es auch vor, dass ich das Gesehene falsch interpretierte. Einmal entdeckte ich bei einer Freundin einen Lichtstreif in der Bauchgegend. »Es sieht aus, als ob du bald schwanger würdest«, vermutete ich. In Wirklichkeit aber hatte sie bloß Periodenschmerzen.

Wann immer etwas schief ging, fragte ich Eric: »Wie hat das passieren können?«

Seine Antwort war stets die gleiche: »Weil du dich bei deiner Deutung sofort auf das Offensichtliche gestürzt hast.«

Es dauerte eine Weile, bevor ich die innere Stärke hatte, einfach nur das zu sagen, was ich sah, wie unvollständig oder unspektakulär es auch immer erscheinen mochte. Eric half mir, alte Konditionierungen zu überwinden; er ermunterte mich, entlang neuer Bahnen zu denken und mich nicht auf herkömmliche Vorstellungen zu verlassen. Der Prozess des In-mich-Gehens eröffnete mir ein stilles, schlichtes Selbstverständnis, doch bis ich es erreicht hatte, musste ich einiges an Zeit und Mühe investieren. Ich musste üben, mein Herz offen zu halten.

Ich brauchte Mitgefühl, um mich auf mein Gegenüber einstimmen zu können; gleichzeitig aber musste ich genug Abstand wahren, um mich nicht von seiner Geschichte vereinnahmen zu lassen. Das rechte Maß zwischen Einfühlsamkeit und Abgrenzung zu finden, war eine Gratwanderung. Doch beides war unabdingbar. Und je mehr ich übte, desto mehr konnte ich sehen.

Jede Sitzung war anders, und nie wusste ich, was mich erwarten würde. Als ich Tom in die Augen schaute, sah ich eine tote Frau auf dem Boden liegen; eine zweite Frau lag neben ihrem Kind mit dem Gesicht im Dreck. Ich spürte Hitze. Gefühle stiegen in mir auf, die ich nicht zu deuten wusste.

»Ich sehe ein afrikanisches Dorf. Es ist heiß und staubig. Überall liegen tote Frauen und Kinder herum, die von Fliegen bedeckt sind«, sprach ich.

Ich zitterte und war den Tränen nahe.

»Ich sehe einen offenen Jeep, in dem Männer sitzen. Entlang der Straße stecken lauter Speere in der Erde, und auf jedem dieser Speere ist der Kopf eines Weißen aufgespießt.« Ich hielt inne. »Ich weiß nicht, wovon ich rede.«

Tom war kreidebleich im Gesicht.

»Niemand – nicht einmal meine Frau – weiß etwas davon«, brachte er hervor. Und dann erzählte er es mir: »Nachdem ich aus der Armee entlassen worden war, verdingte ich mich für ein paar Jahre als Söldner. Ich war in Angola. Wir verloren Kontakt zu der parallel operierenden Einheit, und was du gesehen hast … Genau so sah es aus, als wir sie schließlich fanden. Danach quittierte ich den Dienst. Ich habe mit keiner Menschenseele darüber gesprochen.«

»War das das Schlimmste, was du je erlebt hast?«

»Ja.«

»Darum habe ich es gesehen. Darum ist es so stark gewesen.«

Shane konnte nachts keinen Schlaf finden. Er war ungeduldig und frustriert. Ich fragte Eric nach dem Grund.

»Er hört nicht richtig«, lautete die Antwort.

»Aber in der Vorschule wurde doch ein Hörtest gemacht, und da war alles in Ordnung.«

»Er hört nicht richtig«, wiederholte Eric.

Für einen Fünfjährigen war Shane in seiner Sprachentwicklung etwas zurückgeblieben. Er konnte sich einfach nicht so flüssig ausdrücken, wie er wollte. Mir fiel ein, wie mich Shane immer mit beiden Händen an den Wangen fasste, um mein Gesicht zu sich hinzudrehen. Ich dachte stets, er wolle damit meine Aufmerksamkeit erringen, aber jetzt fragte ich mich, ob Eric nicht etwa doch Recht haben könnte. Vielleicht wollte der Junge meine Lippen sehen, wenn ich sprach.

Als ich das nächste Mal mit Shane bei der Herzuntersuchung war, bat ich die Ärztin, sein Gehör zu testen.

»Gib mir den blauen Bauklotz, Shane«, bat sie ihn.

Er tat, was sie ihm sagte. Dann hielt sie sich die Hand vor den Mund.

»Gib mir den gelben Bauklotz, Shane«, wies sie ihn an.

Er sah sie an und rührte sich nicht. Ich konnte es kaum fassen.

»Er hat gelernt, von den Lippen zu lesen«, erklärte sie mir. »Darum hat er den Hörtest bestanden.«

Die Ärztin sorgte dafür, dass Shane an den Ohren operiert wurde, und danach verbesserte sich sein Sprachvermögen schlagartig.

Bis dahin hatte sich längst überall herumgesprochen, dass ich eine hellseherische Begabung hatte, und immer mehr

Menschen suchten meinen Rat. Einmal hielt ich ein Reading für eine Freundin meiner Mutter, und ich bat sie um ihren Ring. Wie ich ihn in Händen hielt, sah ich ein Mädchen, das an einem Ufer stand. Sie machte ein Picknick mit einem Mann. Als ich der Frau das sagte, lächelte sie.

»Das war, als mir mein Mann den Heiratsantrag gemacht hat. Zu dem Anlass hat er mir den Ring geschenkt«, erklärte sie mir.

Ein andermal sah ich die verschwommenen Konturen eines Manns in Motorradkluft neben der Frau stehen, die mir am Tisch gegenübersaß. Ich sah die Lederschnüre an seinen Ärmeln; er hatte einen Helm unter dem Arm. Während ich ihn betrachtete, tauchte blitzartig die Vision eines Motorrads vor mir auf, das gegen einen Lastwagen raste.

»Ein guter Freund von mir kam bei einem Motorradunfall ums Leben«, bestätigte die Frau. Sie war dem Mann sehr verbunden gewesen. Ihre Zuneigung war selbst nach seinem Tod nicht erloschen.

Eines Tages saß ich mit Pete zusammen, als ich Eric sagen hörte: »Schau ihm in die Augen.«

Da war mir auf einmal, als würde ich in Petes Haut stecken; so als würde ich die Welt aus seinen Augen betrachten, anstatt in sie hineinzuschauen. Ich spürte, wo es ihn ziepte und drückte.

»Hinter dir steht ein großer schwarzer Mann«, sagte ich ihm. »Er heißt Ray.«

Später verriet Eric mir, dass Ray Petes Geistführer war. »Jeder von uns hat einen Geistführer«, eröffnete er mir. »Aber nicht alle können ihn hören.«

Immer mehr Leute suchten mich auf, um zu sehen, ob ich auch für sie irgendwelche Botschaften parat hätte. Ich wurde zu einer Art Jahrmarktsfigur. Sie brauchten Hilfe, suchten bei mir Rat und Rückhalt; und ich brachte es nicht übers Herz, Nein zu sagen. Ununterbrochen klingelte das Telefon.

Andy war das alles ein Dorn im Auge. Die Reue über das, was er mir angetan hatte, war verflogen, und er gebärdete sich wieder genauso aufbrausend wie zuvor. Es war schwer, es ihm recht zu machen. Und er hasste es, wenn Freunde oder gar Fremde bei uns zu Hause auftauchten.

Da hatte meine Freundin Bernadette eine Idee. »Warum verlangst du nicht Geld dafür?«, schlug sie vor. »Dann könntest du dir einen Babysitter leisten.«

Noch am selben Abend sprach ich mit Eric. »Kann ich etwas dafür verlangen?«, fragte ich ihn.

»Wenn du damit die Voraussetzungen dafür schaffen kannst, dass die Leute dich um Rat fragen und du ihnen weiterhelfen kannst«, war seine Antwort, »was könnte daran falsch sein?«

»Und wenn die Sitzung fürchterlich danebengeht?«

Erics Vorschlag war pragmatisch: »Nimm das Geld erst am Ende der Sitzung. Wenn du selbst nicht zufrieden damit warst, dann verlange einfach nichts.«

»Aber welchen Gegenwert habe ich für das Geld anzubieten?«

»Es geht nicht um das, was du sagst«, meinte Eric. »Es ist das Gefühl, das du damit verbindest. Mach es wie eine Mutter – schenke ihnen die Art von Liebe, die eine Mutter ihrem Kind entgegenbringt.«

Mutterliebe ist absolut frei von Wertungen, gänzlich unvoreingenommen. Echte Mutterliebe hat nichts Eigennütziges. Eine Mutter hat nicht ihr eigenes Wohl, sondern das ihres Kindes im Sinn. Diese Form der Zuwendung fühlt sich wie eine sehr, sehr reine Energieform an: Es ist bedingungslose Liebe.

Ich fragte Eric, was ich tun müsse, um mehr zu sehen als eine Reihe zufälliger Bilder.

»Arbeite mit Visualisierungen«, empfahl er mir. »Suche gezielt nach den Dingen, für die du dich interessierst.«

Bis dahin war ich davon ausgegangen, dass ich nur zu den Informationen Zugang hätte, die von allein vor mir auftauchten. Ich hatte nicht erkannt, dass ich meinen Blick in eine bestimmte Richtung lenken konnte.

»Wähle ein bildhaftes Symbol für das, was du dir anschauen willst«, gab Eric mir auf. »Und überlass dann alles seinem Lauf.«

In den nächsten Wochen übte ich mit dieser Technik. Geld verlangte ich zu der Zeit noch keines. Ich wusste, wie wichtig den Leuten Fragen über ihre finanzielle Situation waren, und so visualisierte ich neben meinem Gegenüber einen Stapel Münzen. Nichts passierte.

Ich musste an den Bildern feilen, meine eigene Symbolsprache finden. Ich visualisierte ein Formular, vorne eine senkrechte Spalte mit den Monaten und unten eine Reihe mit Pfundzeichen. Dann lehnte ich mich zurück und wartete, was passieren würde. Ich sah eine Linie mit Höhen und Tiefen – eine graphische Darstellung der Vermögensentwicklung meines Gegenübers.

Zum Thema Beziehungen experimentierte ich mit zwei

Herzen, die ich mir über dem Kopf des Fragestellers vorstellte. Es funktionierte nicht. Als Nächstes visualisierte ich Amor mit Pfeil und Bogen. Wieder Fehlanzeige. Dann entwickelte ich eine Technik, bei der ich mir den Betreffenden in einem leeren Raum vorstellte und einen schemenhaften Umriss neben ihn stellte. Dann wartete ich, welche Person in diesem freien Feld auftauchen würde.

9

Ein paar Wochen später hatte ich das Gefühl, so weit zu sein; und Bernadette wartete mit einer Freundin auf, die bereit war, mich für meine »Dienste« zu bezahlen. Ich rief mehrere Medien an, um herauszufinden, welche Preise üblich waren, und beschloss dann, die Hälfte zu nehmen: umgerechnet etwa 7,50 Euro.

So machte ich mich also am darauf folgenden Montag früh um zehn auf den Weg zu Bernadette, um meine erste zahlende Klientin zu beraten. Zur Feier des Tages kam ich nicht wie üblich in Jeans und Sweatshirt daher, sondern hatte mich in Rock und Bluse geworfen.

Bernadette stellte uns einander vor. Die Frau wirkte gepflegt und wohlhabend. Sie trug einen Hosenanzug und hatte eine Rolex am Handgelenk – ganz anders als die Leute, mit denen ich es bei meinen Readings bis dahin zu tun gehabt hatte.

Bernadette führte uns in ihr Wohnzimmer. »In der Küche wartet ein Korb Bügelwäsche auf mich«, entschuldigte sie sich.

Wir setzten uns an den Esstisch. Ich musste mich entspannen, damit Bilder in mir aufsteigen konnten, aber das Herz klopfte mir bis zum Hals. Ich war überzeugt, dass wir am Ende beide enttäuscht sein würden.

»Ich schließe jetzt einen Moment die Augen, um zu entspannen und mich zu öffnen«, erklärte ich.

Ich schloss die Lider, doch statt eine Entspannungsübung zu machen, rief ich nach Eric. »Eric?«

»Ja.«

»Warum mache ich das bloß? Es wird doch sowieso nichts dabei herauskommen.«

»Es ist egal, ob du etwas siehst oder nicht«, gab Eric zurück. »Hauptsache, du versuchst es.«

Ich schlug die Augen auf und sah der Frau zum ersten Mal in die Augen. Dann wandte ich den Blick wieder ab und visualisierte, wie ich in ihre Augen hineinging – genau so, wie ich es immer bei meinen Freundinnen gemacht hatte. Was ich sah, stellte all meine Erwartungen in den Schatten. Oberflächlich wirkte die Frau, als hätte sie ihr Leben voll im Griff – sie schien genau so zu sein, wie ich immer hatte sein wollen –, aber hinter der Fassade herrschte ein Chaos aus Selbstzweifeln und Besorgnis.

»Sie fühlen sich unsicher«, sagte ich ihr. »Sie machen sich zu viele Gedanken über Kleinigkeiten. Sie müssen lernen, sich zu entspannen.«

Sie nickte, sagte aber nichts.

Ein Bild kam mir in den Sinn: Ich sah ein Haus inmitten von Feldern, und ich beschrieb es ihr. Dann tauchte ein Taubenschlag auf, um den Tauben herumflogen. Gerade wollte ich ihr sagen, was ich sah, aber in dem Augenblick verließ mich der Mut.

»Ich sehe viele Vögel rings um Ihr Haus«, brachte ich zögernd hervor.

Ich sah sie an, erwartete einen Kommentar wie: »So ein Nonsens!«

Aber sie nickte: »Das stimmt. Wissen Sie, ich habe einen Taubenschlag.«

Einen Taubenschlag! In diesem Moment beschloss ich, alles genau so zu beschreiben, wie ich es sah. Ich setzte die Techniken ein, die ich mir erarbeitet hatte, und sagte ihr etwas über ihre Kinder und ihre Arbeit.

Als Nächstes visualisierte ich den Beziehungsraum, stellte sie hinein und einen Schatten neben sie. Er bewegte sich zur anderen Seite des Raumes, und ich wusste, dass sie mit jemandem zusammen war, aber keine wirkliche Verbindung zwischen den beiden bestand. Es war eine tiefe Kluft zwischen ihnen.

Medium zu sein, erfordert eine Menge Detektivarbeit. Die Bilder sind Hinweise; man muss sich mit ihnen auseinander setzen und sie entschlüsseln. Ich wartete – beobachtete, was weiter geschah. In kleinen Schritten kam der nur schemenhaft zu erkennende Mann wieder auf sie zu.

»Sie haben eine Beziehung, aber Sie leben getrennt.«

Sie nickte.

»Er kommt zu Ihnen zurück«, versicherte ich ihr. »Sie selbst können nichts machen. Er wird es tun. Es sieht so aus, als ob es Monate dauern könnte.«

Sie brach in Tränen aus. »Ich vermute, dass mein Mann eine andere hat«, schluchzte sie. »Stimmt das?«

Die Bilder in meinem Kopf waren klar, aber es fehlte mir an Selbstvertrauen, ihr zu sagen, was ich sah. Wenn ich ihr von der Affäre erzählte und es nicht stimmte, dann hätte das enorme Konsequenzen. Mein Instinkt sagte mir, dass sie die Wahrheit ohnehin kannte. Was sie wirklich wissen wollte, war, ob er sie verlassen würde.

»Haben Sie Geduld. In ein paar Monaten sind Sie wieder zusammen«, tröstete ich sie. »Es wird wieder in Ordnung kommen.«

Sie gab mir das Honorar. Am Abend lud ich die Kinder zu Hamburgern und Pommes frites ins Wimpy ein.

»Ich glaube, ich kann Geld für meine Sitzungen verlangen«, erklärte ich Andy am nächsten Morgen.

»Das ist mir egal, solange ich mich nicht um die Kinder kümmern muss«, war seine Antwort.

So bestellte ich meine Klienten für vormittags, wenn die Kinder in der Schule waren. Ich beriet sie am Küchentisch. Die Mund-zu-Mund-Propaganda funktionierte gut, und je mehr Readings ich gab, desto besser gelang es mir, das mitzuteilen, was ich sah.

Anfangs redete ich einfach drauflos – platzte mit dem heraus, was ich gerade sah, und ging dann sofort zum Nächsten über. Mit zunehmender Erfahrung aber nahm ich mir immer mehr Zeit, über den tieferen Sinn der Bilder zu sprechen.

Ich fing an, auch abends Klienten zu empfangen. Manchmal wurden die Kinder wach und riefen nach mir; da musste ich die Sitzung unterbrechen, um nach ihnen zu sehen. Es war ein ziemlicher Stress, aber wie chaotisch es auch immer um mich herum zugehen mochte – nach dem Reading war ich stets entspannt und ruhig. Ich hatte jedes Mal ein Gefühl der inneren Kraft, das mich Stunden danach begleitete.

Wenn ich abends im Bett lag, ließ ich mich immer noch treiben, um zu sehen, welche Bilder in mir aufstiegen. Eines Nachts kam es mir so vor, als wäre ich hoch oben in den Lüften, als würde ich über Bäume hinwegfliegen. Ich erschrak, und das Bild war weg. Es ist schon in Ordnung, beruhigte ich mich selbst. Du fliegst ja nicht wirklich. Es ist nur ein Bild. Ich konzentrierte mich wieder und entspannte mich. Und sogleich war es wieder da: Ich schwebte etwa 10 Meter über einem gewaltigen Regenwald, der so dicht war, dass kaum ein Blick das Blätterdach durchdringen konnte.

Ich sah einen Schwarm bunter Vögel auffliegen und einen breiten, träge dahinfließenden Strom. Das Bild war so seltsam und faszinierend, dass es mir schwer fiel, innerlich unbeteiligt zu bleiben. Aber wann immer sich Gefühle in mir regten, verlor ich es. Erst wenn ich mich emotional wieder unter Kontrolle hatte, tauchte es erneut vor mir auf.

»Eric?«

»Ja.«

»Bin ich wirklich dort gewesen? War der Wald, den ich gesehen habe, echt?«

»Was meinst denn du?«

Ich reagierte gereizt: »Wenn ich es wüsste, würde ich dich nicht fragen.«

»Ich werde dir nicht all deine Fragen beantworten«, beharrte Eric.

Als Nächstes »flog« ich über eine Berglandschaft. Wieder sah ich Dinge, die ich noch nie zu Gesicht bekommen hatte, und doch erschien mir alles unglaublich real. Ich sah Schluchten und Bäume, auf denen der Schnee wie Puderzucker lag. Ich sah eine Herde von Tieren, die wie Antilopen aussahen, und einen kristallklaren, eisig wirkenden See.

Die Luft fühlte sich sauber und leicht an. Ich wusste, dass es kalt war, aber ich fror nicht, spürte nichts als Ehrfurcht. Das Gefühl, fliegen zu können, war phantastisch – ich fühlte mich so frei. Es war wie Schwimmen ohne Wasser. Grenzen wurden mir durch meine eigenen Reaktionen gesetzt: Wann immer ich die Position der unbeteiligten Beobachterin verließ, musste ich mich erst wieder sammeln, bevor ich erneut einsteigen konnte.

Eines Nachts sah ich ein Riff mit Schwärmen von winzigen, quicklebendigen Fischen. Nie hatte ich solche Farben gesehen. Mir wurde bewusst, dass ich unter Wasser war; und obwohl es natürlich nicht notwendig gewesen wäre, hielt ich instinktiv die Luft an.

Mir war fast so, als hätte ich ein magisches Bilderbuch, in das ich nach Belieben eintauchen konnte. Zeit zum Spielen. Es war das reinste Vergnügen.

An einem Abend hatte ich wieder einmal einen jener kostbaren Momente, in denen ich allein war. Ich saß im Wohnzimmer und redete mit Eric. »Bist du selbst schon einmal auf der Erde gewesen? Hast du gelebt?«, fragte ich ihn.

»Natürlich«, antwortete er.

»Wann?«

»Das ist lange her.«

Ich hatte das Gefühl, dass er bestimmten Regularien unterworfen war; dass er mir nur das sagte, was ihm erlaubt war.

»Wo hast du gelebt?«, bohrte ich weiter.

»Ich zeige es dir.«

Ich ließ mich treiben, um zu sehen, welche Bilder er mir schicken würde. Ich sah meine Füße. Ich stand in einem Gestrüpp aus Farnen und Nesseln. Wie ich so dasaß und abwartete, was ich als Nächstes zu sehen bekäme, hörte ich auf einmal Erics Stimme: »Worauf wartest du noch? Geh los!« Seine Stimme klang sanft, aber auch ein wenig ungeduldig. Ich machte ein paar Schritte vorwärts.

»Nimm deine Sinne mit«, wies er mich an. »Höre, rieche, schaue. Du bist an diesem Ort.«

Ich konzentrierte mich, nahm meine ganze Vorstellungskraft zusammen, um zu vergessen, dass ich im Wohnzimmer im Sessel saß. Ich löste meinen Blick von meinen Füßen, und wie ich aufschaute, sah ich einen Weg, der zwischen Bäumen entlangführte. Eric ging vor mir her. Ich hörte das Knacken von Zweigen unter meinen Füßen und das Rascheln des Laubes. Es roch nach feuchter Erde, Gras und Holzfeuer. Ich folgte Eric den Hang hinab und gelangte zu einer Lichtung. Dort sah ich ihn am Feuer sitzen, auf einem alten Wurzelstock. Er schaute auf und deutete auf einen großen moosbewachsenen Stamm, der auf der anderen Seite des Feuers lag.

Wie ich mich darauf setzte, fühlte ich die Struktur der Rinde durch meine Kleidung hindurch. Ich ließ die Hand darüber gleiten; sie war weich und morsch. Eine Schneise im Wald gab den Blick auf ein kleines, rundes Steinhaus frei.

Wann immer ich »reiste«, empfand ich mich als Beobachterin – ich wurde weder gesehen, noch konnte ich mir Gehör verschaffen. Ich schaute zu, ohne selbst beteiligt zu sein. Diesmal aber wusste ich, dass ich Teil des Bildes war. Ich konnte riechen, fühlen, hören. Die Tiere im Unterholz spürten meine Präsenz.

Ich schaute Eric an, und er verzog das Gesicht zu einem leisen Lächeln. Er selbst schien nicht zu Besuch hier zu sein. Dieser Ort gehörte zu ihm; er fühlte sich wohl hier, wirkte so, als sei er hier zu Hause. »Ich bin, wo er ist«, dachte ich. »Ich bin in seinem Raum.« Ich war neugierig, aufgeregt. Und schon fing das Bild an, sich aufzulösen. Ich spürte auf einmal wieder meine Arme auf der Sessellehne liegen. Das Wohnzimmer hatte mich zurück.

Ich war in eine andere Welt eingetaucht – wie von Zauberhand. Ein paar Augenblicke vergingen, dann wusste ich, dass Eric wieder bei mir war.

»Hast du da gelebt?«, wollte ich wissen. »Gibt es das alles noch?«

»Nicht so, wie es damals war.«

»Hast du mich zu einem echten Ort geführt? Oder war es eine Erinnerung?«

Seine Antwort war vage: »Für mich ist er real.«

Bis dahin war er immer zu mir in meine Welt gekommen. Jetzt hatte ich ihn zum ersten Mal in seinem Reich besucht. Ich konnte dorthin gehen, sooft ich wollte.

Eines Abends kam eine Frau zu mir. Auf den ersten Blick wurde mir klar, dass sie einsam war. Ihr Bild wollte sich im Beziehungsraum einfach nicht zeigen. Stattdessen sah ich sie vor dem Postamt in Sheerness stehen.

»Ich sehe, wie Sie mit einem Mann zusammenstoßen. Er trägt ein Tweedsakko und Lederflicken an den Ärmeln und sagt: ›Hallo, ich heiße Bob.‹ Sie lächeln einander an. Es wird in den nächsten ein bis zwei Wochen passieren«, beschrieb ich.

Nachdem sie gegangen war, gingen mir meine Worte

noch lange durch den Kopf – Lederflicken, Bob. Wie konnte ich nur so konkrete Angaben machen? Ich war überzeugt davon, einen Fehler begangen zu haben.

Drei Wochen später war die Frau am Telefon. »Mia«, sagte sie. »Es war genau, wie Sie gesagt haben. Ich stand in Sheerness vor dem Postamt, als so ein Typ mich anrempelte. Er hatte eine Tweedjacke an, und an den Ärmeln waren Kordflicken aufgesetzt. Er entschuldigte sich, und wir kamen ins Gespräch. Seither haben wir uns schon zweimal getroffen. Er ist wirklich nett. Und übrigens: Er heißt Bill.«

Ich legte den Hörer auf und saß wie verdattert da. Ein paar Sachen hatten nicht gestimmt – sein Name war Bill und nicht Bob, und die Flicken waren aus Kord und nicht aus Leder –, aber von diesen winzigen Details einmal abgesehen, war es genau so gekommen, wie ich es gesehen hatte. Ich staunte über meine eigene Fähigkeit, in die Zukunft schauen zu können.

»Verlass dich auf deinen Instinkt«, hatte Eric mir immer wieder gesagt. Ich schwor mir, mehr auf mich selbst zu vertrauen, und nahm mir vor, den Rat zu beherzigen, den er mir schon so oft mit auf den Weg gegeben hatte: »Schau hin und beschreibe, was du siehst.«

Am schwersten fiel es mir, meinen eigenen Wahrnehmungen zu trauen. Ich bemühte mich, das, was ich sah, so genau wie möglich zu schildern. Eine Frau kam zu mir, weil sie sich Sorgen wegen ihres Mannes machte. Im Beziehungsraum sah ich eine andere Frau. Ich fing an, sie zu beschreiben: »Sie hat glattes, dunkles Haar und dunkle Augen; sie trägt ein blaues Kleid.«

Ich hörte einen Namen flüstern.

»Karen oder Sharon«, sagte ich.

»Sharon«, meinte die Frau.

»Sie wissen, dass er eine Affäre hat, nicht wahr?«

»Ich war mir nicht sicher«, antwortete die Frau. »Darum bin ich zu Ihnen gekommen.«

»Das Schlimmste an der Sache ist, dass sie eigentlich Ihre Freundin sein sollte.«

Die Frau fing an zu weinen.

»Es wird ein Sturm kommen, aber in drei Monaten wird es Ihnen wieder besser gehen«, versicherte ich ihr.

Eine Stunde nachdem sie gegangen war, hämmerte jemand gegen die Tür. Andy war außer Haus. Ich schaute nach, wer da war.

»Wofür zum Teufel halten Sie sich eigentlich?!«, brüllte mich der Mann an. »Können Sie sich eigentlich vorstellen, welchen Schaden Sie mit den Lügen anrichten, die Sie da verbreiten?«

»Es ist keine Lüge. Sie haben eine Affäre. Warum schreien Sie so?«

Ich schlug ihm die Tür vor der Nase zu. »Verdammte Männer!«, fluchte ich. Ich war mir immer noch sicher, dass es richtig gewesen war, der Frau zu sagen, was ich gesehen hatte.

»Spielen wir ein bisschen Gott?«, hörte ich Erics Stimme in meinem Kopf.

»Ich habe die Wahrheit gesagt«, beharrte ich.

»Es gibt viele Arten, die Wahrheit zu sagen«, gab Eric zu bedenken.

Da erkannte ich, dass ich doch nicht genau genug hingeschaut hatte: Wollte die Frau wirklich etwas von der

Affäre wissen? War sie überhaupt in der Lage gewesen, meine Worte zu verkraften? Ich war einfach vorgeprescht und hatte hinausposaunt, was ich gesehen hatte. Jetzt erst erkannte ich, dass das falsch gewesen war, und es tat mir Leid.

Der Zwischenfall war mir eine Lehre. Bis dahin war es mir immer nur darum gegangen, ein Maximum an Informationen zu vermitteln. Jetzt aber merkte ich, dass dies nur der Anfang war. Ein gutes Medium braucht Weisheit, um die empfangenen Botschaften auch angemessen weiterzugeben. Man muss das Wohl des Ratsuchenden im Auge behalten; die Geschichte wird einem geliefert, aber wie sie zu erzählen ist, will wohl überlegt sein. Man muss die langfristigen Lebensperspektiven des Klienten einbeziehen. Ein gutes Medium hilft den Menschen über die kritischen Punkte in ihrem Leben hinweg – es hilft ihnen, die Gesamtzusammenhänge zu erkennen. Alles ist ständig in Bewegung. Auf die Verzweiflung folgt die Hoffnung.

Ich musste mich zurücknehmen, durfte mich nicht selbst auf einen Sockel stellen. Sobald Eitelkeit ins Spiel kam, wurde das Bild unklar. Die Menschen kamen nicht zu mir, damit ich ihnen beweisen konnte, wie toll ich war. Sie kamen, um Hilfe zu bekommen.

Eine Frau rief mich an und fragte, ob ich ein Gruppen-Reading machen könne. »Wir sind zu fünft«, meinte sie.

Andy lief sowieso schon Amok, weil dauernd so viele Leute bei uns ein und aus gingen.

»Wir können es bei mir zu Hause machen«, erbot sie sich.

Als ich die Einfahrt zu der großen Villa in Leysdown hinaufging, hätte mich beinahe der Mut verlassen. Eine Frau mittleren Alters öffnete mir die Tür. Sie trug jede Menge Goldschmuck. Als sie mich sah, wirkte sie überrascht. Sie hatte offenbar eine verrückte alte Lady mit blau getöntem Haar erwartet und nicht ein Mädchen in Jeans, das gut und gern ihre Tochter hätte sein können.

Sie führte mich ins Wohnzimmer, wo die anderen Damen auf mich warteten. Sie sahen genauso aus wie die Gastgeberin: bunte Kleidung, Goldschmuck und blondiertes, dauergewelltes Haar. Ihre Enttäuschung war greifbar. Sie hatten das falsche Medium gewählt.

Ich stand da in Stiefeln, Jeans und schwarzem Rolli und knetete eine halb leere Schachtel Zigaretten in den Händen. Am liebsten hätte ich auf dem Absatz kehrtgemacht. Na ja, wenn meine Aussagen nichts taugen sollten, würde ich ihnen keinen Penny berechnen.

Mit klopfendem Herzen und schwitzenden Händen setzte ich mich der ersten Frau gegenüber. Wie sollte ich mich bloß für ein Reading öffnen? Ich schaute ihr in die Augen – und im selben Moment erkannte ich, dass sie nicht anders war als ich selbst, nicht besser und nicht schlechter als jeder andere auch. Wie sich ein Mensch auch äußerlich geben mag, im Grunde sind wir alle empfindende Wesen, die nur danach streben, glücklich zu sein.

Als ich ankam, behandelten sie mich wie ein Kind; als ich ging, behandelten sie mich wie eine Mutter. Meine Arbeit durchbrach alle Barrieren. Zum ersten Mal erfuhr ich, dass Hellsichtigkeit die Kraft hat, Schranken zwischen den Menschen abzubauen. Und wieder wurde mir vor Augen geführt, dass ich mir keine Gedanken darüber zu machen brauchte, was andere über mich dachten. Es kam allein auf die Bereitschaft an, ihnen zu helfen, sich auf sie und ihr Leben einzulassen und sie zu lieben, wie sie sind – mitsamt ihren Warzen und was weiß ich für Makeln.

Etwa um die gleiche Zeit kam ein 21-jähriger Mann zu einem Reading. Ich sah sofort, dass er in Dunkelheit gehüllt war. Ich war nur fünf Jahre älter als er und hatte von Anfang an das Gefühl, dass er so etwas wie ein kleiner Bruder für mich war. Er wirkte sichtlich gestresst und fahrig, und so wollte ich ihm zunächst Gelegenheit geben, zur Ruhe zu kommen.

Darum begann ich mit einem Gesundheitscheck und stellte mir vor, wie ein Lichtstrahl durch seinen Körper wanderte. Er war jung und sah gesund aus: Ich dachte, dass es nicht lange dauern würde. Aber als ich in der Zwerchfellgegend angelangt war, entdeckte ich, dass irgendetwas massiv aus der Balance geraten war. Ich scannte den Bereich dreimal, um wirklich sicherzugehen, dass ich keinen Fehler machte. Dann hatte ich ein klares Bild von einer Nadel vor mir, und ich wusste, dass er sich Heroin spritzte.

Dies war das erste Mal, dass ich mit jemandem in Kontakt kam, der Drogen nahm. Ich war schockiert. Wieder sah ich ihm in die Augen, und da war schrecklicher Schmerz. Ein Gefühl der Zuneigung stieg in mir auf. Am liebsten hätte ich ihn in den Arm genommen, ihn beschützt; ich wollte alles in Ordnung bringen für ihn.

»Ich sehe Nadeln und wie Gift in Ihren Körper fließt«, erklärte ich. »Und ich spüre, wie niedergeschlagen und verzweifelt Sie sind. Ich weiß, dass Sie mit der ganzen Situation überfordert sind. Sie haben die Sache nicht unter Kontrolle.«

Da brach er schluchzend zusammen. Ich reichte ihm eine Box mit Taschentüchern und ließ ihm Zeit, sich auszuweinen.

»Ich werde nie davon loskommen«, seufzte er schließlich.

Ich sah seinen Hals in einer Schlinge stecken. »Sie spielen mit dem Gedanken, sich umzubringen«, konfrontierte ich ihn.

»Nein, ich spiele nicht mit dem Gedanken.« Er schüttelte den Kopf. »Ich werde es tun.«

Ich wusste, dass ich ihn nicht aus dem Haus lassen konnte – nicht in diesem Zustand. Eigentlich hatte ich 45 Minuten für die Sitzung eingeplant. Ein Korb mit Bügelwäsche wartete auf mich, und ich musste noch die Lunchpakete für die Kinder richten. Aber bei den vielen Readings, die ich machte, hatte es beinahe zwangsläufig irgendwann zu diesem Punkt kommen müssen. Der Mann, der mir gegenübersaß, wollte sich umbringen. Dies war die schwierigste Sitzung, die ich je erlebt hatte.

Ich brach das Reading ab und machte uns eine Tasse Kaffee. Die ganze Zeit überlegte ich fieberhaft, wie ich ihm bloß helfen könnte.

»Ich bin zu Ihnen gekommen, um Sie etwas zu fragen«, eröffnete er mir, während wir unseren Kaffee tranken. »Ich will wissen, was mit Leuten passiert, die sich umbringen. Wo gehen sie hin? Was passiert mit ihrer Seele?«

»Wenn man sich davonmacht und sich das Leben nimmt«, erklärte ich ihm, »ist das etwa so, wie wenn man von der Schule fliegt. Kaum ist man zu Hause, schicken einen die Eltern schon auf die nächste Schule.«

Mutterliebe – in dem Augenblick wusste ich, was ich für diesen mir völlig fremden Menschen empfand. Es war Mutterliebe! Und auf einmal sprudelten die Worte nur so aus mir heraus. Ich erzählte ihm, wie ich selbst als Jugendliche weder an Gott noch an irgendwelche spirituellen Dinge geglaubt hatte; wie ich dann Eric begegnet war und von ihm lernte, dass das Leben eine Schule ist.

»Ihnen ist die allerschwierigste Lektion ganz früh im Leben aufgegeben worden«, fuhr ich fort. »Nach meiner Erfahrung bewegt sich niemand aus einer verzweifelten Lage heraus, wenn er nicht ganz unten angekommen ist. Denn von da an gibt es nur noch eine Richtung, in der man weitergehen kann. Und genau an der Stelle sind Sie jetzt angekommen.«

»Aber ich habe doch versucht, mich zu ändern«, beteuerte er. Tränen strömten ihm übers Gesicht. »Ich habe immer wieder versucht aufzuhören; eine Weile geht es gut, und dann fange ich wieder an.«

»Vor sechs Monaten haben Sie noch nicht einmal daran gedacht, je aufhören zu wollen«, erinnerte ich ihn. »Sehen Sie nicht, was für einen großen Schritt Sie schon getan haben? Sie wachen auf! Dass Sie so leiden, heißt, dass Ihnen Ihr Leben etwas wert ist. Das ist der erste Schritt aus dem Loch heraus.«

Zwei Stunden redeten wir miteinander. Am Ende fühlte ich mich wie jemand, der einen 100-Meter-Eierlauf hinter sich hat und heil durchs Ziel gekommen ist. Das zerbrechliche Gut in meinen Händen war unversehrt, als ich es ihm reichte, und ich wusste, dass alles gut gehen würde. Eine Zeit lang würde sein Leben einer Achterbahnfahrt gleichen, aber er würde es schaffen. Ich nehme nur selten einen meiner Klienten in den Arm, doch ihn drückte ich kurz, als wir uns an der Tür verabschiedeten.

»Die Verzweiflung, die Sie jetzt spüren, ist ein wichtiges Instrument, um auf Ihrem Weg voranzukommen«, gab ich ihm mit. »Vergessen Sie den Schmerz nicht, den Sie im Augenblick empfinden. Später wird Ihnen die Erinnerung daran zugute kommen, um anderen zu helfen.«

»Glauben Sie wirklich?«

»Ich weiß es.«

Wir blieben in Kontakt; er fing an, Sozialpädagogik zu studieren, und wurde Sozialarbeiter. Ich hatte damals das Gefühl, dass keines meiner Readings je so sinnvoll gewesen sei wie dieses eine. Ich war ihm zur rechten Zeit begegnet, und es war mir gelungen, ihm einen neuen Impuls fürs Leben zu geben.

»Oh, Eric«, seufzte ich. Mir war klar, dass er da war. Er wusste, was ich hinter mir hatte.

»Gut gemacht«, lobte er mich.

Kurze Zeit später fragten mich Freunde von Pete, ob ich ihnen nicht helfen könne, einen Geist loszuwerden. In den vergangenen Monaten war in ihrem Haus offenbar so manches nicht mit rechten Dingen zugegangen.

»Gegenstände wandern herum«, berichtete Vicki am Telefon. »Das Licht geht aus, Türen gehen zu. Gestern Abend haben wir einen Käsekuchen zum Auftauen auf den Gasofen gestellt, bevor wir uns zum Fernsehen aufs Sofa setzten. Und auf einmal sahen wir, wie er nach oben schwebte und langsam auf dem Boden landete. Wir waren zu Tode erschrocken.«

»Versprechen kann ich nichts«, warnte ich. »Aber ich kann vorbeikommen und sehen, was sich machen lässt.«

Kaum hatte ich den Hörer aufgelegt, rief ich nach Eric.

»Was macht man denn mit einem Geist?«, erkundigte ich mich. »Kann man den loswerden?«

Wie immer konnte mir Eric keinerlei Garantien geben. »Mach einen Rundgang durchs Haus und schau dich um«, riet er mir. »Vielleicht entdeckst du etwas.«

Noch am selben Abend machte ich mich, nachdem die Kinder im Bett waren, auf den Weg zu Vicki und Mark. Wie ich durch die dunklen Straßen lief, fühlte ich mich fast wie eine Darstellerin aus dem »Exorzisten«. Gleichzeitig kam ich mir wie eine Hochstaplerin vor. Ich hatte keine Ahnung, was zu tun war, wenn ich tatsächlich einem Geist begegnen sollte.

Vicki empfing mich an der Tür: »Wir sind ja so froh, dass du da bist. Die Sache macht uns wirklich Angst!«

»O Gott«, dachte ich. »Sie glaubt allen Ernstes, dass ich ihnen helfen kann.«

Vicki redete ununterbrochen auf mich ein und erzählte mir die ganze Geschichte noch einmal von vorn. Während sie die merkwürdigen Dinge schilderte, die passiert waren, zeichnete sich auf einmal eine schemenhafte Kontur hinter dem Sofa ab, auf dem ihr Mann und sie saßen. Ich wusste, dass es besser war, ihnen nichts von dieser Erscheinung zu erzählen.

Aus den Augenwinkeln sah ich zu, wie die Umrisse immer deutlicher Gestalt annahmen, bis schließlich eine alte Frau zu erkennen war. Sie hatte weiches, graues Haar und trug ein geblümtes Kleid mit Schürze. Vicki redete immer noch. Ich rief stumm nach Eric.

»Es ist alles in Ordnung«, versicherte er mir. »Sie will sich bloß nützlich machen.«

Als ich mich wieder Mark und Vicki zuwandte, war mir

klar, dass die alte Dame jedes Mal das Licht ausschaltete, wenn die beiden aus dem Raum gingen. Und wenn die Tassen von der Anrichte zur Vitrine gewandert waren, dann hatte sie sie bloß aufgeräumt.

»Als der Käsekuchen auf den Boden schwebte«, fragte ich nach, »war er da fertig aufgetaut?«

»Was spielt das für eine Rolle?« Mark schaute mich verwundert an. »Wir reden hier von levitierendem Käsekuchen, und du fragst, ob er aufgetaut war?«

»Mach dich nur lustig«, gab ich zurück.

»Also gut«, lenkte er ein. »Ja, er war aufgetaut. Wir haben ihn vielleicht zwanzig Minuten später gegessen, und er war in Ordnung.«

Da erklärte ich es ihnen: »Bei euch im Haus wohnt der Geist einer alten Frau. Sie will euch bloß helfen. Sie räumt auf und schaltet das Licht und den Fernseher aus, damit ihr keinen Strom verschwendet.«

Die alte Dame, die hinter ihnen stand, nickte.

»Und was den Käsekuchen betrifft: Sie wollte nicht, dass er anbrennt. Hätte er noch länger auf dem Ofen gestanden, wäre er nicht mehr genießbar gewesen.«

»Wenigstens ist es kein bösartiger Geist«, atmete Vicki auf. »Aber können wir nicht trotzdem irgendetwas unternehmen? Wir wollen ihn nicht im Haus haben.«

»Ich muss sehen, was sich tun lässt.«

Ich schloss die Augen. »Eric«, rief ich stumm. »Was sollen wir tun?«

Seine Stimme kam klar und deutlich zurück. »Konzentriere dich auf die alte Dame.«

Ich sah sie ganz genau vor mir; sie schien zu leuchten. Dann erschien ein weiches, sonniges, orangefarbenes Licht hinter ihr. Es wurde stärker und stärker, und schließlich schälte sich aus dem glühenden Schein ein Torbogen heraus. Eric stand darin und reichte der Frau die Hand.

Sie schien unsicher, verwirrt; sie schaute sich im Raum um, als wollte sie sagen: »Aber dies hier ist doch mein Zuhause.« Dann sah sie Eric noch einmal an. Langsam ging sie auf ihn zu. Sie ergriff seine Hand und ließ sich von ihm durch den Torbogen führen.

Ich war verblüfft und tief beeindruckt. Zu Lebzeiten war sie bestimmt bloß eine schlichte alte Frau gewesen, die an ihrem Haus hing, und doch war Eric ihr mit einer unglaublichen Zuneigung und Liebe begegnet. Er war wie ein Vater, der ein verloren geglaubtes Kind wiedergefunden hatte – ein sehr, sehr lange verloren geglaubtes Kind. Es wurden keine Worte gewechselt, doch ein überwältigendes Gefühl von »Jetzt ist endlich alles gut« stand im Raum.

Das Ganze schien so weit hergeholt, dass ich nicht wusste, wie ich es irgendjemandem begreiflich machen konnte. Aber es fühlte sich gut an. Ein herrliches Gefühl des Wissens durchströmte mich. Und in diesem Augenblick erwuchs in mir die über jeden Zweifel erhabene Gewissheit, dass es eine höhere Energie gibt – eine Energie, die auf den Plan getreten war, um eine alte Dame abzuholen.

Ein Tor zu einer anderen Dimension hatte sich für mich geöffnet. Doch ich bin überzeugt: Vicki und Mark hätten es nicht sehen können, selbst wenn sie sich umgedreht hätten.

Vicki unterbrach meinen Gedankenfluss: »Ist alles in Ordnung mit dir, Mia?«

»Ja. Alles okay.«

»Kannst du sie loswerden?«

»Um der Wahrheit die Ehre zu geben: Sie ist schon weg. Sie wird euch keine Probleme mehr bereiten.«

»Wie hast du das geschafft?«

»Darüber kann ich nicht reden«, antwortete ich, und dabei dachte ich: »Ich habe ja selbst keine Ahnung!«

Ich wusste, dass ich den beiden geholfen hatte, aber wie, das wusste ich nicht. Was hatte ich gemacht? Nachdem ich mich verabschiedet hatte, rief ich nach Eric, aber er war nicht da. In den darauf folgenden Stunden sprach ich mehrmals seinen Namen, aber er antwortete nicht. Irgendwann in der Nacht – Andy schlief tief und fest neben mir – probierte ich es noch einmal.

»Eric, Eric, bist du da?«

»Ja.«

»Wo bist du gewesen?«

Seine Antwort war ausweichend: »Ich war beschäftigt.«

»Ist mit der alten Dame alles in Ordnung?«

»Ja, jetzt geht es ihr gut.«

»Was ist passiert? Und wie ist es dazu gekommen? Hast du es gemacht? Oder bin ich es gewesen?«

»Du bist das Bindeglied zwischen den Dimensionen«, klärte Eric mich auf. »Wenn du die Verbindung herstellst, kann ich arbeiten.«

»Das verstehe ich nicht. Was meinst du mit ›Bindeglied zwischen den Dimensionen‹?«

»Du lebst in einer Dimension, kannst aber in andere Dimensionen hineinschauen; du kannst verschiedene geistige Ebenen erkennen«, erläuterte er mir. »Wenn du dich mit ganzer Kraft auf ein Bild in einer anderen Dimension konzentrierst, entsteht eine Brücke, über die ich wirken kann, um eine Seele in Empfang zu nehmen.«

»Wird so etwas noch öfter vorkommen?«

»Aller Wahrscheinlichkeit nach ja«, meinte Eric.

In meinem Kopf schwirrten die Gedanken durcheinander. Es gab so vieles, was ich noch hätte fragen wollen, aber Eric wehrte ab: »Für den Augenblick reicht es.«

Was mir blieb, war die Gewissheit, dass das Leben nach dem Tod etwas sehr viel Komplexeres ist, als wir Menschen uns das gemeinhin vorstellen. Es gab so vieles, was wir nicht wussten – was ich nicht wusste.

Ein paar Wochen später erzählte mir Vicki, dass sie in der Geschichte ihres Hauses nachgeforscht hätten. »Früher hat da tatsächlich einmal eine alte Frau gewohnt«, berichtete sie mir. »Sie hat jahrelang ihren Mann gepflegt, bevor sie irgendwann plötzlich einen Herzanfall bekam und starb.«

Da verstand ich, dass sie in dieser Welt geblieben war, weil sie sich Sorgen um ihren Mann gemacht hatte. Sie muss geglaubt haben, sie hätte ihre Aufgabe noch nicht erfüllt.

10

Tanya blutete. Die ganze Toilettenschüssel war rot. Ich rief den Notarzt an.

»Wahrscheinlich sind es Hämorrhoiden«, vermutete er. »Kommen Sie morgen früh mit ihr in die Ambulanz.«

Der Dienst habende Arzt kam zu derselben Diagnose. »Es wird sich von allein geben«, versicherte er mir. »Machen Sie sich keine Sorgen.«

Aber ich machte mir Sorgen. Ich war mir sicher, dass Tanya etwas Ernsteres hatte als Hämorrhoiden. Ich versuchte, einen Gesundheitscheck bei ihr zu machen, aber ich konnte das Bild einfach nicht halten. Ich verstand nicht, warum es mir partout nicht gelingen wollte.

Ich wandte mich an Eric: »Was ist es?«

»Blut.«

»Natürlich ist es Blut!« Ich war ungeduldig. »Wo kommt es her?«

»Du weißt, woher es kommt.«

Ich versuchte es noch einmal: »Was ist die Ursache?«

»Etwas blutet.«

Ich wollte eine klare Antwort, er aber sprach in Rätseln zu mir. Frustriert beendete ich das Gespräch. Tanya war fünf Jahre alt, und sie blutete.

Ich ging noch zweimal mit ihr zum Arzt. Bei unserem dritten Besuch gab er mir endlich eine Überweisung zu einem Facharzt – aber der nächstmögliche Termin, den wir bekommen konnten, war in drei Wochen. Ich war verzweifelt.

Als meine Mutter dann vorbeikam, bat ich sie: »Probier du, einen Gesundheitscheck bei Tanya zu machen.«

»Sei nicht albern«, wehrte sie ab. »Das kann ich nicht.«

Ich wusste, dass ich nach einem Strohhalm griff, aber was blieb mir anderes übrig? »Versuchen kannst du es doch wenigstens mal. Was soll dabei schon passieren? Wir haben nichts zu verlieren.«

Ich erklärte ihr, wie ich den Check immer machte: »Stell dir einen Lichtstrahl quer oberhalb von Tanyas Kopf vor, den du nach und nach immer weiter nach unten kommen lässt.«

Wir saßen am Küchentisch. Mum schloss die Augen. »Ich kann mir den Lichtstrahl vorstellen«, nickte sie.

»Und jetzt lass ihn langsam nach unten wandern«, riet ich ihr.

Da verlor sie das Bild komplett. Dafür sah sie etwas anderes: »Ich kann in ihren Magen schauen; er ist durchsichtig. Und am Eingang sitzt ein Knoten. Er ist oben aufgerissen und blutet.

»Ein Knoten?«, fragte ich. »Du kannst einen Knoten sehen?«

»Ich glaube nicht, dass es etwas Ernstes ist«, fuhr sie fort. »Ich weiß auch nicht, warum, aber ich bin absolut zuversichtlich.«

Tanya musste im Krankenhaus jede Menge schrecklicher Tests über sich ergehen lassen – invasive innere Untersuchungen und endloses Röntgen ... Doch sie fanden nichts. Nach zwei Tagen wollten sie sie wieder nach Hause schicken.

»Ich denke, Sie sollten den Magen untersuchen«, forderte ich den Arzt auf. »Ich glaube, da sitzt die Ursache.«

»Dazu müssten wir ihr eine Vollnarkose geben«, wehrte der Arzt ab. »Außerdem glaube ich nicht, dass das nötig ist.

»Ich schon!« Ich setzte voll und ganz auf meinen Instinkt. »Ich glaube, mit ihrem Magen stimmt etwas nicht. Ich kann nicht akzeptieren, dass Sie sie nach Hause schicken wollen, nur weil Sie nichts finden können.«

Widerwillig ließ sich der Arzt darauf ein, bei Tanya eine Magenspiegelung vorzunehmen. »Wissen Sie eigentlich«, warf er mir in sarkastischem Ton zu, als sie Tanya in den Operationsraum schoben, »dass wir Ihre Tochter in Vollnarkose legen, nur um Ihre Nerven zu beruhigen?«

»Das ist eine Art, es zu sehen«, gab ich trocken zurück.

Ich mochte noch so selbstbewusst aufgetreten sein: Während ich im Wartezimmer saß, suchten mich die Zweifel heim. Was hatte ich bloß getan? Was, wenn Tanya während der Narkose irgendetwas zustoßen sollte? War ich wirklich so neurotisch?

Eine halbe Stunde später kam der Arzt zu mir: »Wir haben einen großen Polypen am Mageneingang entdeckt, und es ist uns gelungen, ihn zu veröden«, gestand er mir. »Die Operation war ein absoluter Erfolg.«

Ein paar Abende später wandte ich mich an Eric: »Warum konnte ich das Bild von Tanyas Magen nicht sehen?«

»Du konntest nicht emotionslos hinschauen«, erklärte er mir.

»Und wie kam es, dass Mum es sehen konnte?«

»Als sie hinschaute, erwartete sie nicht, irgendetwas zu sehen – sie probierte es einfach nur. Darum hat sie es gesehen.«

Während dieser ganzen Zeit verschlechterte sich meine Ehe zusehends. Andy war ständig übel gelaunt. Er zerdepperte jede Menge Porzellan – mit Vorliebe warf er Tassen und Aschenbecher gegen die Wand. Er schmiss Stühle um und brüllte mich an. Jedes Mal dachte ich, er würde mich wieder schlagen. Ich kauerte mich zusammen, wäre am liebsten vom Erdboden verschwunden. Ständig hatte ich Angst vor ihm.

Es war in den Osterferien, Shane und Tanya hatten schulfrei. Andy drückte mich in der Küche gegen die Wand; er schrie mich an. »Du faules Luder«, tobte er. »Du bringst mich noch um den Verstand! Du verbreitest nichts als

Stress! Wenn du nicht endlich deine verdammten Sachen geregelt kriegst ...«

Er holte aus, und seine Faust krachte direkt neben meinem Kopf gegen die Wand. Ich hatte sie schon in meinem Gesicht gesehen, hatte gedacht, er würde mir das Ganze noch einmal antun. Vor Angst war ich wie gelähmt, konnte weder reden noch mich bewegen.

Irgendwann ließ er von mir ab. Fluchend schnappte er sich seine Jacke und fuhr davon. Nachdem er die Tür zugeknallt hatte, kehrte Stille ein. Ich hörte die Kinder oben in ihrem Zimmer weinen.

»Kommt«, sagte ich und versuchte, lustig zu klingen. »Wir ziehen uns schnell die Jacken und Schuhe an. Wir gehen in die Stadt!«

Kaum ein paar Minuten später waren wir aus dem Haus. Ich ging auf direktem Weg zur Frauenberatungsstelle.

»Ich muss dringend von meinem Mann weg. Ich habe Angst vor ihm«, eröffnete ich der Mitarbeiterin am Empfang. »Kann ich mit jemandem reden?«

Die Kinder wurden in die Spielecke gebracht, mich führte man in einen Nebenraum.

»Ich habe gehört, dass es Häuser für misshandelte Ehefrauen gibt«, sagte ich zu der Dienst habenden Sozialarbeiterin. »Können Sie mir helfen, da einen Platz zu bekommen?«

»Sind Sie früher schon einmal geschlagen worden?«

»Ja.« Ich schämte mich.

»Haben Sie Ihren Mann angezeigt?«

»Nein.« Ich schämte mich noch mehr.

»Haben Sie Angst, dass er Sie wieder schlagen könnte?«

»Ja.«

Die Sozialarbeiterin hatte ein Zimmer in einem Frauenhaus für uns. »Aber es ist über 300 Kilometer von hier«, erklärte sie mir. »In Bradford.«

Ich hatte 3 Pfund in der Tasche.

»Wie zum Teufel sollen wir nach Bradford kommen?«

»Sie kriegen einen Reisegutschein von uns.«

Wir gingen über die Strandpromenade zum Bahnhof, damit Andy uns nicht sah. Den Kindern sagte ich, dass wir in die Ferien fahren würden; dass ich mir das Ganze als Überraschung für sie ausgedacht hätte. Sie waren begeistert, mit dem Zug fahren zu dürfen. Ich gab mein letztes Geld für Limonade und ein Päckchen Kekse aus. Die Fahrt dauerte vier Stunden.

Völlig erschöpft trafen wir in Bradford ein. Ich rief in dem Frauenhaus an, um mir den Weg beschreiben zu lassen, und wir wanderten durch die fremden Straßen. Eine Frau mit rundlichem Gesicht machte uns die Tür auf.

»Hallo, meine Liebe«, empfing sie mich. »Komm rein.«

Das Stadthaus war warm und vom Lärm spielender Kinder erfüllt. Irgendwo lief ein Fernseher. Shane und Tanya drückten sich eng an mich, als die Frau uns in eine große Küche führte.

»Wollt ihr mit uns spielen?«

Im Nu waren wir von einer Schar Kinder umringt. Shane zog sofort mit ihnen los, Tanya klammerte sich an mich. Jemand stellte eine große Tasse dampfend heißen Tee vor mich hin; und irgendwann begab sich auch Tanya auf Erkundungstour.

»Ich habe überhaupt nichts dabei«, gestand ich der Frau, die mit mir am Küchentisch saß. »Ich habe kein Geld. Was habe ich bloß getan?«

»Mach dir keine Sorgen«, gab sie mit sanfter Stimme zurück. »Das ist alles kein Problem.«

Sie bot mir eine Zigarette an. Ich war ihr unendlich dankbar.

Am Abend saßen wir alle in der Gemeinschaftsküche zusammen und aßen. Die Frauen waren freundlich; die Kinder spielten miteinander. Ich fühlte mich sicher.

Nach einer Woche schlug mir die Sozialarbeiterin vor, die Kinder in der örtlichen Grundschule anzumelden. Mir selbst kam das wie eine große Hürde vor, doch die beiden waren begeistert. Sie waren glücklich und zufrieden. Endlich brauchten wir keine Angst mehr zu haben.

Zwei Wochen waren Shane und Tanya in der Schule, als ich eines Abends meine Mutter anrief.

»Andy ist hier gewesen«, erzählte sie mir. »Er weiß, wie schwer es ist, mit ihm zusammenzuleben. Er hat gesagt, dass er es kaum aushalten kann, wenn ihr nicht da seid, und versprochen, dass von jetzt an alles besser werden soll.«

Den ganzen Abend dachte ich an mein Zuhause, an die Kleidung und die Spielsachen der Kinder. Ich dachte daran, wie schön es ist, Mum gerade um die Ecke wohnen zu haben. Noch lange saß ich im Aufenthaltsraum und überlegte, ob ich Andy anrufen sollte. Schließlich griff ich zum Hörer.

Er war beim ersten Klingeln am Apparat.

»Ich bin's«, sagte ich.

Die Worte sprudelten nur so aus ihm heraus. »Wo bist du? Geht's dir gut? Sind die Kinder okay? Bitte komm nach Hause. Ich werde dir nie wieder etwas tun, das habe ich dir doch versprochen.«

»Du hast mich zu Tode erschreckt«, wehrte ich mich. »Ich kann es nicht mehr aushalten, nie zu wissen, was du als Nächstes tust.«

Einen Moment lang schwieg Andy. »Das verstehe ich«, gestand er dann. »Komm bitte nach Hause.«

»Wenn es noch einmal vorkommt, dann siehst du mich nie wieder. Das nächste Mal bin ich endgültig weg!«

»Es wird nie wieder passieren.« Er klang so ernst. »Hauptsache, du kommst nach Hause.«

Viele Frauen machen es genau wie ich: Erst flüchten sie sich in die Sicherheit eines Frauenhauses, wo sie ohne Angst vor weiteren Schlägen leben könnten, und am Ende kehren sie doch zu ihrem gewalttätigen Partner zurück. Für die Mitarbeiterinnen und Mitbewohnerinnen war das schwer auszuhalten; sie wollten nicht, dass eine von uns geht.

Mit dem letzten Rest von Sozialhilfe kaufte ich die Bahnfahrkarten. Andy holte uns in Sheerness am Bahnhof ab. Die Kinder erzählten ihm von unseren »Ferien«. Ich sagte so gut wie nichts. Es war acht Uhr abends. Unterwegs kauften wir Fish and Chips und setzten uns zum Essen in die Küche, bevor die Kinder ins Bett gingen.

Eine halbe Stunde später setzte ich mich zu Andy aufs Sofa. Der Fernseher lief. Er sprach, ohne die Augen vom Bildschirm zu wenden: »Wenn du es noch einmal wagst, mir Tanya wegzunehmen, dann bringe ich dich um!«

Ich hätte nie wieder nach Hause gehen sollen. Was hatte ich in den zurückliegenden drei Wochen nicht alles durchgemacht; und das alles nur, um in die gleiche Situation zurückzukehren – außer, dass jetzt alles noch viel schlimmer war. Ich glaubte, mich nicht noch ein zweites Mal an die Sozialarbeiterin wenden zu können. Ich hatte weder Geld, noch wusste ich, wohin ich hätte gehen können. Ich hatte meine Chance gehabt und sie in den Sand gesetzt.

Zwei Monate später drehte Andy das nächste Mal durch. Er traktierte die Küchenstühle mit Fußtritten; er schrie. Die Kinder waren in der Schule. Ich war in Panik. Ich rannte aus dem Haus und sperrte mich in meinen alten Cortina ein.

»Komm aus dem verdammten Auto raus«, brüllte er.

Ich drehte den Zündschlüssel um. Während ich aus der Einfahrt fuhr, sah ich Andy in sein Auto einsteigen. Als ich am Ende unserer Straße abbiegen wollte, rammte er meinen Wagen von hinten. Ich hatte solche Angst! Ich dachte, er würde mich umbringen.

Ich fuhr zum Polizeirevier und parkte vor der Tür. Andy fuhr an mir vorbei. Eine halbe Stunde saß ich da und überlegte, ob ich reingehen und um Hilfe bitten sollte. Irgendein Gesetz würde es schon geben, das es verbot, einen anderen mit dem Auto zu rammen. Aber ich hatte Angst, dass man Andy bloß verwarnen und damit alles nur noch schlimmer machen würde.

Ich fuhr nach Minster und saß drei Stunden am Strand, bis es Zeit war, die Kinder von der Schule abzuholen. Ich hatte panische Angst vor Andy. Ich wollte ihn verlassen, aber wenn ich Tanya mitnähme, dann würde er mich umbringen.

Ich rief ihn an.

»Du hast mal wieder überreagiert, oder?«, war sein Kommentar. »Einfach so davonzurennen wie ein kopfloses Huhn ...«

»Bist du wieder okay?« Irgendwie schien ich ihm immer die gleiche Frage zu stellen – erkundigte mich stets, ob es sicher war, nach Hause zu kommen.

»Natürlich bin ich okay, verdammt noch mal!«

Als wir nach Hause kamen, verloren wir kein einziges Wort über die Sache.

Danach wurde es zu einer Art Routine: Andy rastete aus, und ich machte mich aus dem Staub; ein paar Stunden später rief ich ihn an und kam zurück. Er hörte allerdings auf, sich zu entschuldigen.

Wann immer Andy zu schreien anfing, krampfte es mir vor Angst das Herz zusammen. Dann hätte ich alles getan, um die Situation zu entschärfen. Ich beschwichtigte ihn und stimmte ihm in allem zu, und manchmal gelang es mir auf diese Weise, ihn wieder auf den Teppich zu bringen.

Es war ein schleichender Prozess, aber mit der Zeit unterminierte Andy mein Selbstvertrauen und meine Persönlichkeit. Er beschloss, was wir aßen, welche Möbel wir kauften und wo wir sie im Haus aufstellten. Ich war die natürliche Friedensstifterin. Harmonie lag meinem Wesen näher als Konfrontation. Doch die ganze Zeit über lag ein Schatten über mir, ein Unheil verkündender Schatten. Etwas Schreckliches würde passieren.

Es gab Zeiten, da war Andy durchaus angenehm. Aber ich wusste, es würde nicht von Dauer sein. Nie konnte ich mich in seiner Gegenwart entspannen. Glücklicherweise hatte er nichts dagegen, dass ich einmal in der Woche zur Abendschule ging. Für mich war es eine Möglichkeit, von zu Hause wegzukommen. Ich holte mein Abitur nach – erst in Englisch, dann in Mathe und Sozialkunde. Danach machte ich einen Schreibmaschinenkurs. Ich bestand sämtliche Prüfungen.

Aber gleichzeitig büßte ich jedes bisschen Selbständigkeit ein. Ich hatte keine Rechte, keine Stimme. Wie meine Tage verliefen, wurde von Andys Launen diktiert. Ich war überzeugt, ihn nicht verlassen zu können. Wenn ich es versuchte, dann würde er mir Tanya wegnehmen oder mir etwas Schreckliches antun. Es gab für mich keinen Ausweg.

Wie oft bat ich Eric, mir aus meiner verzweifelten Lage herauszuhelfen. Doch er sagte immer nur: »Alles zu seiner Zeit.«

Ich lebte in permanenter Furcht. Wenn ich vor dem Fernseher saß und Andys Auto kommen hörte, sprang ich auf, um beschäftigt auszusehen. Kaum trat er über die Schwelle, fragte ich ihn: »Kann ich dir irgendwas bringen?«

Immer machte ich mir Sorgen, was ich ihm zu essen vorsetzen sollte. Es hätte ja sein können, dass er es nicht mochte. Rückblickend erkenne ich, dass ich nichts zur Entschärfung der Situation beigetragen habe. Durch meine ewigen Beschwichtigungsversuche nährte ich nur seine Allmachtsgefühle. Er schob die Grenze immer weiter hinaus, bis ich schließlich nicht einmal mehr eine Freundin einlud oder das Haus verließ, ohne ihn um Erlaubnis zu bitten.

Ich hielt immer mehr Readings. Mich mit dem Leben anderer Menschen zu befassen hieß, nicht an mein eigenes denken zu müssen. Für meine Klienten war ich die weise Frau – diejenige, die auf alles eine Antwort wusste. Kaum aber war die Sitzung vorbei, musste ich in das Chaos meines eigenen Lebens zurückkehren, das ich nicht zu lösen vermochte.

Dann fingen die Gerüchte an. Freundinnen sprachen

mich auf der Straße an: »Du weißt doch, was Andy macht?« Ich betete, dass er eine andere finden und mich verlassen würde.

Eines Abends bekam ich einen Anruf von einer Amerikanerin. Sie meinte, sie sei Autorin und würde Recherchen zu paranormalen Phänomenen durchführen. »Man hat mir gesagt, Sie seien ein gutes Medium«, meinte sie. »Hätten Sie Interesse, an einigen Experimenten teilzunehmen, über die ich in meinem Buch berichten will?«

Sie hatte vor, mich mit einer Gruppe von Leuten zusammenzubringen, um meine medialen Fähigkeiten zu testen. Dass man in einem Buch über mich schreiben wollte, gab mir ein Gefühl der Wichtigkeit. Meine Freundin Jenny hatte angefangen, sich für paranormale Phänomene zu interessieren, und wollte unbedingt wissen, wie es um ihre eigenen hellseherischen Fähigkeiten bestellt war; und so lud ich sie ein, mich zu begleiten.

Ein paar Tage später trafen wir uns in einer Wohnung in Sheerness. Die Autorin – eine Frau mittleren Alters im weißen Hosenanzug – machte mich mit zwei Heilern und einer etwa siebzigjährigen Dame bekannt, die sich mir als Tieftrancemedium vorstellte. Außerdem waren noch eine Freundin und die Sekretärin der Gastgeberin anwesend.

Wir setzten uns in einen Kreis. Ich sagte allen Anwesenden der Reihe nach, was ich sah. Es lag ein Gefühl von Elektrizität in der Luft. Die Bilder flogen mir mühelos zu. Es war eine Freude, zu arbeiten.

Wir wurden eingeladen, in der darauf folgenden Woche wiederzukommen.

»Mal sehen, ob wir eine physische Manifestation erreichen können«, wünschte sich die Schriftstellerin. »Vielleicht glückt es uns ja, einen Geist auftauchen oder Gegenstände durch den Raum wandern zu lassen.«

Die ganze Woche über machte ich mir Gedanken, wie ich das anstellen sollte. Als einzige Möglichkeit fiel mir eine Anrufung ein – etwas, was ich noch nie gemacht hatte. Wie sehr hoffte ich darauf, irgendeine Erscheinung zu provozieren, die mir einen Platz in dem Buch sichern würde. Auf keinen Fall dürfte ich versagen!

Wieder saßen wir im Kreis.

»Mia wird nun versuchen, eine physische Manifestation zu bewirken«, kündigte die Autorin an.

Ich schloss die Augen und stellte mir meinen Geist als Lichtkugel vor, die von meinem Kopf aus nach allen Richtungen hin Strahlen aussandte. Und im Stillen fragte ich: »Ist da jemand, der mit mir kommunizieren möchte?«

Eric warnte: »Lass das sein!«

Ignorant, wie ich war, dachte ich: »Ich kann es also. Er will bloß nicht, dass ich es tue.« Und das gab mir den Mut, weiterzumachen.

Janet sagte: »Ich habe da ein wirklich starkes Bild ...«

Sie saß mir gegenüber. Ich schaute sie an.

»Ist es das Haus, in dem du früher gewohnt hast?«, fragte ich.

»Ja.«

Wir sahen dasselbe Bild. Wir waren in Janets alter Wohnung. Plötzlich sah ich klar und deutlich einen schwarzen Rottweiler oben an der Treppe stehen. Er geiferte und sabberte.

»O mein Gott«, schluckte Janet. »Ich sehe einen Hund.«

»Jetzt kommt er«, sagte Eric.

Es lag etwas Warnendes in seiner Stimme; und es schwang Resignation mit. Ich sah Janet an; die anderen im Raum waren erwartungsvoll und gespannt, aber sie spürte genau wie ich, dass etwas Schreckliches kommen würde – es war ihr deutlich am Gesicht abzulesen.

Die Lampe auf dem Beistelltisch ging aus. Nur von der Straßenlaterne drang Licht in die Wohnung. Da auf einmal sah ich sie, die schwarze Gestalt hinter Janet. Sie bewegte sich außen um den Stuhlkreis herum, und als sie hinter mir ankam, übermannte mich ein Gefühl des Grauens. Es lastete schwerer auf mir als alles, was ich je gespürt hatte. Das Grauen saß mir in den Knochen, in der Magengrube, in jeder Zelle meiner Haut. Ich wusste, dass dies nichts Gutes verhieß.

»Eric! Eric!«

Er antwortete nicht.

Die schwarze Masse bewegte sich ein zweites Mal um den Kreis herum. Sie sah aus wie eine Million schwarzer Bienen in Formation – eine unregelmäßige, wabernde, sich ständig verändernde Gestalt. Die Frau links neben mir fing an zu zucken. Sie hatte einen Anfall. Ich weiß nicht, warum, aber ich drückte sie fest an mich, und sie wurde wieder ruhig.

Die Frau neben Janet stand auf. Sie wollte aus dem Raum flüchten.

»Bleiben Sie sitzen!«, schrie ich sie an. »Durchbrechen Sie den Kreis nicht!«

Auch diesmal war mir nicht klar, woher ich wusste, was zu tun war, um ein Fiasko zu vermeiden. Dass sie blieb, fühlte sich lebenswichtig für mich an. Wir mussten alle zusammenbleiben.

»Eric! Eric!«

Wieder keine Antwort. Dafür meldete sich eine andere Männerstimme. »Du weißt nicht, was du getan hast.«

Die Stimme kam von der älteren Dame. Ich wusste, dass ich sie anschauen musste; mir war aber auch klar, dass mir das, was ich zu sehen bekäme, nicht gefallen würde. Langsam drehte ich mich zu ihr hin. Auf das Gesicht der Frau war ein Männergesicht projiziert – wie ein Film auf einer leeren Leinwand. Hinter der Projektion sah ich ihren Mund offen stehen.

Die Männerstimme sagte noch einmal: »Du weißt nicht, was du getan hast.«

Ich wusste, dass es die Stimme eines Geistführers und nicht der schwarzen Wesenheit im Raum war. In meinem Kopf schrie ich wieder nach Eric.

»Fürchte dich nicht«, meldete er sich endlich zurück. »Konzentrier dich auf das Kreuz. Konzentrier dich auf das Kreuz.«

»Welches Kreuz?«

»Schau danach, dann wirst du es sehen.«

Da tauchte vor mir in der Mitte des Kreises der schwache Umriss eines in der Luft schwebenden goldenen Kreuzes auf.

»Ich hab's, Eric. Es beginnt sich zu zeigen.«

»Konzentrier dich darauf.«

Je mehr ich meine Aufmerksamkeit auf das Kreuz richtete, desto massiver wurde es. Die Wesenheit kam wieder hinter mir vorbei, und das Gefühl des Grauens kehrte zurück – eiskalt, allumfassend. Ich verlor das Bild des Kreuzes. Zweimal wurde es von der nahenden Gestalt verscheucht. Ich musste darum kämpfen, es aufrechtzuerhalten, es greifbar werden zu lassen. Als mir das endlich gelang, ging von dort ein Lichtblitz aus; er erfüllte den ganzen Raum und zog sich dann in das Kreuz zurück.

Die Lampe ging wieder an, und das Kreuz verschwand. Das Trancemedium blinzelte und kam zu sich. Zwei der Frauen weinten. Ich zitterte am ganzen Körper.

»Ich kann es hier nicht mehr aushalten. Ich muss hier raus!« Die Frau, der die Wohnung gehörte, war in Tränen aufgelöst.

Ich saß vor ihr. »Ich weiß, dass es zum Fürchten ist. Aber jetzt ist es vorbei«, beruhigte ich sie. »Es befindet sich nichts Bedrohliches mehr im Raum.«

Ich wandte mich an die amerikanische Autorin: »Ich muss jetzt gehen.«

Sie erhob sich von ihrem Stuhl. »Das war wirklich beeindruckend, Mia«, lobte sie. »Sehen wir uns nächste Woche zur gleichen Zeit?«

Fassungslos starrte ich sie an. War sie verrückt geworden?

»Nein«, erwiderte ich. »Ich steige aus.«

Draußen auf der Straße zündeten Janet und ich uns eine Zigarette an.

»Hast du es gesehen?«, fragte ich sie. »Hast du das schwarze Ding gesehen?«

»Ob ich es gesehen habe?! Noch nie hab ich solche Angst gehabt.«

»Hast du das Kreuz gesehen?«

»In Umrissen.«

»Eric hat gesagt, ich soll mich auf das Kreuz konzentrieren.«

»Ich habe ein Vaterunser nach dem anderen gebetet«, warf Janet ein. »Das war das Einzige, was mir eingefallen ist.«

Wir machten uns auf den Weg nach Hause.

»Ich werde mich nie wieder auf so etwas einlassen«, gelobte ich.

Drei Stunden lang konnte ich Eric nicht erreichen. Ich hatte Angst, dass er wütend auf mich wäre. Erst als ich im Bett lag, antwortete er mir.

»Eric?«

»Ja.«

»Es tut mir wirklich Leid.«

»Du hast aus Geltungssucht Menschen in Gefahr gebracht.«

Ich dachte an die Frau, die den Anfall gehabt hatte, und die anderen, die in Tränen aufgelöst waren.

»Es tut mir Leid.«

Und dann ... Ich musste es einfach wissen: »Kann es zurückkommen?«

»Du bist sicher«, versprach Eric. »Es kann nur kommen, wenn du es herbittest.«

»Aber ich habe so etwas Schreckliches doch niemals hergebeten!«, entrüstete ich mich.

»Doch«, widersprach Eric. »Du hast es herausgefordert.«

Ich konnte es nicht aus dem Kopf bekommen: wie böse sich die Wesenheit angefühlt hatte. Und mit einem Mal wusste ich, dass es das absolut Gute geben musste. Jetzt, da ich das Gegenteil gesehen hatte, glaubte ich an die Existenz einer Energie, die nichts als gut und positiv war.

Ein paar Tage später fragte ich Eric: »Warum das Kreuz? Habe ich ein Kreuz gesehen, weil ich katholisch bin?«

»Weil es dein Symbol für das Gute ist«, klärte Eric mich auf.

»Und jemand, der einer anderen Religion angehört, hätte etwas anderes gesehen?«

»Ja.«

Der Gedanke, Readings zu geben, machte mir Angst. Ich fürchtete, die schwarze Energie könne sich Zugang verschaffen, sobald ich die Tür öffnete. Ich hatte Dinge erlebt, die meine Vorstellungskraft überstiegen. Würde ich den Mut haben, so einer Wesenheit noch einmal gegenüberzutreten?

Ich fühlte mich wie jemand, der glaubt, zu wissen, wie ein Computer funktioniert, nur weil er weiß, wo der Ein-und-aus-Schalter ist. Und eines Tages montiert jemand die Verkleidung ab und zeigt ihm, was alles in dem Gehäuse verborgen ist. Mir war klar geworden, dass ich nur einen Zipfel der Wahrheit kannte. Es gab so vieles, wovon ich keine Ahnung hatte!

»Allein hätte ich das nie geschafft, Eric«, sinnierte ich eines Abends. »Wenn irgendjemand so eine schlechte Energie im Haus hätte, dann könnte ich damit nie fertig werden. Ich wüsste nicht, was ich dagegen unternehmen sollte.«

»Deine Angst ist seine Macht«, erklärte Eric. »Er kann dir nur durch deine Angst etwas anhaben.«

Da fiel mir wieder ein, wie ich in dem Augenblick, als ich die Wesenheit in meinem Rücken spürte, von einer Welle der Angst überschwemmt worden war. Sie hatte mich durchtränkt, war in jede meiner Fasern eingedrungen.

»Wie kann ich so einem Grauen Einhalt gebieten?«, wollte ich wissen. »Es macht einem solche Angst. Es ergreift einen ...«

»Man lässt das Gefühl einfach nicht an sich heran.«

»So also wird das Dunkle bekämpft«, dachte ich. »Man löst sich von seinen Emotionen.«

»War es ein böser Geist?«

»Es war kein Geist«, verneinte Eric. »Es war eine Wesenheit, die noch nie auf der Erde gelebt hat, die nie geboren wurde.«

»Kam sie aus der Hölle?«

»Sie stammte aus einer niederen Dimension.«

»Ist das mit der Hölle vergleichbar?«

»Wenn du es so betrachten willst.«

Ich dachte, ich würde nie wieder den Mut aufbringen können, ein Reading zu halten. Wenn mich jemand anrief, sagte ich, ich sei krank. Ich hätte ja schlecht sagen können: »Ich habe da eine Auseinandersetzung mit einer Wesenheit aus der Hölle gehabt, und darum habe ich im Moment die Nase voll.«

Nach etwa sechs Wochen aber wurde ich langsam unruhig. Ich brachte nichts zuwege, tat nichts wirklich Sinnvolles. Ohne meine Readings fühlte sich mein Leben bedeutungslos an.

Als dann eines Morgens wieder eine Frau anrief, um einen Termin auszumachen, antwortete ich: »In Ordnung. Sie können gleich heute vorbeikommen.«

Nach der Sitzung fühlte ich mich wesentlich besser. Ich war wieder im Lot.

Ich war mit den Kindern beim Einkaufen auf der High Street von Sheerness, als uns Mick über den Weg lief. Er war abgemagert und heruntergekommen, wirkte wie ein

Junkie. Ich wusste nicht, was ich sagen sollte; hatte ihn seit sieben Jahren nicht gesehen.

Er guckte Shane an.

»Hallo.«

Shane betrachtete seinen Vater. Er hatte keine Ahnung, wer der Mann war.

»Hallo«, grüßte er zurück.

Mit einem Lächeln im Gesicht ging Mick weiter. Ich sah, wie er beim Gehen schwankte.

Ein paar Tage später erzählte ich Jed, dass ich Mick begegnet war. Ich hatte Angst, dass er Trouble mit Shane machen könnte.

»Hast du eine Ahnung, was er hier zu suchen hat?«, erkundigte ich mich.

»Mach dir keine Gedanken«, beruhigte mich Jed. »Ich glaube, er ist schon wieder weg.«

II

Mein Bruder war als knallharter Typ mit beißendem Humor bekannt. Wann immer er unterwegs war, wurde er von Leuten umringt. Er zog Menschen wie magisch an. Dann, mit 22 Jahren, verliebte er sich. Vom ersten Augenblick an war er von Angela wie verhext. Cool zu sein, ein freies Leben zu führen, seinen krummen Geschäften nachzugehen – das alles war ihm auf einmal nicht mehr wichtig. Außer Angela gab es nichts mehr für ihn.

Sie war erst siebzehn und durfte nicht im Haus meiner Eltern übernachten. Darum brachte Pete sie jede Nacht gegen vier Uhr morgens heim. Er war 1,80 Meter groß und hatte einen riesig weiten Mantel. In den nahm er sie mit hinein und machte dann die Knöpfe zu; so liefen sie dann zu ihr nach Hause – zu zweit in seinem Mantel!

Angela und Pete waren unzertrennlich. Nie habe ich zwei Menschen gesehen, die so ineinander verliebt waren. Sie wärmte ihm die Socken auf dem Ofen. Wenn sie den Raum betrat, strahlte er.

An ihrem achtzehnten Geburtstag feierten sie Verlobung. In derselben Nacht beschlossen sie, dass sie nie wieder voneinander getrennt sein wollten. Sie schlossen einen Pakt: Sollte einer von ihnen sterben, würde der andere folgen. Ununterbrochen redeten sie miteinander; sie hatten großartige Visionen für die Zukunft. Erst wollten sie sich ein kleines Haus anschaffen, dann zwei Kinder. Als Angela schwanger wurde, brachte das zwar ihre Pläne durcheinander, aber sie waren trotzdem überglücklich.

Angela war im sechsten Monat, da wollte sie mit zu Pete ins Haus meiner Eltern ziehen. Dad hatte ein Problem damit, unter seinem Dach ein unverheiratetes Paar in einem Bett schlafen zu lassen. »Ich kann so etwas nicht dulden«, sagte er zu Mum.

»Angela ist bald im siebten Monat schwanger«, hielt meine Mutter dagegen. »Da ist es ein bisschen spät für deine Bedenken.«

An dem Tag, als bei Angela die Wehen einsetzten, meldete sich Pete vom Krankenhaus. »Es ist losgegangen. Es ist losgegangen.«

Vier Stunden später rief er wieder an. »Ich will nicht, dass sie ein Kind kriegt!«, stöhnte er. »Sie hat solche Schmerzen. Ich kann nichts machen. Was hab ich ihr da nur angetan?«

»Reiß dich zusammen und geh wieder zu ihr rein!«, wies ich ihn zurecht.

Drei Stunden später klingelte erneut das Telefon. »Wir haben es geschafft! Es ist ein Mädchen, und sie ist unglaublich süß!«

Mein knallharter Bruder!

»Sie hat die Dolan'schen Füße geerbt«, teilte er mir mit. Das hieß, sein Töchterchen hatte echt lange Zehen.

Eine Woche nach Francescas Geburt schaute ich bei meinen Eltern vorbei. Francesca und Angela schliefen oben. Wie ich so mit Pete zusammensaß, meinte er auf einmal: »Komm, mach ein Reading für mich. Ich hab schon seit Jahren keins mehr gehabt.«

Wir hatten es uns auf dem Sofa bequem gemacht.

»Okay. Ich versuch's«, willigte ich ein. »Aber es ist nicht ganz einfach bei Leuten, die ich kenne. Mal sehen, was ich tun kann.«

Ich schloss die Augen, und sofort lief ein Film vor mir ab: Angela und Pete zogen zusammen durch die Pubs auf der High Street. »Ihr seid gerade auf einer Tour durch die Kneipen«, berichtete ich.

»Keine schlechte Aussicht«, grinste Peter.

»Es muss Wochenende sein«, fuhr ich fort. »Es ist viel los in der Stadt.«

Ich sah, wie Pete zwischen vielen Menschen am Tresen stand. Auf einmal kam Bewegung in die Szene. Alles schrie durcheinander. In einer Ecke des Bildes sah ich Metall aufblitzen. Lauter Worte schossen mir durch den Kopf.

»Es entsteht eine Situation, aus der du nicht herauskommst. Du wirst weggehen. Für sehr, sehr lange Zeit.«

»Clever, clever, Schwesterchen.« Pete nahm es sofort auf die leichte Schulter. Er rief Mum in der Küche zu: »Mia sagt, wenn ich einen trinken gehe, lande ich im Knast.«

»Hör zu, Pete«, warnte ich ihn. »Ich meine es ernst.«

»Und wie lange, glaubst du, dass ich mich zu Hause eingraben soll? Wie lange soll ich um jede Kneipe einen Bogen machen?« Er nahm mich nicht für voll.

»Keine Ahnung«, zögerte ich. »Drei bis sechs Monate ...«

Da schüttelte er sich vor Lachen. Gerade wollte ich einen weiteren Versuch starten, da hörte ich Eric zu mir sprechen. »Lass es sein«, riet er mir. »Du hast gesehen, was passieren wird, und nicht, was passieren könnte.«

Pete hörte nicht auf, mich für meine Äußerungen auf die Schippe zu nehmen, und ich versuchte, gute Miene zum bösen Spiel zu machen. Aber ich war wirklich besorgt. Erics Worte gingen mir nicht aus dem Kopf. Es gab nichts, was ich hätte tun können.

»Neulich bin ich mitten in der Nacht aufgewacht, und da stand so eine schattenhafte Gestalt neben meinem Bett. Ich kniff die Augen zu, um mir sicher zu sein, dass ich auch wach bin. Dann war sie wieder verschwunden.« Auf einmal war mein Bruder wieder ernst. »Glaubst du, das könnte mein Geistführer gewesen sein?«

»Mag sein«, nickte ich. »Der Typ, den ich einmal neben dir gesehen habe, war groß und dünn.«

»Stell dir mal vor, wenn wir im nächsten Leben als Geistführer zurückkommen würden«, sinnierte er.

»Glaubst du wirklich, wir sind schon so weit?«

»Lass uns was ausmachen: Wer von uns beiden zuerst stirbt, kommt zurück, schickt den anderen Geistführer ins

Exil und nimmt seine Stelle ein«, schlug er vor. »Das wär's doch, oder?«

»Ich glaube nicht, dass es so läuft«, wandte ich ein.

Er wurde still.

»Also gut«, lenkte er ein. »Wer zuerst stirbt, kommt zurück und erzählt dem anderen, was jeder Einzelne in der Familie an dem Tag gemacht hat.«

Wir gaben uns die Hand darauf, ohne die Sache wirklich ernst zu nehmen.

In den folgenden Tagen rang ich mich zu der Überzeugung durch, dass Pete wahrscheinlich in irgendeinem Pub in eine Schlägerei geraten würde – nichts wirklich Schlimmes, kaum der Rede wert.

Pete ließ Angela jeden Morgen ausschlafen und kümmerte sich um das Baby. Er genoss es, die Kleine ganz für sich allein zu haben. Nicht einen Augenblick legte er sie aus den Armen. Er sang ihr sogar Lieder vor.

»Ich habe nie gedacht, dass ich mal ein Vater sein könnte – dass ich so empfinden würde«, verriet er mir eines Morgens. »Es überkommt einen einfach ...«

Wenn ich ihn so reden hörte, musste ich an die Zeit denken, als Shane noch ganz klein war und auf der Intensivstation lag – an den Tag, an dem ich zum ersten Mal die Bindung zwischen uns spürte, und daran, wie dieser eine Moment mein ganzes Leben verändert hatte.

Fünf Wochen nach Francescas Geburt überkam mich urplötzlich ein schreckliches Gefühl der Depression. Es traf mich wie aus heiterem Himmel. Ich ging ins Wohnzimmer und setzte mich aufs Sofa; ich hatte das Gefühl, an dem

Kloß in meinem Hals ersticken zu müssen. Wenn ich weinte, würde es nur schlimmer werden, das wusste ich.

Es war spätabends. Ich machte die Tür zu, um die Kinder nicht zu wecken, bevor ich losschluchzte. Über eine Stunde lang liefen mir die Tränen, ich konnte einfach nicht mehr aufhören. Dabei wusste ich noch nicht einmal, warum ich überhaupt weinte. Irgendwann beruhigte ich mich wieder, aber das Gefühl der Trostlosigkeit und Traurigkeit ließ mich nicht los. Ich wusste nicht, was ich tun sollte. Auf dem Couchtisch lagen ein paar Bogen Malpapier von den Kindern herum. Ich griff mir einen Stift und füllte ein Blatt mit Worten – es war ein Gedicht über den Himmel. Danach ging es mir wieder besser.

Ich ging nach oben, um mir das Gesicht zu waschen. Was waren das bloß für merkwürdige Anwandlungen gewesen? Als ich ins Wohnzimmer zurückkam, schob ich den Papierstapel unter den Tisch. »Albernes Geschreibsel«, dachte ich.

Am nächsten Tag wurde Pete 25. Wir drei Geschwister feierten immer zusammen, wenn einer von uns Geburtstag hatte. Es war Sonntag, und so trafen wir uns schon morgens bei meinen Eltern. Jed und ich hatten unsere Kinder mitgebracht. Francesca und Angela lagen noch oben im Bett.

Ich saß mit meinen beiden Brüdern im Wohnzimmer. Es war das erste Mal seit Jahren, dass wir drei allein waren. Mum hatte ein Vierteljahr damit zugebracht, einen dicken blauen Seemannspullover für Pete zu stricken, weil es für einen Mann seiner Größe so schwer war, passende Kleidungsstücke aufzutreiben. Die Ärmel waren so lang, dass sie ihm bis über die Handgelenke reichten, und wir amüsierten uns köstlich.

»Zum ersten Mal seit meinem zwölften Lebensjahr habe

ich einen Pullover, der mir zu groß ist«, grinste Pete. Er krempelte die Ärmel hoch. Er genoss es sichtlich.

»Vergangene Woche ist vor meinen Augen ein Mann auf der Straße zusammengebrochen«, warf Jed plötzlich ein. »Ich stürzte zu ihm hin. Er hatte die Augen offen; er war total in Panik. Jemand rief den Notarzt. Ich legte ihm den Arm um die Schultern, um ihm den Kopf zu stützen. ›Es ist alles in Ordnung‹, redete ich ihm zu. ›Der Krankenwagen ist schon unterwegs. Machen Sie sich keine Sorgen.‹ Er schaute mir in die Augen. Und dann starb er. Es war fürchterlich! Absolut fürchterlich!«

Man hätte eine Stecknadel fallen hören können, so still waren Pete und ich. Doch dann flüchtete sich Pete wieder einmal in eine seiner üblichen Frotzeleien: »Du brauchst dich doch bloß anzuschauen, um zu wissen, dass der arme Kerl keine Chance hatte!«

Ich warf ihm ein Sofakissen an den Kopf.

»Ich werd sowieso keine dreißig!«, sagte er.

»Keiner denkt von sich selbst, dass er alt wird, Pete«, warf Jed ein.

»Nein«, entgegnete er. »Ich meine es ganz ernst. Ich gehe vor meinem dreißigsten Geburtstag – mit Pauken und Trompeten! Die Zeitungen werden in Schlagzeilen darüber berichten!«

»Damit sich die für dich interessieren, muss schon die Polizei mit im Spiel sein«, lästerte Jed.

Wir gingen in den Garten. Es war Anfang Oktober, aber es war ein sonniger Tag. Die Kinder spielten, und wir schauten ihnen zu.

»Wenn ich sterbe, müsst ihr Mum überreden, mich auf der Müllkippe zu entsorgen«, griff Pete den Faden auf, ohne die Augen von den Kindern zu wenden. »Ihr wisst doch, wie sie ist. Sie würde sich total verschulden, um die Beerdigung auszurichten.«

»Mach dir keine Gedanken«, konterte Jed. »Wir stecken dich in die Tonne.«

»Mach dich locker, Pete«, bat ich. »Genieß lieber deinen Geburtstag.«

»Bin ich das nicht immer?«, gab er zurück.

Zum Abschied umarmte er mich; das tat er sonst nie.

»Ich hab dich gern«, sagte ich.

»Ich dich auch, Schwesterchen.«

Das waren die letzten Worte, die wir miteinander sprachen.

Zu Hause angekommen, war ich innerlich unruhig. Ich konnte nicht still sitzen, konnte mich nicht entspannen. Ich schrubbte das Haus und alles, was darin war – putzte die Fenster, wischte Türen und Bodenleisten ab, räumte die Spielzeugkisten auf, steckte die Gardinen in die Waschmaschine. Alles, was sich reinigen ließ, reinigte ich.

Um fünf Uhr abends war alles getan, was im Haus zu tun war. Aber die Unruhe war immer noch da. Also holte ich den Rasenmäher raus und mähte das Gras. Die natürliche Ordnung war durcheinander geraten – das war alles, was ich wusste; ich musste sie wieder ins Lot bringen.

Ich machte Essen für die Kinder und brachte sie ins Bett. Dann versuchte ich, mich mit Fernsehen abzulenken. Um 22.20 Uhr klopfte es an der Tür. Es war Mum.

»Irgendetwas stimmt nicht mit Peter«, erklärte sie. »Die Polizei ist bei uns, und sie wollen, dass ich mitkomme. Ich will aber nicht allein hin.«

Während wir die paar Meter zum Haus meiner Eltern liefen, sagte sie: »Ich kann nicht glauben, dass er irgendwas angestellt hat, nicht an seinem Geburtstag.«

»Und nicht, wenn er mit Angela unterwegs ist«, stimmte ich zu. Ich hatte ein schreckliches Gefühl. Es ging um mehr als Unannehmlichkeiten mit der Polizei, das spürte ich.

Ein Polizist und eine Polizistin warteten im Wohnzimmer. »Ihre Mutter sollte dringend mit zur Wache kommen«, eröffnete mir der Beamte. »Vielleicht können Sie sie begleiten.«

Während er sich an mich wandte, kreuzten sich einen Moment lang unsere Blicke. Es war ihm anzumerken, dass er sich nicht wohl in seiner Haut fühlte; und es war mir sofort klar, dass Pete irgendetwas Schreckliches zugestoßen war. Der Beamte wollte bloß nicht die Aufgabe übernehmen, es meiner Mutter beizubringen. Ich wollte ihr den Weg zur Wache nach Möglichkeit ersparen.

»Ist er tot?«, fragte ich.

»Mia, sag doch nicht so was!«, fuhr mich meine Mutter an.

»Es tut mir Leid«, nickte der Polizeibeamte. »Er ist auf dem Weg ins Krankenhaus gestorben.«

Meine Mutter ließ sich schluchzend in den Sessel fallen.

»Sie müssen meinen Bruder holen«, bat ich den Beamten und schrieb ihm die Adresse auf. Dann setzte ich mich zu meiner Mutter auf die Sessellehne und legte den Arm um sie. Ich war innerlich jetzt absolut ruhig – so als würde gar nichts in mir passieren. Ich fühlte mich wie in einem Traum.

Vom Hintereingang kam Angelas Stimme. »Ist Peter da?«

Ich ließ meine Mutter allein und ging zu ihr hinaus in den Flur. Einer von Petes Freunden stand neben ihr. »Es hat eine schreckliche Auseinandersetzung gegeben«, brachte Angela vor. »Da waren Männer mit Messern. Ich bin sicher, dass Pete einen Stich abbekommen hat, aber er ist raus auf die Straße, und wir können ihn nirgends finden.«

»Es tut mir wirklich Leid, Angela.« Wie sollte ich die richtigen Worte finden, wie sollte ich es ihr sagen? »Pete ist auf dem Weg ins Krankenhaus gestorben.«

Angela stieß einen Schrei aus. Petes Freund sank an der Wand entlang zu Boden und vergrub heulend das Gesicht in den Händen. Ich führte Angela zur Couch im Wohnzimmer. Die Polizistin sah fix und fertig aus; sie war noch ganz jung und hatte so etwas vermutlich noch nie mitgemacht.

Angela fing an, mit dem Oberkörper vor und zurück zu schaukeln. »Nein, nein, nein, nein, nein.«

Mum schluchzte. Ich rief den Arzt an und bat ihn, vorbeizukommen, um den beiden irgendetwas zur Beruhigung zu geben. Kaum hatte ich den Hörer aufgelegt, da kamen Jed und der Polizist herein. Er hörte Mum und Angela weinen.

»Was ist los? Was ist passiert?«

»Pete ist tot.«

Jed wurde kreidebleich. Er setzte sich zu Mum, ich mich zu Angela. Sie waren wie verwundete Tiere, und es gab nichts, was ich hätte tun können.

Nach etwa vierzig Minuten hörte meine Mutter auf zu weinen. Sie tätschelte Jed und meinte: »Ich bin jetzt wieder okay.«

Dad hatte die ganze Zeit geschlafen. Ich schaute Jed an. »Gib ihm noch ein Weilchen«, meinte er. »Er wird es noch früh genug erfahren.«

Angela wimmerte immer noch. Der Arzt bot ihr an, ihr eine Spritze zu geben: »Damit Sie zur Ruhe kommen.«

Sie lehnte ab, Mum ebenso.

Der Polizist rief mich hinaus auf den Flur. »Es müssen zwei Angehörige mit in die Klinik kommen, um die Leiche Ihres Bruders zu identifizieren.«

»Ich glaube nicht, dass ich das machen kann.« Nie zuvor hatte ich einen Toten gesehen. Ich konnte mir doch nicht die Leiche meines Bruders anschauen!

»Wenn Sie und Jed es nicht machen wollen«, fuhr er fort, »dann müssen wir Ihre Eltern bitten.«

Meinen Eltern das zuzumuten, kam überhaupt nicht infrage. Ich rief Jed in den Flur hinaus und erklärte ihm, worum es ging.

»Wir müssen es tun«, stimmte er zu. »Es bleibt uns doch gar nichts anderes übrig, oder?«

Ich wollte Mum und Angela nicht allein lassen. Immer wieder fragte ich: »Ist es in Ordnung für euch, wenn wir gehen?«

Die Polizistin erbot sich, dazubleiben, doch die Worte meiner Mutter waren eindeutig: »Ich glaube, es ist besser, wenn wir für uns bleiben.«

Meine Mutter fühlte sich in der Gegenwart von Fremden nicht wohl. Trauer war für sie etwas Privates; es war ihre Art, damit umzugehen.

Bis zum Krankenhaus waren es 20 Kilometer. Es herrschte dichter Nebel. Während wir auf der Rückbank des Wagens saßen, hielten Jed und ich uns die ganze Zeit bei den Händen, doch wir sahen uns nicht an. Wir starrten in unterschiedlichen Richtungen aus dem Fenster.

Es war drei Uhr morgens, als wir in der Klinik eintrafen. Im Wartesaal für die Angehörigen erklärte man uns, dass in Petes Fall wegen Mordes ermittelt würde und wir die Leiche darum getrennt ansehen müssten – wir dürften erst dann wieder miteinander reden, wenn wir beide unabhängig voneinander Petes Identität festgestellt hätten.

Jed betrat als Erster die Leichenhalle. Ich hatte schreckliche Angst. Wie würde Pete wohl aussehen? Würde er grausig entstellt sein?

»Kommen Sie jetzt bitte mit?«, bat mich der Mitarbeiter des Krankenhauses.

Ich erstarrte, als ich über die Schwelle treten sollte. »Es tut mir furchtbar Leid«, seufzte ich. »Aber ich kann es einfach nicht.«

Der Polizist legte mir die Hand auf den Arm. »Ich weiß, es ist schwer«, sagte er. »Aber es muss von den Angehörigen gemacht werden.«

Da holte ich tief Luft und betrat den Raum. An der Tür blieb ich noch einmal wie angewurzelt stehen. Pete war auf einer Bahre aus Edelstahl mitten im Raum aufgebahrt. Von den Schultern abwärts war er mit einem Tuch bedeckt.

»Sie müssen etwas näher herantreten«, forderte mich der Beamte auf. »Nur für einen kurzen Moment.«

Ich ging auf Petes Leiche zu, schaute mir sein Gesicht an – aber ich konnte ihn nicht erkennen. Er sah zwar so aus wie mein Bruder, aber irgendetwas stimmte nicht.

»Können Sie das Tuch ein Stück nach unten ziehen, damit ich seinen Oberarm sehen kann?«, fragte ich.

» Warum?«

»Ich will seine Tätowierung sehen – er hat eine Tätowierung am Oberarm.«

»Sie wissen nicht, ob das Ihr Bruder ist?«

»Bitte ziehen Sie das Tuch weg.«

Da war sie: die tätowierte Schlange.

»Ja«, nickte ich. »Es ist Pete.«

Aber es war nur seine Hülle. Was fehlte, war die Lebenskraft. Pete selbst war nicht da.

Als wir an der Toilettentür vorbeikamen, gab ich vor, mich übergeben zu müssen, um einen Moment allein zu sein. In der Kabine lehnte ich mich mit dem Rücken gegen die Wand. Petes Tod war so plötzlich gekommen, und er hatte Angela so geliebt – womöglich war er verunsichert und versuchte, dazubleiben. Womöglich würde er zum Geist werden wie damals die alte Frau im Haus von Vicki und John.

»Hör zu, Pete, wenn du da bist – bitte geh rüber. Bleib nicht hängen«, redete ich ihm im Stillen zu. »Du kannst jetzt hier gar nichts machen. Erinnere dich an das, worüber wir gesprochen haben. Du musst deinen Weg gehen. Ich liebe dich.«

Als wir zurückkamen, war Angela auf dem Sofa eingeschlafen. Dad war wach; er war ganz grau im Gesicht.

»Es war Pete, Mum«, sagte ich.

Ich wusste, dass sie entgegen aller Vernunft gehofft hatte, er sei es am Ende doch nicht gewesen.

Ich ging nach Hause. Tanya war offenbar in der Nacht aufgewacht, denn sie lag bei Andy im Bett. Ich kroch zu ihr unter die Decke, und ein paar Minuten später kam Shane zu mir.

»Ich hab was Schreckliches geträumt«, erzählte er mir. »Ich habe geträumt, Onkel Jed ist gestorben.«

Tanya hatte einen wiederkehrenden Albtraum von einem Mann mit einem Messer und blutigen Händen gehabt. Ob meine beiden Kinder etwa auch hellsichtige Fähigkeiten hatten? Es war zu früh, um es zu sagen.

»Es ist alles in Ordnung«, beruhigte ich ihn. »Komm, leg dich neben mich.«

Shane kuschelte sich an mich, und ich deckte uns beide zu.

Am nächsten Tag erfuhren wir die Einzelheiten über Petes Tod. Er war mit Angela im Pub »The Railway« gewesen, um seinen Geburtstag zu feiern. Auf einmal kam James, einer seiner Bekannten, rein. Er sah völlig erledigt aus. Er erzählte Pete, dass er in einer anderen Kneipe aus Versehen einem Mann das Bierglas umgestoßen hatte. Der Typ hatte ihm einen Stoß mit dem Kopf versetzt und ihm das Nasenbein gebrochen; er hatte gedroht, ihn umzubringen. James war erst siebzehn. In seiner Panik hatte er sich zu Pete geflüchtet.

Als Angela auf der Toilette war, kamen drei Männer in das Pub, um nach James zu suchen. Pete versuchte, die Wogen zu glätten. Als er ihnen einen Moment lang den Rücken kehrte und sich zum Tresen wandte, zog einer der Typen eine Machete aus dem Mantel und hackte Pete damit dreimal in den Rücken. Ein anderer hatte auf einmal eine Fleischerhacke in der Hand und versenkte sie im Schädel von einem von Petes Freunden.

Die anderen Gäste schrien und gingen in Deckung. Pete machte sich auf den Weg zur Polizeiwache an der nächsten Straßenecke, um Hilfe zu holen. Er wusste nicht, wie schwer verletzt er war. Er redete immer nur von Angela.

»Passen Sie auf, dass ihr nichts passiert.«

Erst als man ihm versicherte, dass seine Frau außer Gefahr sei, war er bereit, in den Krankenwagen einzusteigen. Er starb, noch bevor sie die Klinik erreichten.

Jed ging zur Wache. »Stimmt es, dass Sie die Typen verhaftet haben, die Peter umgebracht haben?

»Ja, das stimmt«, bestätigte der Polizist am Empfangsschalter.

»Sind sie hier?«

»Ja, sie sitzen in der Arrestzelle.«

Da sprang Jed über die Theke, versetzte dem Beamten einen solchen Schlag vor die Brust, dass er zu Boden ging, und griff sich seinen Schlüsselbund. Er stand gerade vor der Zellentür und war dabei, die Schlüssel durchzuprobieren, als sie ihn stoppten. Zu zweit mussten sie ihn festhalten. Sie brachten ihn in eine Zelle und riefen den Arzt, um ihm ein Beruhigungsmittel zu geben. Als seine Rage verflogen war, brach er schluchzend zusammen. Sie brachten ihn im Polizeiwagen nach Hause; es ist nie zu einer Anzeige gegen ihn gekommen.

Meine Trauer war stiller. Ich verlor nicht die Fassung, weil ich bereits am Abend vor Petes Tod durch eine Phase tiefster Depression gegangen war. Ich hatte schon um ihn geweint. Ich spürte wohl, was kommen würde – aber es betraf mich zu direkt, als dass ich wirklich hinschauen konnte.

Wie Pete es vorausgesagt hatte, berichteten die Zeitungen in Schlagzeilen über seinen Tod. Er hatte einem anderen das Leben gerettet und wurde als Held gefeiert. Petes Freund lag mit seiner schweren Kopfverletzung wochenlang auf der Intensivstation, aber er kam wieder auf die Beine und trug keine bleibenden Schäden davon.

Wenn man einen Menschen verliert, der einem nahe stand, dann steigen so viele Erinnerungen in einem auf. Ich dachte oft an unsere Kindheit – an unsere Ausflüge zum Strand; an die Dinge, über die wir zusammen gelacht hatten; an seinen ersten Schultag. Ich vermisste meinen Bruder auf hunderterlei Weise.

Pete war weg. Die Vorstellung, ihn mein ganzes langes Erdendasein über nicht ein einziges Mal mehr wiederzusehen, war kaum fassbar für mich. Nie wieder sollten wir gemeinsam Spaß haben. Wir waren immer zu dritt gewesen: Pete, Jed und ich. Jetzt waren nur noch Jed und ich übrig. Ein Verlust kann eine Familie auseinander reißen. In unserem Fall schweißte es Jed und mich noch fester zusammen.

Manche sagten zu mir: »Die Zeit heilt alle Wunden; irgendwann wirst du darüber hinwegkommen.«

Andere meinten mit Hinblick auf meinen unverrückbaren Glauben an ein Leben nach dem Tod: »Wenigstens weißt du, dass ihr euch wiedersehen werdet.«

Mein Glaube machte es mir in der Tat leichter, aber das Gefühl des Verlusts – das Gefühl, dass ich Pete hier und jetzt vermisste –, das konnte er mir nicht nehmen. »Ich werde nie darüber hinwegkommen«, dachte ich. »Es wird mir immer wehtun.« Aber es stimmt: Die Zeit heilt Wunden.

Fünf Wochen nachdem Pete ermordet worden war, rief eine Frau an, um ein Gruppen-Reading bei mir zu buchen. Es wurde höchste Zeit, dass ich wieder zu arbeiten anfing; es würde mir gut tun, unter Menschen zu gehen. Als ich bei der Klientin vor der Tür stand, empfand ich es als Wohltat, dass keiner der dort Versammelten etwas von meinem Leben wusste.

Ich wurde in einen Nebenraum geführt. Als Erstes kam ein achtzehnjähriges Mädchen an die Reihe. Ihr war an den Augen abzulesen, dass sich bei ihr momentan alles um ein Problem drehte: den Streit, den sie mit ihrem Freund gehabt hatte. Die beiden wechselten seit einer Woche kein Wort mehr.

Ich hätte sie am liebsten angeschrien: »Problem?! Du hast ja keine Ahnung, was ein echtes Problem ist!« Ich musste mich sehr zusammenreißen, um mit meinen wahren Gefühlen hinter dem Berg zu halten. Ich sagte ihr, dass sie und ihr Freund sich wieder versöhnen würden, und irgendwie schaffte ich es, das Reading hinter mich zu bringen. Dann schob ich Kopfschmerzen vor, um keine weiteren Klienten mehr beraten zu müssen, und machte mich schnellstmöglich auf den Weg nach Hause.

Als ich ins Auto einstieg, dachte ich: »Ich kann das nicht mehr machen!« Dann fuhr ich los. Ein paar hundert Meter vor unserem Haus blieb ich stehen und zündete mir eine Zigarette an. Da hörte ich Erics Stimme.

»Du bist verletzt«, sagte er. Dies war das erste Mal seit Petes Tod, dass er sich bei mir meldete.

»Natürlich bin ich verletzt«, antwortete ich. »Ich vermisse Pete. Ich mache mir Sorgen um Mum, Angela und die Kinder. Wie kann ich mich da mit fremden Leuten an einen Tisch setzen und über Albernheiten reden?«

»Sie war auch verletzt«, warf Eric ein. »Sie hat nichts Großes erlebt, und darum tun ihr die kleinen Dinge genauso weh. Es ist nicht ihre Schuld, dass sie nicht durch das gleiche Leid gegangen ist wie du. Wie kannst du sie beurteilen? Ihre Verletzung tut ihr weh, und das ist alles, was sie weiß.«

Ich sah das Mädchen vor mir – wie ernst ihr Gesichtsausdruck gewesen war; wie verzweifelt ihr Blick. Objektiv betrachtet, hatte sie kein wirklich großes Problem gehabt, aber für sie war es wichtiger als alles andere im Leben. Sie war verletzt und einsam. Vor Petes Tod hätte ich tiefstes Mitgefühl für sie empfunden.

»Bewerte nicht das Leid anderer Menschen«, ermahnte mich Eric. »Versetze dich stattdessen in sie hinein.«

Ich entschuldigte mich in Gedanken – bei dem Mädchen, bei Eric. Meine Readings sollten nicht nur Informationen liefern; es ging vielmehr darum, anderen in ihrem Leid beizustehen und ihnen zu helfen, sich aus ihrer Misere zu befreien.

Später am Abend, als alle schliefen, fragte ich Eric: »Wenn ich Pete an dem Abend daran gehindert hätte, aus dem Haus zu gehen, wäre er dann noch am Leben?«

»Nein«, entgegnete Eric. »Seine Zeit war gekommen.«

»Hat jeder von uns eine vorherbestimmte Zeit, zu leben?«

»Ja.«

»Kann man daran etwas ändern?«

»Nein.«

Keiner sollte jung sterben, aber Erics Worte halfen mir, es nicht so persönlich zu sehen – wie traurig es auch immer sein mag, allein zurückzubleiben.

»Geht es Pete gut?«

»Natürlich geht es ihm gut!«

»Was macht er?«

»Er ruht sich aus.«

Dreieinhalb Monate lang konnten wir Pete nicht begraben, weil vier Obduktionsberichte geschrieben werden mussten – je einer für die Akten der Beschuldigten und einer für die

Staatsanwaltschaft. Zur Beerdigung kamen 25 Freunde von Pete. Sie trugen elegante schwarze Anzüge. Die meisten von ihnen hatten noch nie im Leben einen Anzug besessen. Es war ein wunderschönes Bild.

Angela blieb bei meinen Eltern wohnen. Zehn Monate lang setzte sie außer zum Einkaufen kaum einen Fuß vor die Tür. Meine Mutter musste nicht nur mit ihrer Trauer über den Verlust ihres Sohnes fertig werden; sie machte sich zudem permanent Sorgen um ihre Schwiegertochter und Enkelin. Pete und Angela hatten den Pakt geschlossen, nie wieder voneinander getrennt zu sein. Angela wollte bei ihm sein. Sie wollte auch sterben.

12

Die Verhandlung dauerte drei Wochen. Jed und ich waren die ganze Zeit anwesend. Mit zu Fäusten geballten Händen saß ich da, vor lauter Angst, mein Bruder könne über die Absperrung springen und sich auf Petes Mörder stürzen. Es war so schwer, still sitzen zu bleiben – so schrecklich, mit anzuhören, welche verheerenden Verletzungen Pete das Leben gekostet hatten. Die Machete war bis in seine Leber, Lunge und Wirbelsäule eingedrungen. Wie er es in dem Zustand überhaupt hatte schaffen können, zur Polizeistation zu laufen, um Hilfe für Angela zu holen, war allen ein Rätsel. Er starb an Blutverlust.

Zwei Männer wurden wegen Mordes zu lebenslänglicher Haft verurteilt; der dritte bekam sechs Jahre wegen schwerer Körperverletzung.

Nach dem Urteilsspruch erkundigte ich mich: »Was bedeutet lebenslänglich?«

»Sie werden in etwa zehn Jahren entlassen«, informierte mich der Beamte.

»Wären Sie für die Verhängung der Todesstrafe?«, fragten mich die Reporter, als wir aus dem Gerichtssaal kamen.

»Nein«, sagte ich. »Ich bin aus Überzeugung dagegen. Einen Menschen hinzurichten, wäre vorsätzlicher Mord. Wir würden uns damit auf eine Stufe mit den Verbrechern stellen.«

Aber die folgenden Monate waren schwierig. Wir verbrachten viel Zeit miteinander: Jed und ich, Mum und Dad, Angela und die Kinder. Es war eine traurige Zeit – wir vermissten Pete so sehr!

Der Mord an Pete war etwa neun Monate her, als ich mit einem Gebärmuttervorfall zum Arzt ging. Der Gynäkologe meinte, man könne das Problem mit einer Operation beheben, doch ob es auf Dauer halten würde, könne mir niemand garantieren. Da ich bereits sterilisiert war, erschien eine Totaloperation der logische Schritt.

Ich hatte Angst, wieder ins Krankenhaus zu gehen. Als ich das letzte Mal in einem gewesen war, hatte man mir versehentlich eine Epiduralanästhesie gesetzt. Und wenn ihnen jetzt wieder irgendein Kunstfehler unterlief? Ich redete viel mit den Krankenschwestern und dem Arzt, brachte sie zum Lachen; versuchte, auf mich aufmerksam zu machen, damit sie mich in Erinnerung behalten würden. Ich wollte von ihnen als Mensch gesehen werden – nicht als einer von vielen Körpern auf dem Fließband. Ich hoffte, dass mir dies nützen würde.

Nach Luft schnappend, kam ich auf der Station zu mir. Mein Bett war von Krankenschwestern umringt, die mit Apparaten und Infusionen hantierten. »Sie reagiert auf die Schmerzmittel«, hörte ich eine von ihnen sagen. Dann verlor ich wieder das Bewusstsein.

Als ich das nächste Mal die Augen aufschlug, saß ich mit einem Kissen im Rücken im Bett. Pete stand am Fußende und lächelte mich an. Ich wusste nicht, ob ich Halluzinationen hatte oder ob er wirklich da war. Ich entschied, dass das letztlich unwichtig sei.

»Pete, sprich mit mir«, sagte ich laut. »Ich habe solche Angst.«

Er trat näher. »Ich kann nicht bleiben, um mit dir zu reden«, meinte er. »Lies das hier.« Er legte mir ein Buch auf die Bettdecke.

»Ich will kein bescheuertes Buch lesen!«, schimpfte ich. »Rede mit mir.«

»Ich kann nicht bleiben, Schwesterchen«, wiederholte er. »Lies das Buch.«

Mit diesen Worten löste er sich auf. Ich schaute das Buch an. Es war etwa 30 mal 30 Zentimeter groß und hatte einen abgewetzten braunen Ledereinband. Widerstrebend schlug ich es auf, aber statt Seiten voller Wörter schaute ich in das lebendige Bild eines Regenwaldes hinein. Als ich mir die Bäume näher ansah, entdeckte ich, dass unzählige winzige weiße Lichtblitze durch sie hindurchzuckten.

Am dicksten waren die schwirrenden Lichtpfeile im Stamm; in den Zweigen wurden sie dünner, im Blattwerk noch filigraner. Die Bäume steckten voller Lebensenergie. Der Bildausschnitt verschob sich nach unten, sodass mein Blick auf den Waldboden und die Insekten fiel, deren

Körper und Flügel ebenfalls von weißer Lebenskraft erfüllt waren.

Dann leerte sich die Seite. Gerade wollte ich mir den Finger lecken, um weiterzublättern, da wurde mir bewusst, dass ich im Krankenhaus lag. In Wirklichkeit gab es gar kein Buch; nur der Finger, den ich in die Luft hielt, den gab es wirklich. Wieder tauchte ich ins Unterbewusstsein ab, und da war die Seite bereits umgeblättert. Diesmal sah ich das Meer – und wie alles Lebendige darin von schwirrender Lebenskraft erfüllt war. Dann die Weiten Afrikas und dann eine Stadt voller Menschen – und in allem pulsierte ein und dieselbe Energie.

Als ich vollkommen aus der Narkose erwacht war, fühlte ich mich wunderbar. Ich war völlig ruhig, und in mir herrschte die absolute Gewissheit, dass alles – vom kleinsten Blatt bis hin zum allerwichtigsten Menschen der Welt – miteinander auf fundamentale und unauflösliche Weise verbunden ist. Ein und derselbe Energiestrom durchfließt alles Lebendige, und über ihn können wir mit allem in Verbindung treten.

Im Laufe der Stunden verblassten diese Empfindungen, aber ein unbeschreibliches Wohlgefühl machte sich in mir breit. Meine Genesung verlief ungewöhnlich schnell, sodass ich drei Tage früher als erwartet aus dem Krankenhaus entlassen werden konnte.

Eines Samstags vierzehn Monate nach Petes Tod ging ich mit meiner Mutter zum Friedhof, um Blumen auf sein Grab zu stellen. Ich kniete auf dem Boden, um den Strauß zu arrangieren, als urplötzlich ein Bild vor mir auftauchte: meine Mutter und ich beim Bingospielen. Ich stand auf.

»Wir sind schon jahrelang nicht mehr beim Bingo gewesen«, meinte ich. »Ich hätte große Lust, mal wieder hinzugehen.«

»Ich hab kein Geld dabei«, wandte Mum ein.

Ich hatte nur 3 Pfund in meinem Portemonnaie, aber noch nie hatte ich einen so großen Drang zu spielen verspürt.

»Überlass das mir«, gab ich zurück. »Mal sehen, ob ich irgendwo Geld auftreiben kann.«

Am Nachmittag desselben Tages gab Andy mir 25 Pfund, um eine Rechnung zu bezahlen. Es mir zum Bingospielen auszuleihen, war ein ziemliches Risiko. Was, wenn ich es verlieren würde? Ich beschloss, mir darüber in der nächsten Woche Gedanken zu machen – falls es nötig sein sollte. Als Nächstes ging es darum, einen Babysitter zu finden.

Jed hatte sich von Theresa getrennt und lebte jetzt mit Denise und ihrem kleinen Sohn Lee in einer winzigen, armseligen Wohnung. Mein Bruder hatte einen Bandscheibenvorfall, und er lag leidend auf seiner Matratze auf dem Boden. Ich überredete ihn, mir Denise für einen Abend »auszuborgen«, um auf Shane und Tanya aufzupassen. Dann zog ich los, besorgte ihm einen Sechserpack Bier und stellte ihn neben ihn auf den Boden. Ich musste an dem Abend spielen – das war alles, was ich wusste.

Der Bingoclub von Sheerness war in einer schäbigen Halle untergebracht – ein Arme-Leute-Casino mit schmuddeligem Teppichboden, Holzstühlen, Resopaltischen und abgeblätterter Farbe an den Wänden. Aber als ich eintrat, hatte ich regelrechtes Lampenfieber.

Bis zur Pause blieben Mum und mir zusammen noch ganze 26 Pence. Wir konnten uns für das Geld nur noch einen

Tee leisten, und darum teilten wir uns eine Tasse. Panik stieg in mir auf, weil ich doch am Montag die Rechnung bezahlen musste. Woher sollte ich das Geld bloß nehmen?

Höhepunkt des Abends war der Preis der Nation, bei dem in Bingohallen im ganzen Land gleichzeitig nach dem Spieler gesucht wurde, der als Erster ein Full House zustande brachte. Mum hatte eine Richtige nach der anderen; ich hörte auf, auf meine eigene Karte zu gucken, und konzentrierte mich auf ihre. Innerhalb kürzester Frist war ihre Karte voll.

»Ja«, schrie ich für sie, als ich die letzte Nummer fallen sah.

Wir hatten den Preis des Hauses geholt, so viel stand fest. Das waren immerhin 60 Pfund. Damit konnte ich wenigstens die Rechnung bezahlen. Aber ich wusste, dass wir mehr gewonnen hatten, den Regionalpreis womöglich – vielleicht sogar den Preis der Nation.

Zwanzig Minuten mussten wir auf das Ergebnis warten. Als uns der Manager einen Drink anbot, spürten wir ersten Optimismus. Dann ertönte die Bandaufzeichnung eines Trommelwirbels – so etwas hatte es in unserer Bingohalle noch nie gegeben. Alle standen auf und schauten zu uns her. Der Manager trat auf die Bühne. Die Szene schien in Zeitlupe abzulaufen. Ich hielt den Atem an.

»Ein Mitglied unseres Clubs ist der Gewinner des Regionalpreises«, verkündete er.

Wir hatten 5500 Pfund gewonnen! Die Leute im Saal jubelten und klatschten. Da aber hielt der Manager die Hand in die Höhe, um sich noch einmal Gehör zu verschaffen.

»Und zum ersten Mal in der Geschichte unseres Clubs

geht auch der Preis der Nation an eines unserer Mitglieder.«

50 000 Pfund! Die Halle explodierte förmlich. Die Leute standen auf den Stühlen und klatschten. Alle Zeitungen hatten über den Mord an Pete berichtet, und ein Bild von Mum an seinem Grab war auf jeder Titelseite gewesen. Wie freuten sich alle, zu sehen, dass uns auch einmal etwas Positives widerfuhr! Mum und ich strahlten von einem Ohr zum anderen.

Als wir draußen vor der Bingohalle in meinen klapprigen Cortina stiegen, schauten wir uns an.

»Auf die Plätze, fertig, los!« Und dann schrien wir beide aus vollem Halse.

»Ich kann es kaum fassen«, jubelte ich. »Und vor ein paar Minuten hatten wir ganze 26 Pence in der Tasche.«

»Du hast die Idee mit dem Bingo gehabt, als du dich über Petes Grabstein gebeugt hast. Es ist ein Geschenk von ihm«, vermutete meine Mutter.

»Du hast Recht«, nickte ich. »Ich kann nicht erklären, warum, aber ich habe die ganze Zeit so einen Drang zu spielen gespürt.«

Und dann verriet ich ihr, was ich getan hatte: »Ich habe sogar das Geld gesetzt, das Andy mir gegeben hat, um die Gasrechnung zu zahlen.«

Wir konnten uns vor Lachen kaum halten.

»Hoch lebe Pete!«, bedankten wir uns bei ihm.

Mum und ich machen bei unseren Gewinnen immer halbe-halbe. Wir beschlossen, den Regionalpreis – also 5500 Pfund – an Jed weiterzugeben, und wollten gleich bei ihm vorbeifahren. Er brauchte ewig, bis er sich von seiner Matratze erhoben hatte und an die Tür gehumpelt kam. Als wir ihm unsere Neuigkeiten berichteten, glaubte er uns zuerst nicht. Dann verzog er das Gesicht abwechselnd vor Lachen und vor Schmerzen.

Andy und Denise warteten im Wohnzimmer auf mich.

»Du kommst spät«, begrüßte mich Andy.

»Wir sind noch zu Jed gefahren, weil …«, ich zog es in die Länge, um den Effekt zu genießen, »… weil Mum und ich heute Abend den Preis der Nation gewonnen haben.«

»Und was heißt das?« Andy war kein Bingofan, er hatte keine Ahnung.

»Wir haben 55 500 Pfund gewonnen.«

»Moment mal«, wehrte Andy sofort ab. »Was für einen Tag haben wir heute?« Er guckte auf seine Uhr. »Da, bitte: Morgen ist der erste April«, grinste er triumphierend. »Ich lass mich von euch doch nicht auf den Arm nehmen.«

Ich hatte keinerlei Dokumente – nichts, womit ich es ihm hätte beweisen können. Es dauerte ewig, bis ich ihn endlich davon überzeugen konnte, dass wir das Geld wirklich gewonnen hatten.

Als der Scheck nach zehn Tagen eintraf, begleitete ich Mum zur Bank, um ihn einzulösen. Und der Filialleiter, vor dem meine Mutter wegen ihres notorisch überzogenen Kontos normalerweise fürchterliche Angst hatte, bot der guten Frau zum ersten Mal eine Tasse Tee an. Schüchtern fragte sie an, wie lange sie warten müsse, bis sie zum ersten Mal Geld abheben könne.

»Ich kann Ihnen jetzt gleich eine Summe auszahlen«, erklärte er sich bereit und gab ihr 1000 Pfund in bar.

Es war halb elf Uhr morgens, und wir hatten mehr Geld, als wir je zu besitzen gehofft hatten.

»500 für jede«, verkündete meine Mutter. »Komm, wir gehen shoppen.«

Ich kaufte je ein Spielzeug für Tanya und Shane und ein Aftershave für Andy; aber für mich selbst Geld auszugeben, das wollte mir einfach nicht gelingen. Nach einer Stunde hatte Mum gerade mal einen neuen Büstenhalter und eine Rolle Müllbeutel erstanden.

Wir hatten so lange kein Geld gehabt, dass wir jetzt gar nicht wussten, was wir damit anfangen sollten. Soviel ich wusste, hatte meine Mutter noch nie in ihrem Leben in einem Lokal gegessen, und so genehmigten wir uns jetzt in einem kleinen italienischen Restaurant in Chatham einen Teller Spaghetti bolognese. Während des Essens planten wir eine Ferienreise mit den Kindern. Es hatte in unserem Leben so viel Leid gegeben; aber an diesem einen Tag waren wir glücklich.

Ein paar Wochen darauf gingen wir wieder zum Einkaufen.

»Ich wette, dass ich schneller einen Tausender auf den Kopf hauen kann als du«, forderte mich Mum heraus.

»Das wollen wir erst mal sehen«, konterte ich.

Wir verabredeten uns in einer Stunde. Ich erstand einen Ledermantel, Stiefel, eine Jeans, mehrere Pullover und eine Uhr. Aber meine Mutter gewann: Sie kaufte eine komplette Schlafzimmereinrichtung. Triumphierend wedelte sie mit der Quittung in der Luft.

Diesmal hatten wir Jed mit zum Einkaufen genommen – mit Krückstock und einem Stützkorsett für seinen Rücken. Er leistete sich einen Anzug, seinen ersten wirklich guten Anzug. Und dazu eine neue Couchgarnitur und einen Esstisch mit Stühlen. Den Rest des Geldes gab er dafür aus, dass sie aus ihrer heruntergekommenen Ein-Zimmer-Wohnung in ein kleines Häuschen umziehen konnten. Dank den 5500 Pfund änderte sich ihr Leben von Grund auf.

In den darauf folgenden Wochen besserte sich auch mein Verhältnis zu Andy. Er hatte sich immer mit Geldsorgen gequält, und jetzt, da der Druck von ihm genommen war, reagierte er nicht mehr so gereizt. Er nahm sich nicht mehr alles so zu Herzen, machte auf einmal Späße mit den Kindern und schrie nicht mehr herum.

Auch verschob sich durch das Geld das Machtgleichgewicht zwischen uns. Unser Haus war in desolatem Zustand – lauter kaputter Trödel, der reif für den Sperrmüll war. Ich gab Geld aus, um alles auf Vordermann zu bringen: neue Waschbecken, Schränke, Teppiche, neue Möbel für die Kinderzimmer. Es war mein Geld, und so war zum ersten Mal in meinem Leben ich diejenige, die die Entscheidungen fällte.

Geld macht nicht glücklich, aber es gibt uns freie Hand. Ich konnte es mir leisten, die Kinder in verschiedenen Sportclubs anzumelden. Es war herrlich für sie – auf einmal waren sie Mitglieder im Schwimmverein, gingen zum Rollschuhlaufen und spielten Tennis. Sie waren begeistert.

Einen Teil unseres Gewinns gaben Mum und ich dafür aus, mit Shane und Tanya in einen Butlins-Club zu fahren. Ich war nie in den Ferien gewesen – auch Shane und Tanya nicht. Und wir waren neu eingekleidet und hatten Geld in der Tasche. Bei unserer Ankunft mussten wir an der Rezeption anstehen, und so versuchte ich mich an dem einarmigen Banditen, der in der Lobby stand. Ich steckte eine Münze in den Schlitz, und als ich den Knopf zum dritten Mal drückte, gingen alle Lichter an, und die Glocken schrillten.

»Wie viel haben Sie reingesteckt?«, erkundigte sich ein Mann.

»Ein Pfund«, gab ich zurück, während 250 Pfund in Münzen aus dem Automaten quer über den Boden kullerten. Ein Angestellter brachte mir einen blauen Geldsack aus Stoff, und wir sammelten meinen Gewinn auf.

»Taschengeld«, strahlte ich Mum an, während wir unsere Beute aufteilten.

»Können wir im Freizeitpark mit ein paar Sachen fahren?«, bat Shane. Dort gab es riesige Disney-Figuren; so etwas hatte er noch nie gesehen.

»Ja, ihr könnt alles ausprobieren, was ihr wollt«, stimmte ich zu.

Als wir am Abend über das Freizeitgelände bummelten, kamen wir an einer Bingohalle vorbei.

»Sollen wir?«, fragte ich Mum. »Nur ganz kurz?«

Wir kauften sechs Tickets für jede. Beim letzten Spiel hatte meine Mutter ein Full House. Es war das letzte Spiel des Abends. 300 Pfund gehörten uns. Wir waren erst ein paar Stunden in Butlins, und schon hatten wir 550 Pfund gewonnen. Es war wie im Film. Wir hatten Hände wie Midas – was wir anfassten, verwandelte sich in Gold.

In der einen Woche, die wir in dem Ferienclub verbrachten, gewannen meine Mutter und ich mehrmals beim Bingo. Wir hatten eine herrliche Zeit, kauften Berge von Souvenirs und kamen trotzdem mit mehr Geld nach Hause, als wir mitgenommen hatten.

In den nächsten Monaten gingen Mum und ich alle vierzehn Tage zum Bingo. Viermal knackten wir den 1000-Pfund-Sonderjackpot und kassierten außerdem jede Menge anderer Prämien. Andy machte sich als Gartenbauunternehmer selbständig. Er war zufriedener, gelassener, fühlte sich wohler in seiner Haut. So vieles war in Bewegung.

Auch erhielt ich einen Brief von dem Anwalt, an den ich mich wegen der Geschichte mit der Epiduralanästhesie gewandt hatte. Meine Beschwerde gegen die Gesundheitsbehörden zog sich schon seit fünf Jahren hin, aber jetzt teilte er mir mit, dass endlich ein psychologisches Gutachten erstellt werden sollte.

»Sie wollen herausfinden, ob der Zwischenfall seelische Spuren bei Ihnen hinterlassen hat«, erklärte er mir.

Es sah so aus, als könne es doch endlich zu einem Durchbruch kommen. »Sag bloß keinen Ton über irgendwelche hellsichtigen Fähigkeiten«, schärfte ich mir ein. Ich musste normal erscheinen – so normal wie jeder andere auch.

»Ich bin nicht nur Psychologin, sondern auch Vorsitzende der Gesellschaft für angewandte Hypnotherapie«, stellte sich mir die Therapeutin vor. »Ich würde Sie gern in eine leichte Hypnose versetzen, damit Sie sich besser entspannen können«, schlug sie vor. »Hätten Sie etwas dagegen?«

»Nein.« Es würde bestimmt eine interessante Erfahrung sein, dachte ich.

Es fiel mir leicht, in hypnotische Trance zu gehen. Ich war entspannt – so entspannt, dass ich nicht mehr darauf achtete, was ich sagte.

»Wenn Sie an Ihren achten Geburtstag denken«, sagte die Psychologin, »woran erinnern Sie sich da?«

Doch anstelle der achtjährigen Mia sah ich ein Gewächshaus mit zerbrochenen Scheiben und eine einäugige Siamkatze. Ich beschrieb ihr das Bild genau. Dann schnippte sie mit den Fingern und holte mich aus der Hypnose zurück. Erst jetzt erkannte ich, was ich gemacht hatte: Ich hatte ihr ein Reading gegeben.

»Woher wissen Sie, dass ich eine einäugige Siamkatze habe und der Sturm die Gewächshausverglasung eingedrückt hat?«

»Es tut mir wirklich Leid«, entschuldigte ich mich. Ich versuchte, es möglichst herunterzuspielen: »Es ist nur so, dass ich bestimmte Dinge sehen kann. Ich wollte Ihnen nicht zu nahe treten.«

Die Psychologin war fasziniert und wollte einen Bericht über mich schreiben. So kam es, dass ich sie nach diesem ersten Termin noch ein paarmal aufsuchte. Einen Monat später schickte sie ihr Gutachten: Ich sei im Vollbesitz meiner geistigen Fähigkeiten, charakterfest und ein Mensch von hohem moralischen Anspruch. Es las sich großartig. Nach zwei Monaten rief mich mein Rechtsanwalt an und teilte mir mit, dass nach sieben Jahren endlich ein Gerichtstermin anberaumt worden sei.

Am Morgen vor der Verhandlung boten mir die Gesundheitsbehörden eine Vergleichssumme von 10 000 Pfund an, wenn ich die Anklage zurückziehen würde. Ich lehnte ab. Am Nachmittag erhöhten sie ihr Gebot auf 20 000.

»Ich denke, Sie sollten annehmen«, riet mir der Rechtsanwalt.

Ich lehnte ab. Um sechs Uhr klingelte das Telefon abermals: Das Angebot lautete 30 000.

»Jetzt sollten Sie aber wirklich zustimmen«, redete mir

der Rechtsanwalt zu. »Sollten Sie jetzt ablehnen, und der Richter spricht Ihnen auch nur einen Penny weniger zu, dann büßen Sie nach dem Gesetz jeglichen Anspruch ein.«

Was für ein blödes Gesetz! Widerwillig ließ ich mich auf die außergerichtliche Einigung ein und kaufte der Gemeinde von dem Geld unser Häuschen ab. Dann endete unsere Gewinnsträhne – Petes Geschenk – ebenso plötzlich, wie sie begonnen hatte.

Als ich eines Morgens die Vorhänge im Schlafzimmer zurückzog, sah ich auf einmal das Gesicht meiner Großmutter Grace vor mir. Irgendetwas stimmte nicht – sie machte sich Sorgen. Ich musste hinfahren und nach dem Rechten sehen. Grace und Arthur lebten nur wenige Meilen entfernt, aber ich war seit Jahren nicht mehr bei ihnen gewesen. Ich sah meine Oma gelegentlich bei meiner Mutter, und manchmal schaute sie auch bei mir vorbei. Aber da ich keine Lust hatte, Arthur über den Weg zu laufen, gehörte ihr Haus für mich zur Tabuzone.

Grace hatte kein Telefon, und so fuhr ich zu ihr, nachdem ich die Kinder in der Schule abgeliefert hatte. Sie war sofort an der Tür. In ihrem karierten Morgenmantel und den Hausschuhen wirkte sie alt und zerbrechlich.

»Ich bin so froh, dich zu sehen«, begrüßte sie mich. »Ich habe mir solche Sorgen gemacht. Arthur geht es nicht gut, aber er will nicht zum Arzt. Ich weiß nicht, was ich tun soll.«

Ich konnte ihn vom Flur aus sehen. Er saß vornübergebeugt im Sessel und sah eingefallen und hinfällig aus. Er starrte auf den Boden, während ich an der Tür stand und ihn betrachtete. Es widerstrebte mir, in seine Nähe zu gehen.

Aber ich musste mit ihm reden – er hatte ganz offensichtlich große Schmerzen. So überwand ich mich, trat auf seinen Sessel zu und ging in die Hocke. Ich musste alle meine Gefühle wegdrücken, musste neutral sein.

»Arthur«, sagte ich. »Es geht dir nicht gut.«

Er ließ die Hände sinken und hob den Kopf, um mich anzuschauen. Seine Haut war gelblich, und in seinen Augen lag ein Ausdruck von schrecklichem Schmerz. Sein Gesicht wirkte so verzerrt.

»Ich habe Rückenschmerzen«, gab er zu.

Ich ging zur Telefonzelle und rief den Arzt an. Er trug mir auf, Arthur sofort in die Ambulanz zu bringen. Er war so krank, und Grace hatte solche Angst – irgendjemand musste etwas unternehmen. Was blieb mir anderes übrig?

Arthur humpelte zu meinem Auto. Es dauerte Stunden, aber ich half ihm nicht, wollte ihn nicht anfassen. Dann öffnete ich die Wagentür, und er beugte sich mühsam, um einzusteigen. Er hatte Schmerzen (ich hielt mir vor, selbstsüchtig zu sein), er brauchte Hilfe – ich schob ihm die Hand unter den Ellbogen und half ihm, im Auto Platz zu nehmen.

Am Empfang fragte man mich, in welchem Verhältnis ich zu Arthur stünde. Noch bevor ich antworten konnte, sagte Arthur: »Sie ist meine Nichte.«

Ich wollte ihm nicht widersprechen, und so schwieg ich. Er wollte, dass ich ihn ins Sprechzimmer begleite, und so saß ich da, während der Arzt ihn abhörte. Dann zog er ihm das Hemd hoch, und ich sah seinen Bauch und Brustkorb. Die Haut war über und über mit murmelgroßen Knoten übersät. Wie musste er gelitten haben!

»Warten Sie bitte draußen, ich muss ein paar Worte mit Ihrer Nichte reden«, bat ihn der Arzt.

Arthur hatte Krebs im fortgeschrittenen Stadium – für eine Behandlung war es zu spät. Er hatte nicht mehr lange zu leben. Ich konnte es kaum fassen, dass man ausgerechnet mir das mitteilte.

»In Fällen wie diesem sagen wir dem Patienten die Wahrheit nur, wenn wir direkt gefragt werden«, klärte mich der Arzt auf. »Wenn er nicht ausdrücklich nachfragt, reden wir nicht darüber.«

»Wie viel Zeit bleibt ihm noch?«

»Es ist eine Frage von Wochen.«

Ich brachte Arthur ins Krankenhaus und wartete, bis man ein Luftbett für ihn organisiert und ihn an den Morphiumtropf gehängt hatte. Er hatte keinerlei Kraft zu kämpfen mehr.

Ich versuchte, möglichst locker zu klingen. »Ich fahre jetzt und hole dir ein paar Sachen«, meinte ich.

»Kommst du wieder?« Verzweiflung lag in seiner Stimme.

Ich rief meine Mutter an, und wir überlegten, wie wir es Grace am besten beibringen würden. Er war seit fast dreißig Jahren ihr Lebensgefährte. Gemeinsam fuhren wir zu ihr, um es ihr zu sagen. Sie weinte und weinte. Ins Krankenhaus mochte sie nicht gehen; sie wollte ihn nicht anlügen und nicht mit ansehen müssen, wie er ihr langsam entglitt.

»Mach dir keine Gedanken«, tröstete Mutter sie. »Wir machen das schon.«

Draußen vor der Tür gestand mir Mum, dass sie sich nicht für stark genug hielt, am Bett eines Sterbenden zu wachen. Außerdem sei sie den ganzen Tag bei der Arbeit. Sie hatte keine Ahnung, was Arthur mir angetan hatte, und ich konnte es ihr nicht sagen – noch nicht.

»Ich schaue nach ihm«, versprach ich.

Nachdem ich die Kinder am nächsten Tag zur Schule gebracht hatte, fuhr ich zu Arthur. Er schlief gerade, und so setzte ich mich zu ihm ans Bett und las in einer Zeitschrift. Da schlug er auf einmal die Augen auf und streckte die Hand zu mir aus. Ich nahm sie.

»Alles in Ordnung, Arthur?«

Er schaute mich an. Seine Augen waren trüb.

»Es tut mir Leid«, sagte er.

Ich hatte ein Gefühl, als hätte er mir in den Magen getreten. Schlagartig standen die Bilder vor mir – alles, was er mir während meiner Kindheit angetan hatte, spulte sich wie in einem Film vor meinem geistigen Auge ab. Dann war es vorbei. Ich schaute ihn an; er war ein verfallener alter Mann, der fürchterliche Schmerzen litt. Und da spürte ich: Es ist vorbei, es ist zu Ende.

»Schon gut«, gab ich zurück.

Zwei Wochen lang saß ich jeden Tag an Arthurs Bett. Ich konnte den Gedanken nicht ertragen, dass er allein sterben müsste und niemand bei ihm wäre. Und so fuhr ich in die Klinik, sobald ich die Kinder in der Schule abgeliefert hatte, und blieb den ganzen Tag dort.

Wenn ich morgens die Treppe zur Station hinaufstieg, spürte ich jedes Mal die Anspannung. Ich musste oft nach draußen gehen und eine Zigarette rauchen, um den Knoten in meinem Magen nicht ganz so stark zu spüren. Ich wollte nicht dort sein, doch ich glaubte, keine Wahl zu haben.

Die meiste Zeit über war er nicht bei Bewusstsein. Ich fragte mich, ob ich diese Schmerzen etwa durch meine Verwünschungen auf ihn herabgezogen hätte. Tief in meinem Inneren spürte ich nach, um meine wahren Gefühle zu erkunden. Ich beurteilte ihn nicht, ich saß einfach nur da. Aber Stunde um Stunde an seiner Seite auszuharren, fiel mir dennoch schwer.

Einmal setzte ich mich, als ich aus dem Krankenhaus kam, ins Auto und ließ den Kopf aufs Lenkrad sinken. Wie gern hätte ich einen Menschen gehabt, der verstehen könnte, was ich durchmachte! Am liebsten wäre ich sofort zu Mum gegangen, um ihr von damals zu erzählen; aber er lag doch im Sterben, und es war so lange her. Noch war die Zeit nicht gekommen, darüber zu reden. Außerdem, so sagte ich mir, war er nicht mehr der Mensch, der er damals gewesen war. Ich wachte an der Seite eines alten Mannes, der im Sterben lag und Angst hatte.

Die Schwestern hatten meine Telefonnummer, um mich notfalls zu Hause erreichen zu können. Der Anruf kam um neun Uhr abends. Arthur lag in den letzten Zügen. Meine Mutter kümmerte sich um die Kinder. Ich ging allein hin.

Sein Bett war in einen Nebenraum geschoben worden. Es war ganz still. Ich setzte mich auf den Stuhl, der neben ihm stand, und sah zu, wie sich sein Brustkorb hob und senkte. Seine Hände ruhten reglos auf der Decke. Ich griff nach der, die mir am nächsten lag, und hielt sie mit meinen beiden Händen fest.

So saß ich fast eine Stunde lang da. Dann auf einmal veränderte sich etwas im Raum. Die Luft war elektrisch aufgeladen. Ich wusste, dass da etwas geschah, aber was es war, konnte ich nicht sagen. Immer noch hielt ich Arthurs Hand, und ich hatte das Gefühl, dass er sich ganz weit in sich zurückzog. Dann spürte ich, wie sein Geist sich zu erheben begann. Die Energie in seiner Hand wurde leichter und immer leichter. Er schlug die Augen auf, wandte mir den Kopf zu und lächelte mich ganz sanft an. Dann starb er. Ich fühlte, wie seine Energie nach oben stieg.

Ich ließ seine Hand los und schaute auf. Die Luft war von schimmernden Lichtern erfüllt. Ich sah es ehrfurchtsvoll, staunend, mit einem friedlichen Gefühl im Herzen. Tränen strömten mir übers Gesicht. Als die Krankenschwestern hereinkamen, dachten sie, dass ich vor Trauer weinte.

»Es ist gut, dass er hat sterben können«, redete mir eine von ihnen zu. »Er hat so sehr gelitten.«

Ich konnte nicht erklären, dass meine Tränen dem Mysterium des Sterbens galten. Es war eine Ehre gewesen, dabei sein zu dürfen. Als ich wieder nach oben zur Decke schaute, waren die Lichter verschwunden.

Nach Arthurs Tod forsteten Grace und ich seine Sachen durch. Wir fanden heraus, dass er im Zweiten Weltkrieg in einer Fallschirmtruppe gedient und bei seinen Einsätzen zahlreiche Menschenleben gerettet hatte; für seine Verdienste waren ihm mehrere Orden verliehen worden. In vielen Schreiben wurde sein Heldenmut gewürdigt. Er hatte keinem je etwas davon erzählt.

Wenn ich daran dachte, wie viele Menschen Arthur ihr Leben zu verdanken hatten, wurde mir bewusst, dass man niemanden wegen einer einzelnen Tat verurteilen sollte. Nur weil jemand etwas Schlechtes tut, heißt das noch lange nicht, dass er nicht auch zu Gutem fähig wäre. Viele Menschen begehen Taten, die sie zeitlebens bereuen und am liebsten ungeschehen machen würden; sie halten sich selbst für schlecht. Aber das Gute gleicht das Böse aus. Nichts ist nur schwarz oder weiß.

Ich nahm Kontakt zum örtlichen Fallschirmspringerregiment auf und sorgte dafür, dass sie eine Ehrengarde zu Arthurs Beerdigung entsandten.

13

Zwei Jahre waren seit Petes Tod vergangen, als ich ihn das nächste Mal sah. Ich hielt gerade ein Reading für eine Klientin und war dabei, ihr eine Botschaft von ihrer verstorbenen Mutter zu übermitteln, als er auf einmal hinter ihr auftauchte. Ich sah ihn ebenso klar vor mir wie die Frau.

»Alles klar, Schwesterchen?«, erkundigte er sich und grinste mich dabei ebenso frech und übermütig an wie früher. Ich war hin und her gerissen. Einerseits wollte ich unbedingt mit meinem kleinen Bruder reden, andererseits war ich es meiner Klientin schuldig, ihr in ihrer Trauer beizustehen.

»Gib mir eine halbe Stunde Zeit«, bat ich ihn.

Er nickte.

Als er wiederkam, fragte ich ihn: »Ist alles in Ordnung mit dir?«

»Mittlerweile schon«, meinte er. »Aber als ich merkte, dass ich tot war, rastete ich erst mal völlig aus.«

Seine Persönlichkeit hatte sich überhaupt nicht verändert – ich schaute ihm in die Augen und wusste es –, es war ihm nichts von seiner Wesensart abhanden gekommen; aber irgendetwas hatte sich trotzdem geändert. Zu Lebzeiten war er ungeheuer quirlig gewesen, jetzt aber gab er sich als die Ruhe in Person. Er strahlte heitere Gelassenheit aus.

Ich wollte mit ihm reden und ihm weitere Fragen stellen, aber er unterbrach mich: »Ich habe nicht viel Zeit; ich will dir nur schnell sagen, was Mum und die anderen heute getan haben.«

Der Pakt, den wir geschlossen hatten – er erinnerte sich tatsächlich!

»Mum hat bei der Arbeit die Autoschlüssel in den Gully fallen lassen«, fuhr er fort. »Jed hat sich in seiner Firma an einer Maschine am Handrücken verletzt, und Dad hat von seinem Bruder gehört.«

Ich notierte alles.

»Ist alles in Ordnung mit dir?«, fragte ich noch einmal.

»Ja, alles okay.« Sein Bild verblasste. »Ich muss jetzt gehen.«

Als ich mich von der Aufregung erholt hatte, rief ich Jed an. »Hast du dich heute bei der Arbeit an der Hand verletzt?«, wollte ich wissen.

»Ja«, bestätigte er. »Woher weißt du das, du Hexe?«

»Ich wusste es nicht«, wehrte ich ab. »Pete hat es mir durchgegeben.«

Jed sagte kein Wort. Was die Hellseherei anbelangte, hegte er Zweifel; noch nie hatte er mich um ein Reading gebeten. Schließlich fragte er: »Und was hat Pete genau gesagt?«

»Er meinte, du hättest dich in deiner Firma am Handrücken verletzt.«

»Geht es ihm gut?«

»Er wirkte so, als ginge es ihm bestens.«

»Hast du wirklich mit ihm geredet?«

»Ja, Jed. Das habe ich.«

Als Nächstes rief ich meine Mutter an. »Hast du heute deinen Schlüsselbund in den Gully fallen lassen?«

»Ja, das stimmt«, gab sie zu. »Aber er ist auf dem Gittereinsatz gelandet, und ich konnte ihn gerade noch herausfischen.«

»Hat Dad mit seinem Bruder gesprochen?«

»Woher weißt du das?«

»Pete hat sich bei mir gemeldet und es mir gesagt.«

Da wurde sie ganz still, und ich erzählte ihr genau, wie es gewesen war.

»Wie wirkte er auf dich? Ging es ihm gut?«

»Er machte einen total entspannten Eindruck.«

Am nächsten Abend bat mich meine Mutter, zu versuchen, noch einmal mit Pete in Kontakt zu kommen. Ich wollte sie nicht enttäuschen.

»Es hat über zwei Jahre gedauert, bis sich der doofe Kerl zum ersten Mal bei mir gemeldet hat«, wand ich ein. »Wie groß mögen da wohl die Aussichten sein, gleich am nächsten Tag wieder mit ihm zu reden?«

Aber an jenem Abend fiel es mir leicht, in die hellseherische Trance einzutauchen. Die Bilder waren glasklar. Eric zeigte sich.

»Emotionen verschleiern die Sicht«, gab er zu bedenken.

Ich sah das Bild von Pete vor meinem geistigen Auge auftauchen, doch eine Welle widerstreitender Emotionen holte mich ein und ließ es wieder verblassen. Ich holte tief Luft, um mich zu beruhigen. Da wurde es wieder scharf.

»Hallo, Mum.« Sein Blick war auf Mutter gerichtet. Ich gab seine Worte an sie weiter.

»Frag Pete, was ich gemacht habe, bevor ich zu dir hergekommen bin«, forderte sie mich auf.

Mum weiß, dass es umso schwieriger ist, mediale Botschaften zu empfangen, je näher einem der Betreffende steht. Ihre Frage war ein Test. Ich schaute Pete an.

»Es ist wichtig, Pete«, bat ich. »Bitte sag es mir.«

Pete lächelte, und wieder löste er sich auf. Dort, wo er gestanden hatte, tauchte eine polierte Holzfläche auf, worauf eine Art silberne Scheibe lag. Ich hatte keine Ahnung, was das bedeuten sollte, und so versuchte ich es noch einmal – mit dem gleichen Ergebnis. Frustriert und enttäuscht beschrieb ich meiner Mutter das Bild, das ich vor Augen hatte.

»Es tut mir Leid«, gab ich auf und kehrte mit meiner Aufmerksamkeit ins Wohnzimmer zurück, »doch ich kann deine Frage nicht beantworten.«

Mum aber schüttelte den Kopf. Sie hatte Tränen in den Augen.

»Bevor ich zu dir gekommen bin«, erklärte sie mir, »habe ich mich hingesetzt und im Stillen nach Pete gerufen. Wenn es ihm gut ginge, solle er mir ein Zeichen geben, bat ich ihn; eines, das kein anderer zu deuten wüsste. Dann zog ich einen Silberdollar aus der Handtasche und legte ihn auf den Wohnzimmertisch ...«

Nach Petes Tod war meine Mutter nicht mehr dieselbe gewesen, aber von jenem Abend an kam sie schrittweise über den Verlust hinweg. Nie würde sie aufhören, ihn zu vermissen, aber allein die Gewissheit, dass es dem eigenen Kind gut geht, selbst wenn man es nicht sehen kann, macht alles andere erträglich.

Andy wollte unbedingt die Insel verlassen und aufs Festland ziehen. Ich hatte mich dermaßen daran gewöhnt, meine Eltern in der Nähe zu haben, dass ich mich seinen Plänen so lange, wie es irgend ging, widersetzte; aber er wurde wieder reizbar, und ich hoffte, der Umzug würde ihn auf andere Gedanken bringen.

Andy fand ein Farmhaus in Tonge, 10 Meilen von der Insel, in einer Gegend, wo sich Fuchs und Hase gute Nacht sagen. Am Abend unseres Einzugs stand ich im Garten und sah zu, wie das letzte Licht des Tages verlosch. Es wurde vollkommen dunkel. Wo ich bis dahin gelebt hatte, gab es immer Straßenbeleuchtung und andere Häuser; in Tonge aber war nichts außer uns und der Finsternis. Ich ging ins Haus zurück und zog die Tür hinter mir ins Schloss.

In den ersten Monaten fühlte ich mich völlig isoliert. Shane war als Legastheniker eingestuft worden, und so hielt er sich unter der Woche in einem Spezialinternat in Margate auf. Am Anfang kam er noch jedes Wochenende nach Hause, mit der Zeit aber wollte er immer öfter in der Schule bleiben, um etwas mit seinen Freunden zu unternehmen.

Andy hatte sein Gartenbauunternehmen und war entsprechend viel unterwegs. Ich hatte niemanden mehr, der auf Tanya hätte aufpassen können, und so war ich ans Haus gefesselt. Wenn ich sie um halb vier Uhr nachmittags von der Schule abholte, saßen wir für den Rest des Tages in unserem Farmhaus fest. Gegen neun brachte ich sie ins Bett; danach setzte ich mich vor den Fernseher und wartete auf Andy. Es gab niemanden, mit dem ich mich hätte unterhalten können.

Wie sehr vermisste ich meine Eltern; wie schade war es, dass ich nicht mal eben schnell bei Jed und Denise vorbeischauen konnte! Eines Nachmittags auf dem Rückweg von Tanyas Schule stach mir ein Plakat ins Auge, auf dem für Reitstunden geworben wurde. Ich meldete Tanya an, und auf diese Weise lernten wir mit der Zeit Leute kennen, sodass wir endlich wieder Kontakt bekamen.

Dann aber musste die Reitschule schließen. Tanya war am Boden zerstört bei dem Gedanken, dass sie ihr Lieblingspferd Jimby nicht mehr sehen würde. Darum entschloss ich mich kurzerhand, das Tier zu kaufen. Wir brachten es in einem Mietstall unter und bewegten uns fortan in der Welt der Pferdeliebhaber. Am Ende trat ich sogar als Kommentatorin bei diversen Springturnieren auf.

Von nah und fern kamen Menschen zu mir, um sich ein Reading geben zu lassen. Eines Tages stand wieder einmal ein neuer Klient vor der Tür – ein Mann Ende fünfzig im eleganten dunkelblauen Dreiteiler mit Halbglatze. Ich sagte ihm einiges zu seiner Ehe und den Lokalen, die er besaß. Aber die ganze Zeit über hatte ich das Gefühl, dass es da in seinem Leben noch etwas anderes gab, was ich nicht sehen konnte. Er war sympathisch, war glücklich in seiner Ehe, hatte keine finanziellen Probleme. Ich wusste, dass es da noch etwas geben musste, aber wie sehr ich mich auch konzentrieren mochte – ich bekam einfach keinen Einblick.

Ich beendete das Reading wie üblich mit der Frage: »Gibt es noch etwas, was ich für Sie tun kann?«

»Darf ich Ihnen ein paar Fotos zeigen?«

»Natürlich.«

Er ließ seinen Aktenkoffer aufschnappen, zog einen Umschlag heraus und reichte ihn mir. Ich erwartete Bilder von seinen Anverwandten. Doch was ich zu sehen bekam, war etwas ganz anderes. Auf dem ersten Bild war er in einem langen, rosaroten Kleid zu sehen. Er war geschminkt und trug eine blonde Lockenperücke und hochhackige Schuhe.

Ich spielte auf Zeit, um die Fassung wiederzugewinnen, und so sah ich mir die Fotos der Reihe nach an. Auf jedem trug er eine neue Perücke und ein anderes Kleid – ausgefallene Kreationen mit kleinen Boleros und Seidenblüten. Die Fotos waren weder anzüglich noch aufreizend; er sah aus wie Mrs. Doubtfire, wenn sie sich fein gemacht hat.

»Schöne Kleider«, brachte ich schließlich heraus. Ich sah ihn direkt an. »Was würden Sie gern von mir wissen?«

»Glauben Sie, dass da etwas Verwerfliches dran ist?«

Ich wusste, dass er sich heimlich verkleidete. Es war mir klar, das niemand anderes etwas damit zu tun hatte. Er brauchte jemanden, der ihm quasi eine Erlaubnis für sein ausgefallenes »Hobby« gab.

»Es ist nichts dabei«, meinte ich. »Es ist nichts Schlimmes. Aber Ihre Frau hat keine Ahnung, dass Sie das machen, und wenn sie es herausfinden sollte, wäre sie sicherlich schockiert. Es ist deshalb ratsam, vorsichtig damit umzugehen.«

»Es ist also nichts Verwerfliches?«, fragte er noch einmal.

»Nein«, schüttelte ich den Kopf. »Sie sind deswegen kein schlechter Mensch.«

Er steckte die Fotos wieder in den Umschlag und bedankte sich bei mir. Dann verabschiedete er sich – ein Mann, der aussah wie ein besserer Bankangestellter – und kehrte in sein »normales« Leben zurück.

Nach und nach trat Andys launische Seite wieder zutage. Der Umzug in unser Farmhaus hatte nichts bewirkt. Im Gegenteil: Er war jähzorniger denn je. Ich saß ständig wie auf glühenden Kohlen. Selbst wenn er sich nett gab, war ich in Habtachtstellung, denn er konnte jeden Moment hochgehen.

Seine Ausbrüche entzündeten sich so gut wie immer wegen des Essens. Schon morgens machte ich mir Gedanken, was ich ihm abends vorsetzen sollte, denn er sagte mir nie, was er sich wünschte. Und immer lag ich mit meiner Wahl daneben. Noch schlimmer war es, wenn ich es einmal nicht schaffte, das Essen zu der von ihm festgelegten Zeit auf den Tisch zu bringen. Er war ständig am Fordern und Kritisieren, regte sich dauernd über irgendetwas auf und schleuderte auch schon einmal seinen Teller mitsamt Inhalt quer durch die Küche. Mir krampfte es jedes Mal den Magen zusammen.

Eines Abends kam meine Freundin Belinda zum Abendessen zu uns. Ich machte einen großen Makkaroniauflauf und servierte dazu Salat und knuspriges Brot. Auf einmal knallte er seine Gabel auf den Teller. Mir blieb das Herz stehen. Er würde mir doch nicht etwa in Belindas Beisein eine Szene machen?!

»Den Dreck esse ich nicht!«

Er stand so schnell auf, dass sein Stuhl nach hinten kippte. Dann polterte er die Treppe hinauf; wir konnten seine Schritte bis ins Esszimmer hören.

»Verdammt!«, seufzte ich. »Es geht schon wieder los.«

Shane war im Internat, und Tanya schlief. Wäre ich allein gewesen, hätte ich mich sofort aus dem Haus geflüchtet; aber jetzt, wo Belinda da war, wäre mir das einfach peinlich gewesen.

Ich versuchte, die Sache herunterzuspielen. Er schrie und fluchte. Dann auf einmal hörten wir es klirren, so als ob Glas bricht, und danach tat es einen dumpfen Schlag draußen in der Einfahrt. Wir standen auf und schauten durch die Haustür. Der tragbare Fernseher lag zerschmettert auf dem Pflaster. Ich wandte den Blick nach oben. Das Schlafzimmerfenster war kaputt; er hatte das Gerät durch die Scheibe geschmissen.

»Ich glaube, du gehst besser«, riet ich Belinda.

»Er ist wahnsinnig«, meinte sie. »Wird er dir auch nichts antun?«

Ich wollte ihr nicht zeigen, welche Angst ich hatte. »Nein, nein«, wehrte ich ab. »Mach dir um mich keine Gedanken.«

Kaum war Belinda außer Sichtweite, schnappte ich mir meine Zigaretten und mein Feuerzeug und rannte in den Obstgarten. An einen Baum gelehnt, saß ich da; im Mondlicht wirkten die Bäume wie silbrige Skelette. Wie sehr hatte ich mich vor der Dunkelheit gefürchtet, als wir damals eingezogen waren! Jetzt barg die Nacht hier draußen für mich keine Schrecken mehr – das, was im Haus war, davor hatte ich viel mehr Angst. Erst als gegen Mitternacht das Licht im Schlafzimmer ausging, traute ich mich wieder hinein.

Wie oft floh ich in dieser Zeit in den Obstgarten! Manchmal fror ich entsetzlich, aber ich ging nie zurück, bevor ich mir sicher war, dass Andy sich beruhigt hatte.

»Du bist hysterisch«, warf er mir nachher jedes Mal vor. »Du musst zum Psychiater, damit du wieder klar im Kopf wirst.«

Starr vor Angst, lag ich im Bett neben ihm. Wenn ich mich bewegte, herrschte er mich an: »Kannst du nicht still liegen, verdammt noch mal?! Wie soll ich da einschlafen?« Ich traute mich nicht, mich umzudrehen. Eines Tages kaufte ich ein Bett und stellte es in das ungenutzte Zimmer im ersten Stock – bloß für den Fall, dass ich einmal nicht schlafen könnte, erklärte ich Andy. Der Raum war so klein, dass nur das Bett, ein kleiner Nachttisch und eine Lampe hineinpassten; aber ich fühlte mich dort sicher.

Eines Nachts wurde ich jäh aus dem Schlaf gerissen: Andy hatte eine Hand an meinem Hals. Mit der anderen hielt er mir den Mund zu.

»Wach auf«, zischte er.

Mein Herz raste.

»Steh auf«, raunte er und zerrte mich die Treppe hinunter. Die Situation war umso bizarrer, als wir beide versuchten, möglichst leise zu sein, um die Kinder nicht zu wecken.

Er zog mich ins Wohnzimmer und presste mich gegen die Wand. Seine Hand lag immer noch an meiner Kehle. Alles war dunkel. Sein Gesicht war nur wenige Zentimeter von meinem entfernt. Ich überlegte fieberhaft: Was war bloß los mit ihm? Was war passiert?

»Das verdammte Essen, das du mir vorgesetzt hast ...«

Essen? Das war acht Stunden her.

»Es war absolut Scheiße!«, warf er mir vor. »Du scherst dich einen Dreck um mich.«

»Er ist verrückt«, dachte ich. »Er hatte doch alles anstandslos aufgegessen.«

»Ich mach das nicht länger mit!«, tobte er. »Dauernd regst du mich auf.«

Irgendwann ließ er mich los. Ich hatte bloß ein kurzes Nachthemd an, aber ich rannte trotzdem raus in den Obstgarten. Es war zwei Uhr morgens; ich blieb bis zum Morgengrauen, schaukelte vor und zurück, halb wahnsinnig vor Angst. Irgendjemand musste mir doch helfen! Hilfe! Eric, bitte hilf mir!

»Hab Geduld«, hörte ich Erics Stimme.

Von da an klemmte ich jeden Abend vor dem Schlafengehen einen Stuhl unter die Türklinke, um mich in meinem kleinen Zimmer zu verbarrikadieren.

Eines Tages schob eine Klientin am Ende des Readings ein Foto zu mir über den Tisch.

»Können Sie mir etwas über den Mann auf dem Bild sagen?«, bat sie.

Gerade wollte ich ihr erklären, dass ich normalerweise nicht mit Fotos arbeite, als mein Blick an den Augen des Mannes hängen blieb. Mir war, als wären sie lebendig – so voller Gefühl. Ich sah ihn am Bau arbeiten.

»Ist er Maurer?«

»Ja.«

Das war eine ganz neue Art, zu arbeiten – die Tür zu einem weiteren Raum hatte sich aufgetan. Ich sah, wie er den Arm um sie legte.

»Er ist Ihr Partner.«

»Ja.«

Nachdem sie gegangen war, holte ich meine Fotos aus dem Schrank und schaute den darauf abgebildeten Menschen in die Augen. Wenn ich ein altes Bild von einem meiner Freunde betrachtete, konnte ich sagen, wie es ihm jetzt ging. Dann sah ich mir ein Foto von Pete an. Die Augen wirkten ganz anders – so flach und leblos. An jenem Tag entdeckte ich, dass ich auch mit Fotos arbeiten konnte.

Ein andermal stand ein Mann um die fünfzig vor der Tür. Er wirkte intelligent und konnte sich gut ausdrücken. Kaum hatte ich mit dem Reading begonnen, fiel mir auf, dass seine Aura auf einer Seite schwerer wirkte als auf der anderen. Das bedeutete entweder Depression oder Stress. Ich machte einen Gesundheitscheck und wurde noch einmal in meiner Ansicht bestätigt.

Als ich mich aber der Persönlichkeitsanalyse zuwandte, sah ich auf einmal, wie er sich sexuell an kleinen Jungen verging. Sie waren kaum älter als sechs oder sieben Jahre. Alles in mir lehnte sich auf. Ich wollte nur eins: das Reading schnellstmöglich beenden und den Kerl vor die Tür setzen.

Ich schloss die Augen und rief verzweifelt nach Eric. »Ich kann nicht mehr! Wie kann ich ihn loswerden?«

Es schien ewig zu dauern, bis er sich endlich meldete. »Es ist nicht an dir, zu urteilen«, war sein Kommentar.

Was von mir verlangt wurde, war emotionale Neutralität, das wusste ich. Unter einem Vorwand verließ ich den Raum. Ich ging nach oben, zündete mir eine Zigarette an und tigerte auf dem Flur hin und her. Schließlich beschloss ich, wieder zu ihm zu gehen, das Reading zu beenden und nichts von den Bildern zu sagen, die ich gesehen hatte. Ich wusste nicht, wie ich mit ihm darüber reden sollte – wie ich Mutterliebe für einen Menschen empfinden sollte, der sich an Kindern vergriff.

Ich kehrte also in den Raum zurück und fuhr mit der Persönlichkeitsanalyse fort. Da sah ich ihn auf einmal weinend dasitzen, das Gesicht in den Händen vergraben. Ich wusste, dass er mit dem Gedanken spielte, sich das Leben zu nehmen. Unter meine Abscheu mischte sich Mitgefühl – irgendwo tat er mir Leid, bei all der Depression und inneren Zerrissenheit, die er spürte.

Ich übermittelte ihm allerhand praktische Informationen bezüglich seiner Arbeit und seiner finanziellen Situation.

Gerade wollte ich die Sitzung beenden, da tauchten in meinem Kopf auf einmal Worte auf, die ich ihm unbedingt mitteilen musste.

»Ich spüre, in welch tiefer Depression Sie stecken, und ich weiß um Ihre Schwäche. Sie denken über ein Angebot nach, das man Ihnen gemacht hat. Es wäre ein Zeichen von Tapferkeit, darauf einzugehen. Sie können auf diese Weise einen Schritt vorangehen und ein Stück Wiedergutmachung für Ihre Taten leisten. Aber nur Sie können die Entscheidung treffen.«

Ich schlug die Augen auf und sah ihn an. Ich wusste, dass er eine Haftstrafe wegen Kindesmissbrauch verbüßt hatte.

»Man hat mir angeboten, an einem Experiment teilzunehmen; ich soll mir ein noch nicht an Menschen erprobtes Mittel zur Unterdrückung des Sexualtriebs spritzen lassen«, erklärte er mir. »Wie man mir gesagt hat, könnte es zu gravierenden Nebenwirkungen kommen. Aber ich sehe keinen anderen Ausweg.«

»Einer muss immer der Erste sein«, gab ich zu bedenken. »Wenn Sie sich für das Experiment zur Verfügung stellen, tun Sie damit ein gutes Werk.«

Er brach in Tränen aus. »Vielen Dank, dass ich zu Ihnen kommen durfte.«

Verwirrt schüttelte ich ihm die Hand. Was er getan hatte, erregte meinen Widerwillen, aber ich fühlte dennoch mit ihm. Nachdem er gegangen war, ging mir der Gedanke durch den Kopf, dass er sehr viel mehr Zeit in Depression und Leid verbrachte als mit dem eigentlichen Missbrauch. Wie leicht konnte man ihn und seinesgleichen für Monster halten! Aber ihm war bewusst, dass er etwas Unrechtes tat. Er fürchtete sich vor sich selbst. Wieder einmal hatte ich gelernt, dass man nicht nur auf die Taten eines Menschen starren sollte; statt zu verurteilen, sollte man nach den Ursachen suchen.

Eine junge Frau kam zum Reading, und kaum hatte ich sie gesehen, wusste ich, dass irgendetwas mit ihr nicht stimmte. Beim Gesundheitscheck deutete alles auf einen Zustand der Verwirrung hin. Sie war Anfang zwanzig und wohnte noch bei ihren Eltern, aber sie vertraute ihnen nicht. Ich sah Krankenhäuser und Medikamente. Ich sah eine abgeschottete, paranoide Welt.

Eric meldete sich. »Lass dir Zeit«, riet er mir. »Sei vorsichtig.«

»Ich will, dass Sie mich mit meinem höheren Selbst in Verbindung bringen«, bat sie mich unvermittelt. »Ich möchte mit ihm reden.«

»Ihr höheres Selbst ist keine Person außerhalb von Ihnen«, erklärte ich ihr. »Es ist in Ihnen – in Ihrem Inneren.«

Aber sie hörte mir nicht zu; sie hatte glasige Augen. »Sie sind eine von den Jüngern, nicht wahr?«, fragte sie. »Wie Christus.«

Ich erschrak zutiefst. »Nein!«, wehrte ich ab. »Auf keinen Fall.«

»Aber Sie wissen Dinge über andere, genau wie ein Jünger.«

»Viele Menschen können das«, hielt ich in möglichst ruhigem Tonfall dagegen.

Sie war psychotisch, und mir war bewusst, dass ich ihr mit meiner hellseherischen Gabe nicht helfen konnte. Sie hörte nur das heraus, was sie hören wollte. Ich brachte die letzte halbe Stunde unserer Sitzung damit zu, sie davon zu überzeugen, dass sie sich wieder in ärztliche Behandlung begeben müsse.

»Sie brauchen nicht in diesem Zustand zu verharren«, redete ich ihr zu.

Sie blieb noch ewig sitzen. Schließlich fuhr ich sie zum Bahnhof. Ich weigerte mich, Geld von ihr zu nehmen. Ein weiteres Reading für sie zu halten, kam nicht infrage. Ich konnte ihr nicht helfen.

Von da an rief sie zu den unmöglichsten Tages- und Nachtzeiten an, um mir obskure Fragen zu stellen oder mich in Gespräche zu verwickeln. Zwei Wochen später stand sie dann auf einmal unangemeldet vor der Tür.

»Was machen Sie denn hier?«, fragte ich. »Sie haben doch gar keinen Termin vereinbart?«

»Ich weiß«, gab sie zu. »Aber ich will in Ihrer Nähe sein. Ich fühle mich sicherer, wenn ich bei Ihnen bin. Wenn ich nicht reinkommen darf, setze ich mich einfach in den Garten.«

Ich machte ihr eine Tasse Tee und brachte sie dann zum Bahnhof.

Sie griff nach meiner Hand. »Sie sind ein ganz besonderer Mensch«, schwärmte sie mit träumerischem Blick.

»Nein, das bin ich nicht«, wehrte ich ab. »Ich bin wie jeder andere auch. Sie sollten unbedingt einen Termin bei Ihrem Arzt vereinbaren.«

Noch viermal stand sie vor der Tür. Jedes Mal kam sie mit dem Taxi vorgefahren, und ich brachte sie immer zum Bahnhof zurück. Beim letzten Mal machte ich ihr nicht auf. Sie hämmerte gegen die Tür und rief durch den Briefkastenschlitz nach mir. Ich fühlte mich schuldig, aber ich wusste, dass sie den Besuch bei mir in unangenehmer Erinnerung behalten musste, wenn ich sie je wieder loswerden wollte.

Irgendwann sah ich vom Schlafzimmerfenster aus, wie sie sich auf den Weg machte. Dann fing der Telefonterror an. Vier-, fünfmal am Tag rief sie an. Sie heulte und bettelte. »Darf ich zu Ihnen kommen, Mia? Ich fühle mich so sicher bei Ihnen. Ich mache auch bestimmt keine Umstände. Ich helfe Ihnen, ich führe Ihnen den Haushalt.«

Ich war stets freundlich zu ihr, aber wann immer ich mit ihr sprach, fühlte ich mich hilflos und war nicht ich selbst. An einem Tag begannen die Anrufe besonders früh am Morgen. Bis zum Abendessen hatte ich sie zwölfmal am Apparat. Dann nahm ich nicht mehr ab.

Um zwei Uhr morgens klingelte das Telefon wieder. »Ich bin auf der Polizeiwache, Mia«, eröffnete sie mir. »Sie wollen mich nur dann gehen lassen, wenn sie mich irgendwo sicher untergebracht wissen. Ich habe ihnen gesagt, dass ich nur bei Ihnen in Sicherheit bin.«

»Einen Moment«, bat ich. »Einen Augenblick ...«

»Ich gebe jetzt den Hörer an den Beamten weiter, damit Sie ihm die Adresse geben können. Sie bringen mich dann vorbei.«

Drei Monate lang war sie mir auf den Fersen gewesen, und es war mitten in der Nacht. Mir riss der Geduldsfaden. »Sie werden nicht zu mir kommen«, schrie ich. »Ich will nichts mehr von Ihnen sehen oder hören!«

In Tränen aufgelöst, legte ich den Hörer auf. Ich hatte das Gefühl, einen riesigen Fehler gemacht zu haben. Sie hatte keinen Halt und war orientierungslos, und ich war herzlos zu ihr gewesen. Aber ich wusste nicht, wie ich anders hätte reagieren können.

»Du kannst nicht allen helfen«, tröstete Eric mich.

Aber tief in meinem Inneren hatte ich doch das Gefühl, ich hätte versagt.

In dem Sommer kam ein Mann zu einem Reading. Noch bevor ich richtig beginnen konnte, meinte er: »Ich will Ihnen erklären, warum ich hier bin, damit wir gleich zur Sache kommen können.«

Er legte das Foto einer Frau vor mich hin.

»Es geht um meine Frau«, meinte er. »Sie ist seit drei Wochen verschwunden. Ich weiß, dass sie lebt. Ich will nur wissen, wo sie sich aufhält.«

Ich sah mir das Foto genau an. An den Augen der Frau konnte ich ablesen, dass sie tot war.

»Sie wollen also wissen, wo sie ist?«, wiederholte ich seine Frage, um Zeit zu gewinnen.

»Ja«, nickte er. »Können Sie mir helfen?«

»Ich kann es versuchen.«

Er legte mehrere Schmuckstücke auf den Tisch. »Ich dachte, dass die Sachen Ihnen nützen könnten.«

Mir war nicht wohl in meiner Haut. Ich griff nach einem Ring, schloss die Augen und überlegte krampfhaft, was ich machen sollte. Ich konnte ihm doch nicht sagen, dass seine Frau nicht mehr am Leben war! Ich sah ein großes, cremefarbenes, rechteckiges Gebäude inmitten einer gepflegten, von Büschen und Unterholz gesäumten Rasenfläche. Ich beschrieb ihm das Bild.

»Das Einzige, was ich wirklich deutlich erkennen kann, ist das Unterholz«, erklärte ich ihm. Dann bekam ich die Botschaft: »Sie wird nicht mehr zu Ihnen zurückkommen; aber noch vor Weihnachten werden Sie erfahren, wo sie ist.«

Mehr wollte er nicht wissen. Nachdem er gegangen war, dachte ich wieder an das Gebäude, das ich gesehen hatte. Ich wusste, dass es sich dabei um den örtlichen Kricketclub in Gore Court handelte. Sollte ich hingehen und nachsehen, ob sie dort war? Was, wenn ich es täte und sie fände? Andys Mutter lebte gleich neben dem Kricketplatz, und ich bat sie, sich umzusehen.

»Das Unterholz ist so dicht«, berichtete sie. »Keine Chance, da durchzukommen.«

Sechs Monate später hörte ich es im Radio: Auf dem Kricketplatz von Gore Court war eine Leiche gefunden worden. Am nächsten Tag waren die Zeitungen voll davon. Mit dem nahenden Winter hatte das Unterholz das Laub verloren, und so fand man die Tote. Sie war im Sommer zuvor ermordet worden. Ich wünschte, ich hätte damals den Mut gehabt, auf meine innere Stimme zu hören und am Kricketplatz nach ihr zu suchen. Mich plagten Schuldgefühle, weil ich sie monatelang dort hatte liegen lassen.

Andys irrationale Aggressivität steigerte sich. Ich lebte in der dauernden Angst, dass er mir gegenüber wieder handgreiflich werden könnte. Die Ungewissheit war die reinste Folter. Er hätte mich genauso gut schlagen können; sobald ich in seine Nähe kam, zuckte ich körperlich zusammen. Selbst heute noch wundere ich mich, wie ein Mensch über so lange Zeit hinweg solchen Terror erdulden kann.

Immer wieder packte er mich am Haar oder an der Kehle. Einmal hielt er mir einen Schraubenzieher an den Hals, als ich mich weigerte, Sex mit ihm zu haben. Sein Zorn machte mir fürchterliche Angst. Er war außer Kontrolle.

Manchmal wischte er mit einer Armbewegung über die

Küchenarbeitsfläche, sodass alles, was darauf stand, krachend zu Boden fiel. Einmal riss er sämtliche Schubladen aus der Kommode und schleuderte sie samt Inhalt gegen die Wand. Und wieder packte er mich am Hals. »Diesmal bringt er dich um!«, dachte ich. In Panik floh ich erst in den Obstgarten, dann lief ich zu Fuß den ganzen Weg bis nach Sittingbourne, nur um von ihm wegzukommen. Drei Stunden war ich unterwegs. Als ich ankam, rief ich Belinda an. Ich hatte kein Geld, darum meldete ich ein R-Gespräch an.

Sie holte mich ab, lud mich in ein Café ein und kaufte mir ein Päckchen Zigaretten.

»So kannst du nicht weitermachen«, warnte sie mich.

»Ich weiß nicht, wie ich von ihm loskommen soll«, gestand ich. »Er will mich umbringen, wenn ich versuche, ihm Tanya wegzunehmen.«

Ein paar Stunden später setzte sie mich zu Hause ab. Auch diesmal meinte Andy, ich hätte überreagiert. Wie üblich kam kein Wort der Entschuldigung über seine Lippen. Er drückte mir bloß wie immer Geld in die Hand, damit ich die Dinge ersetzen konnte, die er in seiner Rage kaputtgemacht hatte.

»Da«, sagte er. »Es ist Zeit, dass du mal wieder ein paar neue Sachen kaufst.«

Der Wendepunkt kam an dem Tag, als Shane fünfzehn wurde. Ich stand in der Küche und war mit den Vorbereitungen für das Geburtstagsessen beschäftigt, als Andy hereinkam. »Wenn Shane sechzehn wird, muss er hier raus«, eröffnete er mir.

Es verschlug mir die Sprache. Wollte er damit etwa sagen,

dass ich meinen eigenen Sohn vor die Tür setzen sollte?! In dem Augenblick wurde mir schlagartig klar, dass ich nur deswegen bei Andy geblieben war und seine Grausamkeiten ertragen hatte, weil die Kinder gut aufgehoben waren und alles hatten, was sie brauchten. Das war der Grund zum Ausharren gewesen. Jetzt aber wandte er sich gegen Shane, und etwas in mir verhärtete sich.

In der darauf folgenden Woche hatte Andy wieder einen Ausbruch. Statt vor ihm zu flüchten, blieb ich zum ersten Mal, seit er mich damals geschlagen hatte, absolut ruhig. Ich ging langsam in den Flur und zog mir Mantel und Schuhe an. Dann holte ich mir aus der Küche mein Portemonnaie, meine Zigaretten und meine Handtasche, stieg ins Auto ein und fuhr, um Tanya von der Schule abzuholen. Auf einmal war es mir nicht mehr wichtig, was Andy sagen würde.

»Wir bleiben über Nacht bei Oma und Opa«, erklärte ich ihr.

Tanya freute sich riesig. Mit ihren zwölf Jahren hatte sie nicht ein einziges Mal bei meinen Eltern übernachtet, weil ihr Vater es nicht erlaubt hatte.

Eine Stunde später rief ich Andy an. »Ich komme heute Abend nicht nach Hause«, eröffnete ich ihm. »Wir sehen uns morgen. Tanya ist bei mir.«

Er drohte mir und schleuderte mir die schlimmsten Flüche an den Kopf, aber ich hatte keine Angst.

»Mach, was du willst«, beharrte ich. »Wir sehen uns morgen.« Dann legte ich den Hörer auf.

Als ich später neben Tanya bei meinen Eltern auf dem Gästebett lag, konnte ich keinen Schlaf finden. Ich wusste, dass ich Andy verlassen würde. Mit seiner Aussage, dass

Shane von zu Hause ausziehen müsse, hatte er mir den Grund zu bleiben genommen. Die Kinder waren bei ihm nicht wirklich gut aufgehoben. Ich konnte mir nicht mehr vormachen, dass ich meine Ehe allein ihretwegen aufrechterhielt.

Ja, ich musste Andy verlassen, aber diesmal würde ich nicht einfach weglaufen, sondern ich würde ihm von Angesicht zu Angesicht gegenübertreten. Was er mir auch anzutun drohte, ich würde nicht bei ihm bleiben. Er hatte mich so oft in Schrecken versetzt, dass ich schlichtweg keine Angst mehr übrig hatte. Lieber nähme ich Schläge in Kauf, als mit der permanenten Furcht weiterzuleben, dass es wieder passieren würde. Mir war klar, dass ich so nicht weiter existieren konnte. Eine Form von Schicksalsergebenheit machte sich breit. Komme, was da wolle …

Am nächsten Morgen erklärte ich meiner Mutter, dass ich Andy verlassen würde. Dann fuhr ich zum Farmhaus zurück. Kaum war ich durch die Tür, fing Andy zu brüllen an: »Wenn du mir noch einmal meine Tochter wegnimmst«, drohte er, »dann breche ich dir die Beine!«

Ich ging in die Küche und stellte den Wasserkessel auf. Ich machte zwei Tassen Tee und stellte sie auf den Wohnzimmertisch. Er schrie immer noch herum, aber ich fühlte mich so anders als sonst, war so gelassen. Jahrelang hatte ich gebetet, dass irgendetwas passieren möge, damit ich von Andy loskommen könnte. Jetzt hatte ich begriffen, dass ich selbst die Initiative ergreifen musste. Vierzehneinhalb Jahre, um zu dem Schluss zu kommen.

»Ich verlasse dich«, sagte ich. »Ich halte es mit dir nicht mehr aus. Es ist vorbei.«

»Wenn du glaubst, du könntest mir meine Tochter wegnehmen ...«

Ich schaute ihn an und wusste, dass er sich nicht um Tanya kümmern konnte – er hatte es auch in der Vergangenheit nie getan. Also riskierte ich es, ihn beim Wort zu nehmen. »Na gut«, gestand ich ihm zu. »Dann bleibt Tanya eben bei dir. Aber eins steht fest: Ich gehe.«

Andys Gartenbaufirma lief gut. Er dachte, er könnte mich mit den Finanzen unter Druck setzen: »Und wie stellst du dir das vor?«, fragte er verächtlich. »Wie willst du ohne mich zurechtkommen?«

»Ich miete mich irgendwo ein.«

»Möbel kriegst du aber keine.«

»Das ist mir egal.«

»Du kannst es dir gar nicht leisten, irgendwo allein zu wohnen.«

»Ich werde mehr Klienten empfangen.«

»Den Lebensstil, den du gewohnt bist, kannst du dir dann aber abschminken.«

»Du hast keine Ahnung«, entgegnete ich. »Was ist schon Geld? Ich würde auch im Zelt schlafen.«

Da schlug Andys Stimmung ohne jeden erfindlichen Grund plötzlich um. »Vielleicht ist es besser so«, meinte er. »Aber du solltest dir irgendwo in der Nähe was suchen, damit ich Tanya sehen kann, wenn mir danach ist.« Er hatte mir meine Tochter also zurückgegeben.

»Okay«, nickte ich.

14

Es dauerte vier Wochen, bis ich eine neue Bleibe gefunden hatte und aus dem Farmhaus ausziehen konnte. Während dieser Zeit war Andy hin und her gerissen zwischen dem Wunsch, mich zu halten, und dem Bedürfnis, mich loszuwerden. An einem Tag sollte ich Tanya mitnehmen, am nächsten sollte ich sie bei ihm lassen. Ich aber wich nicht einen Zentimeter von meinen Plänen ab. Ich spürte eine neue Kraft in mir. Mit ihm zusammenzubleiben, kam für mich einfach nicht mehr infrage. Einen Monat lang war mein Leben der reinste Spießrutenlauf. Dann, am 11. Februar 1994, begann endlich ein neues Leben für mich. Fortan gab es in meinem Universum nur noch meine Kinder und mich. Am ersten Abend war es eiskalt. Drei Stunden lang mühte ich mich, die Gasheizung in Gang zu kriegen, aber ich versagte kläglich. Schließlich zündete ich im Kamin in unserem kleinen Wohnzimmer ein Kohlefeuer an und schaffte die Matratzen der Kinder dorthin. Dann zogen wir los und holten Fish and Chips, Schokoladenkekse und Cola in Dosen und breiteten unser Mahl auf dem Boden vor Tanyas tragbarem Fernseher aus.

Kaum ein paar Stunden zuvor hatten wir in einem riesigen, mit jeglichem Luxus ausgestatteten Farmhaus gelebt. Jetzt kampierten wir drei in einem winzigen Zimmer mit einem Bettlaken als improvisierter Gardine – und doch war dies seit langer, langer Zeit der erste Abend, an dem es uns richtig gut ging.

Am anderen Morgen wachte ich mit einem ungewohnten Gefühl der Leichtigkeit auf. Ich brauchte einen Moment, um zu begreifen, woher dieses Gefühl kam: Die Angst war von mir gewichen.

Seit zwanzig Jahren war das Haus nicht mehr renoviert worden, und so kamen Jed und Alan – einer von Petes alten Freunden – vorbei, um alles neu zu streichen. Auch Belinda kam, um Vorhänge zu nähen. Im Haus herrschte eine Atmosphäre von Lebendigkeit und Chaos, und es wurde viel gelacht, gerade so, wie es mir am besten gefällt.

Es dauerte fünf Wochen, bis das Haus in einem akzeptablen Zustand war, und in der Zeit kamen Alan und ich uns immer näher. Es gefiel mir, mit ihm zusammen zu sein. Wir kannten uns von Kindesbeinen an – er war einer von Petes ständigen Begleitern und darum dauernd bei uns zu Hause gewesen. Er war derjenige, bei dem ich damals mit einem Seitensprung liebäugelte, nachdem ich von der Untreue meines Mannes erfahren hatte. Er war nett und freundlich und erschien mir – nach vierzehn Jahren mit Andy – wie ein echter Lichtblick.

Eines Abends stand er nach dem Essen auf und sagte: »Ich räume die Küche auf. Du hast schließlich gekocht.«

Andy hatte nicht ein einziges Mal in unserer ganzen Ehe einen Spüllappen in die Hand genommen. Ich musste erst wieder lernen, welche Verhaltensweisen normal sind im Umgang zweier Menschen miteinander. Erst jetzt dämmerte mir langsam, wie abartig das Leben mit Andy am Ende gewesen war.

Wenn ich mit Alan zusammen war, war alles so unkompliziert. Es gab keinen Stress. Ich war ein neuer Mensch, seit ich von der ständigen Angst befreit war, dass der Mann, mit dem ich Tisch und Bett teilte, im nächsten Augenblick explodieren könnte. Die kleinsten Kleinigkeiten machten mir

Freude: mich von belegten Broten zu ernähren, das schmutzige Geschirr in der Spüle stehen lassen zu können, ein Päckchen Chips auf dem Teppich zu verkrümeln …

An einem Abend saßen wir im Wohnzimmer zusammen, als Alan auf einmal sagte: »Ich verstehe das nicht mit dieser Hellseherei. Ich weiß nicht recht, ob ich daran glauben soll.«

»Soll ich dir eine kleine Kostprobe geben? Ein Mini-Reading?«, bot ich an. »Nur um zu sehen, was passiert?«

Ich machte mich auf, und sofort meldete sich Pete. Er war einer von Alans besten Kumpels gewesen; sie hatten sich mit zwölf Jahren kennen gelernt.

»Pete ist da«, berichtete ich.

Sein Blick verriet, dass er mehr als skeptisch war. »Frag ihn, ob er etwas erzählen kann, was nur er und ich wissen können.«

»Erzähle ihm vom Kartenspiel in seiner Wohnung«, sagte Pete. »Als er eine Woche lang jedes Spiel gegen mich verlor.«

Ich gab seine Worte weiter. Da sprang Alan auf und wich ein paar Schritte zurück. »Verdammt! Er ist wirklich da, oder?«

»Ich hab dir doch gesagt, dass er da ist.«

»Ja, aber …« Alan schaute ganz seltsam; er war aufgeregt und stotterte. »Scheiße!«, brachte er hervor. »Keiner weiß etwas davon.«

Aber Pete ließ es dabei nicht bewenden: »Erzähl ihm von damals, als wir unbedingt die Goldkette loswerden wollten und es dann nicht geschafft haben; und wie wir loszogen und uns tätowieren ließen und wir uns dann die Hucke voll gesoffen haben.«

»Okay, okay!«, unterbrach mich Alan. »Genug! Ich glaube dir.«

Er war völlig aus dem Häuschen. Ich kochte ihm einen Tee und setzte mich dann wieder zu ihm aufs Sofa.

»Es ist also doch was dran, oder?«, fragte er leise.

»Ja.«

Alan war in eine andere Frau verliebt, und wir führten stundenlange Gespräche über seine Beziehungsschwierigkeiten. Ich gab ihm Ratschläge, wie er alles zum Besten wenden könnte. Eines Nachmittags kam er zu mir und hatte einen feuchten Schimmer in den dunklen Augen. Seine Zähne sahen auf einmal weißer aus als sonst, und seine Wangenknochen traten stärker hervor. Er glühte auf eine Art und Weise, die nur ich erkennen konnte. Die Worte »Er ist wunderbar« kamen mir in den Sinn. Dabei redeten wir über die andere.

Betroffen stand ich auf, ging in die Küche und stellte den Teekessel auf. Große Gefühle für einen Typ zu entwickeln, war das Letzte, was ich gebrauchen konnte. Ich beschloss, ihm nie etwas von meinen Empfindungen ihm gegenüber zu erzählen.

Unser Haus lag 2 Meilen von Andys Farm entfernt; über einen Feldweg führte eine direkte Verbindung zu uns her. Im ersten Monat tauchte er zweimal auf, um etwas mit Tanya zu unternehmen. Vier Wochen nach unserem Auszug rief er mich an und bat mich, bei ihm vorbeizuschauen. Ich wollte das Haus nicht betreten, und darum redeten wir im Garten.

»Ich glaube, es war ein Fehler, dass wir uns getrennt haben«, fing er an. »Ich mache mir Sorgen um Tanya. Es fühlt sich irgendwie nicht richtig an, dass ich von ihr getrennt bin.«

»Nichts hindert dich daran, sie, sooft du willst, zu sehen«, entgegnete ich. »Aber ich brauche meinen Freiraum. Ich werde nicht zu dir zurückkommen.«

Ein paar Tage später rief er mich an. »Ich habe gehört, dass Alan Salmon dauernd bei dir rumhängt«, meinte er.

»Ja«, gab ich zu. »Er hilft Jed beim Renovieren.«

»Ich will nicht, dass meine Tochter ihre Zeit in Gesellschaft mit einem Nichtsnutz wie ihm verbringt.«

Ich war schockiert. »Was zum Teufel hast du gegen Alan einzuwenden?«, rief ich. »Er hat noch nie einer Menschenseele etwas zuleide getan.«

»Ich sage dir, dass ich es nicht dulde, wenn er bei euch rumhängt.« Sein Ton war drohend. »Ich erwarte, dass du das klärst!«

Seit kurzem hatte es sich eingebürgert, dass Alan ab und zu in Shanes Zimmer übernachtete. Ich beschloss, ihm nichts von den Drohungen meines Exmannes zu erzählen. Aber Andy rief immer wieder an.

»Du hörst nicht auf mich«, beschwerte er sich. »Ich versuche, die Sache gütlich zu regeln. Ich will nicht, dass dieser Kerl – oder irgendein anderer – mit meiner Tochter in einem Haus zusammen ist.«

Ich fing an, Andy anzulügen, sagte ihm, dass Alan gar nicht da wäre. Das machte ihn noch wütender. Wenn er mich anrief, warf er mir vor, egoistisch zu sein und mein eigenes Wohl über das von Tanya zu stellen. Er rief jetzt spätabends und frühmorgens an.

»Ich komm gleich rüber zu euch und schneid dir deine verdammte Kehle durch«, drohte er.

Seine Drohungen setzten mir zu, aber ich wurde zunehmend selbstbewusster. Er hat schon immer den Mund voll genommen, sagte ich mir. Er würde schon nichts tun.

Zwei Wochen nach seinem ersten Anruf klingelte wieder das Telefon. »Er ist da, stimmt's?«

Alan saß mit Shane und Tanya im Wohnzimmer vor dem Fernseher.

»Nein, ist er nicht«, log ich. »Wo liegt dein Problem?«

»Sprich nicht so mit mir, du alte Schlampe.« Andys Stimme war eiskalt.

»Verpiss dich!« Dies waren die mutigsten Worte, die ich je zu ihm gesprochen hatte.

»Jetzt bist du zu weit gegangen«, gab er zurück und knallte den Hörer auf.

Ich rief Alan in die Küche und berichtete ihm, dass Andy völlig durchgeknallt sei. Dann schloss ich die Türen ab und prüfte nach, ob auch alle Fenster geschlossen waren.

»Sag den Kindern nichts«, bat ich ihn.

Eine Viertelstunde später stand Andy vor der Hintertür. Ich dirigierte Alan ins Wohnzimmern zu den Kindern.

»Was auch passiert – rühr dich nicht von der Stelle; und behalt die Kinder hier«, schärfte ich ihm ein.

Alan meldete Protest an, aber ich blieb hart.

»Wenn du auftauchst, wird alles nur noch schlimmer«, beharrte ich.

Andy trat so fest gegen die Hintertür, dass das Schloss nachgab. Er war flammend rot im Gesicht. Mein Herz pochte wie wild.

»Was ist los?«, fragte ich vorsichtig.

»Du Fotze!«, schrie er.

Er holte aus und schlug mir mit der Faust ins Gesicht, sodass ich quer durch die Küche flog. Dann hockte er sich rittlings auf mich. Er hatte ein Messer in der Hand und hielt es mir an die Kehle.

»Diesmal bist du zu weit gegangen«, zischte er.

Ich dachte: »Jetzt bringt er mich um.« Fieberhaft suchte ich nach einem Ausweg.

»Du hast Recht«, lenkte ich ein. Ich sagte ihm alles, was er hören wollte: »Ich muss mich vergessen haben! Du weißt doch, wie ich bin. Dauernd rutschen mir Dinge raus, die ich nicht sagen sollte.«

Tanya – der Gedanke an sie würde ihn vielleicht zur Vernunft bringen. »Tanya ist nebenan«, brachte ich hervor. »Du willst ihr doch keine Angst einjagen.«

Ich spürte, wie seine Rage langsam nachließ.

»Lass es gut sein, Andy. Stell dir vor, was Tanya dazu sagen würde.«

Da ließ er von mir ab. Ich war so schnell wie möglich auf den Beinen; dabei redete ich weiter auf ihn ein.

»Geh nach Hause. Ich versorge die Kinder und komm dann rüber zu dir«, versprach ich. »Wir können im Farmhaus darüber reden.«

Ich begleitete ihn bis an seinen Wagen.

»Glaub nicht, dass du mich abwimmeln kannst«, warnte er. »Wenn du nicht in einer Stunde da bist, bin ich wieder hier.«

Er stieg ein, ließ das Messer auf den Boden vor dem Beifahrersitz fallen und fuhr los. Ich ging ins Haus zurück; mein Gesicht schwoll mehr und mehr zu.

»Bist du okay, Mum?« Shane war bleich vor Angst.

Tanya weinte. Alan versuchte, sie zu trösten. Zum ersten Mal machte ich mir bewusst, was Andy ihnen mit seiner

Gewalt gegen mich antat. Sie so leiden zu sehen, gab mir einen Stich ins Herz. Meine Gedanken rasten. Ich hatte geglaubt, dass Andys aggressive Übergriffe nach meinem Auszug aufhören würden; aber er hatte immer noch das Gefühl, über mich verfügen zu können, obwohl ich nicht mehr mit ihm zusammenlebte. Es würde immer wieder zu solchen Attacken kommen. Immer und immer wieder.

Wir könnten fliehen, irgendwo hingehen, wo er uns nicht finden könnte. Aber man kann nicht immer weglaufen – tief in meinem Inneren wusste ich das. Ich hob den Hörer ab und wählte 999.

»Mein Exehemann hat gerade bei meinem Haus die Hintertür eingetreten und mich geschlagen«, gab ich zu Protokoll. »Er hat gedroht, mich umzubringen. Er meinte, er würde zurückkommen.«

Andy wurde verhaftet. Er leugnete alles. Dennoch wurde er wegen Hausfriedensbruch und schwerer Körperverletzung mit Todesdrohung angeklagt. Ich dachte, man würde ihn in Untersuchungshaft nehmen, aber schon am nächsten Tag war er wieder draußen. Ich war wie gelähmt vor Angst.

Alans Mutter lebte in der Nähe von Cambridge, und so packten wir ein paar Sachen zusammen und fuhren alle vier zu ihr. Ein paar Tage später erfuhr ich, dass man Andy zwar gegen Kaution auf freien Fuß gesetzt hatte, er sich aber nicht in einen Umkreis von 3 Meilen von meinem Aufenthaltsort begeben durfte – das bedeutete, dass er noch nicht einmal in sein Farmhaus zurückkehren konnte. Wir waren zu Hause in Sicherheit.

Kaum waren wir wieder daheim, hatte ich das Gefühl, Andy könnte jeden Moment vor der Tür stehen. Er hatte im

Laufe der Jahre eine ganze Reihe von anderen Frauen gehabt; jetzt rief mich Lesley an, seine neueste Flamme: »Andy will dir echt nichts mehr tun«, meinte sie. »Wenn du die Anzeige zurückziehst, lässt er dich auf jeden Fall in Ruhe.«

Ich hörte ihr schweigend zu.

»Wir wollen uns ein neues Leben aufbauen«, gab sie zu bedenken.

»Ich überleg es mir«, versprach ich.

Ein paar Wochen später ging ich zur Polizeiwache. Ich tat es nur wegen Tanya. Ich wollte nicht, dass ihr Verhältnis zu ihrem Vater litt. Wenn sie sicherstellen könnten, dass Andy mir nicht zu nahe käme, würde ich meine Anzeige zurückziehen. Es ging mir nicht um Rache. Ich wollte bloß in Ruhe gelassen werden.

Als Lesley das nächste Mal anrief, sagte ich ihr, was ich getan hatte.

»Es ist besser, wenn du es ihm sagst«, meinte ich. »Der Vermerk bleibt in seinen Akten. Wenn er mich noch einmal bedroht – und sei es nur am Telefon –, dann bringe ich das Verfahren wieder ins Rollen.«

Seither habe ich kein einziges Mal mehr Probleme mit Andy gehabt. Es war vorbei.

Immer noch führten Alan und ich lange Gespräche über seine Beziehung. Aber es fiel mir immer schwerer, mich zu konzentrieren. Statt ihm zuzuhören, hing mein Blick an seinen Lippen, und ich überlegte, wie es sich wohl anfühlen würde, ihn zu küssen. Zum ersten Mal in meinem Leben hatte ich Lust auf einen Mann, den ich nicht haben konnte – ein völlig neues Gefühl für mich.

Ich begehrte ihn so sehr, dass sich meine menschliche Seite rührte und mich verleiten wollte, seine Beziehung zu sabotieren. Meine moralischen Grundsätze standen auf dem Prüfstand. Alan vertraute mir absolut, und es wäre ein Leichtes für mich gewesen, ihn gegen seine Freundin aufzuhetzen. Aber wenn er mir wirklich etwas bedeutete, musste ich alles in meiner Macht Stehende tun, um die beiden wieder zusammenzubringen.

Alan stand mir loyal zur Seite. Er tat für mich, was er konnte, ohne auch nur ein einziges Mal eine Gegenleistung dafür zu verlangen. Er war die Güte in Person. Darum bot ich ihm an, ihm mein Auto zu leihen.

»Du musst mit deiner Freundin reden. Sei offen und ehrlich mit ihr«, riet ich ihm. »Nimm mein Auto und lad sie ein. Unternimm irgendetwas ganz Spezielles mit ihr.«

Als er mir den Wagen am nächsten Morgen zurückbrachte, kam er durch die Küche herein. Ich war gerade beim Abwaschen und steckte bis zu den Ellbogen im Spülwasser. Mit jeder Faser meines Körpers war mir bewusst, dass er die vergangene Nacht mit einer anderen Frau verbracht hatte. Ich setzte ein Lächeln auf.

»Wie ist es gelaufen?«

»Super. Wir haben alles geklärt.«

Eine Woge der Enttäuschung schwappte über mich. »Das freut mich aber für dich«, brachte ich vor. Ich konnte ihn nicht anschauen und spülte weiter die Teetassen ab.

»Dann hat es sich also gelohnt?«, fuhr ich fort.

Auf einmal stand er neben mir. »Was wir geklärt haben, ist, dass ich sie nicht mehr liebe.« Er grinste mich an. »Wie konnte ich nur so blöd sein? All diese Gefühle, die ich hatte … und dabei warst du doch die ganze Zeit direkt vor meinen Augen!«

Er beugte sich zu mir und küsste mich auf den Mund. Meine Hände steckten immer noch im Wasser. Dann trat er einen Schritt zurück.

»Ich hätte das nicht tun dürfen«, entschuldigte er sich.

»Es ist in Ordnung«, lächelte ich. »Mehr als in Ordnung.«

Und so taten wir es gleich noch einmal.

Alan war das genaue Gegenteil von Andy. Zum ersten Mal in meinem Leben zeigte mir ein Mann, dass er mich liebte. Liebe – das war auf einmal etwas viel Wärmeres, Sichereres; ich badete in einem Gefühl der heiteren Gelassenheit. Mir war, als sei mir die ganze Zeit die Luft zum Atmen zu knapp gewesen und auf einmal sei der Raum voll von Sauerstoff.

Wir unternahmen weite Spaziergänge durch die Felder und Blumenwiesen, setzten uns an den Fluss und sahen den Schmetterlingen und Vögeln zu. Es war eine traumhafte Zeit.

Wenn zwei Menschen in einer innigen Beziehung zueinander stehen, kommt die Energie ins Fließen. Je tiefer die Liebe in Phasen des Zusammenseins ist, desto mehr Energie wird freigesetzt, und darum schmerzt es, voneinander getrennt zu sein. Liebe ist ein Geschenk, sie ist reine Güte. Wer verliebt ist, ist zu keiner bösen Handlung fähig, wird großzügiger, fürsorglicher.

Aber der Zustand der Verliebtheit ist nichts Bedingungsloses; er ist an die Bedingung geknüpft, dass uns auch der andere seine ganze Liebe schenkt; dass er uns nicht wehtut. Verliebt zu sein, ist etwas Wunderschönes – aber auch potenziell Zerstörerisches. Bevor ich Medium wurde, verurteilte ich jeden, der sich auf einen Seitensprung einließ. Aber nachdem ich gelernt hatte, die Gefühle anderer Menschen nachzuempfinden, erkannte ich, dass sich kaum einer absichtlich in einen anderen verliebt. Wenn es geschieht, löst es Chaos und Leid aus; oftmals erlischt dabei die Liebe zu dem alten Partner nicht, sondern nimmt nur eine andere, weniger spektakuläre Form an. Aber wie dem auch sei: Wir haben keine Wahl. Liebe nimmt ihren Ursprung an einem Ort, der jenseits unseres Einflussbereichs liegt.

In den letzten zwölf Jahren hatten mich meine Readings emotional aufrechterhalten – sie gaben mir das Gefühl, etwas wert zu sein, etwas Sinnvolles zu tun. Jetzt aber, wo meine Liebe noch frisch war, drängte mich nichts dazu, Klienten zu empfangen. Ich wollte immer nur mit Alan zusammen sein.

Mia im Liebesrausch – das war eine völlig durchgeknallte Person. »Du hast eine Beratungspraxis und zwei Kinder«, beschwerte sich Belinda mehr als einmal. »Könntest du nicht bitte einmal über etwas anderes reden als über Alan?«

Wenn sich zwei Menschen ineinander verlieben, wird die Liebe nicht mehr zerstreut, sondern konzentriert sich auf eine Person. Die damit einhergehende Intensität der Gefühle schafft ebenjene Atmosphäre, die wir als »Himmel auf Erden« bezeichnen: So hautnah können wir sonst nie erleben, wie es sich dort oben anfühlt. Wer je eine außerkörperliche Erfahrung gemacht und das Ende des Tunnels erreicht hat, spürt genau diese Liebe und will darum nicht mehr zurück.

Wir beschlossen, eine Party zu geben – die erste in meinem Leben. Jed mietete einen alten Krankenwagen und spielte

Taxi für unsere Freunde von der Insel. Wir feierten vom Nachmittag an bis in die späte Nacht hinein – es gab ein großes Grillfeuer und sogar eine Karaoke-Anlage.

Die Stimmung war herrlich. Wir waren alle so glücklich. Während wir uns um unsere Gäste kümmerten, kam Alan immer wieder zu mir herüber, um mir etwas ins Ohr zu flüstern und mich zu küssen. Manche blieben die ganze Nacht, schliefen einfach auf dem Fußboden ein und wankten am nächsten Nachmittag nach Hause. Andy wäre entsetzt gewesen.

Ein paar Wochen darauf nahmen Alan, Shane, Tanya und ich an einem Billardwettbewerb teil, den der Besitzer des örtlichen Pubs ausgeschrieben hatte. Als wir anschließend durch die Sommernacht nach Hause liefen, war der Weg in silbriges Mondlicht getaucht. Alan und Shane gingen voraus. Sie schubsten sich und alberten herum. Zwischen den beiden war in so kurzer Zeit eine so enge Bindung entstanden. Sie verstanden sich wirklich großartig!

Tanya und ich trödelten hinterher und unterhielten uns über die Pläne, die sie und ihre beste Freundin Virginia hatten. Das alles fühlte sich so normal an – so herrlich normal. Andy und ich hatten nie etwas zusammen mit den Kindern unternommen. Das Gefühl, eine Familie zu sein, wollte sich irgendwie nie einstellen. So wie jetzt hätte es eigentlich immer sein sollen.

Kurze Zeit später fuhr mir unser Vermieter mit seinem Landrover vorne ins Auto. Ich war völlig durcheinander – und in Panik. Noch wenige Augenblicke vor dem Unfall hatten Alan und ich über unsere prekäre finanzielle Lage gesprochen: Um unsere Schulden zurückzuzahlen und den

Kopf wieder einigermaßen über Wasser zu bekommen, mussten wir irgendwo 1000 Pfund auftreiben. Ein kaputtes Auto war das Letzte, was wir jetzt brauchen konnten.

»Ist Ihnen auch nichts passiert?« Die Stimme des Vermieters klang besorgt. Er schaute sich das Auto an. »Es wäre mir lieber, wenn wir die Versicherungen nicht einschalten würden«, meinte er. »Darf ich Ihnen ein Angebot machen?«

Ich nickte.

»Ich könnte Ihnen 1000 Pfund anbieten, um den Schaden an Ihrem Auto reparieren zu lassen.«

Es war genau der Betrag, den wir brauchten, um den immer höher werdenden Stapel von Rechnungen zu bezahlen.

In der darauf folgenden Woche teilte uns der Vermieter mit, dass er das Haus für einen Landarbeiter brauchte, den er bei sich auf dem Hof eingestellt hatte. Wir hatten sechs Monate dort gewohnt. Höchste Zeit, weiterzuziehen!

Auch unser neues Domizil – Bax Farm – lag am Ende der Welt. Das Haus hatte drei Schlafzimmer und eine riesige Garage. Die füllte Alan sofort mit lauter wackeligen, alten Möbelstücken, die er aufarbeitete und verkaufte. Shane wich ihm nicht von der Seite; er unterhielt sich so gern mit ihm. Alan hatte immer ein offenes Ohr für ihn.

Kaum zwei Wochen nach unserem Umzug rief mich meine Freundin Janet an. Sie war in Tränen aufgelöst. Ihr sechzehnjähriger Sohn Luke bereitete ihr Probleme, und sie wusste nicht, was sie tun sollte. Luke und Shane waren von frühester Kindheit an Freunde gewesen. Die Lösung schien auf der Hand zu liegen: »Warum schickst du ihn nicht für ein paar Wochen zu uns?«, bot ich an. »Das gibt dir eine Verschnaufpause.«

»Meinst du das im Ernst?«

»Kinder benehmen sich immer besser, wenn sie nicht mit ihren Eltern zusammen sind«, meinte ich.

Es gab drei Schlafzimmer im Haus, und in dem größten davon brachten wir Luke und Shane zusammen unter. Er gewöhnte sich schnell ein. Eine Woche später tauchte Jeds Sohn Stephen bei uns auf. Er erzählte mir eine lange, verworrene Geschichte, warum er nicht mehr bei seinen Eltern wohnen bleiben könnte. Ich verstand nicht recht, worum es eigentlich ging, aber mir war klar, dass er dableiben wollte; und so quartierte ich ihn ebenfalls bei uns ein, bis sich seine Situation geklärt hatte.

Ich zog sogar los und kaufte ein Stockbett für die Jungs. Damit waren wir zu sechst; es war chaotisch und viel zu eng im Haus, aber die Kinder waren begeistert. Sie hatten unendlich viel Spaß und stellten allen möglichen Blödsinn an. Von oben im Haus drang ständig Lachen zu mir herunter.

Shane hatte keinerlei Erinnerung an seinen leiblichen Vater und wünschte sich, ihn wiederzusehen. Es dauerte eine Weile, bis ich Mick aufgespürt hatte. Er lebte jetzt in Dublin. Shane rief ihn an, und er kam, um ihn zu besuchen. Mick hatte sein Leben komplett auf die Reihe gebracht und lebte in einer intakten Beziehung. Der Junge fuhr ein paarmal zu ihm nach Dublin, und es entstand eine enge Beziehung zwischen den beiden. Sie genossen es sichtlich. Shane war so stolz auf seinen Vater.

Nach und nach legte sich der Gefühlsrausch, in dem Alan und ich uns befanden, und an seine Stelle trat eine Form von Liebe, die mit dem Alltag eher vereinbar war. Endlich hatten wir wieder Augen und Ohren für etwas anderes außer uns beiden. Luke und Stephen im Haus zu haben, gab uns die Möglichkeit, ein gutes Werk zu tun. Das gefiel uns. Alan hatte ein echtes Händchen für Kinder; er war so geduldig, aufrichtig und geradlinig.

Er entdeckte eine herrenlose, abgemagerte Katze auf der Straße und brachte sie mit nach Hause. Zwei Monate später warf sie vier Junge. Auf dem Flohmarkt erstanden wir einen Kinderlaufstall und quartierten die Kätzchen dort ein. Im Haus herrschte ein heilloses Durcheinander von Katzenklos, Fressnäpfen, Katzenbabys und Kindern.

Ich wurde Expertin in der Zubereitung von billigem Futter. Jede Woche kaufte ich Berge von altem Brot, Kartoffeln und Käse. Dazu kartonweise Keksbruch vom Discounter.

Eines Tages stand ein Motorradfahrer-Pärchen vor der Tür, um zu fragen, ob sie ihren Wohnwagen bei uns auf dem Grundstück abstellen könnten. Sie bräuchten ihn bloß ein paarmal im Jahr, um auf Festivals zu fahren, und hatten gehört, dass wir lauter Jugendliche bei uns wohnen hätten; wir dürften ihn auch gern benutzen.

Die Jungs waren hellauf begeistert. Sie legten eine Verlängerungsschnur vom Wohnzimmer aus quer durch den Garten und verfrachteten eine Stereoanlage mitsamt Lautsprechern in den Caravan. Kerzen sorgten für schummriges Licht. Jetzt hatten sie einen eigenen Partyraum, und von überall strömten Jugendliche zu uns her. Manchmal quetschten sich zwanzig und mehr von ihnen auf engstem Raum zusammen. Solange sie hier sind, sagte ich mir, stellen sie wenigstens nichts an.

Abends kamen die Jungs einer nach dem anderen herein,

um uns gute Nacht zu sagen. Shane küsste mich jedes Mal und sagte: »Ich liebe dich.«

Eines Morgens war ich früher als alle anderen auf den Beinen, und ich sah, wie sich etwas draußen im Wohnwagen bewegte. Die Jungs schliefen immer oben in ihren Stockbetten, und darum ging ich raus, um nach dem Rechten zu sehen. Es war ein kleiner, dünner, blasser Junge. Er hatte offenbar hier übernachtet und wirkte völlig verschreckt. Die Decke, in die er sich gewickelt hatte, erkannte ich wieder – sie stammte aus einem der Schlafzimmer.

»Shane meinte, ich könnte hier pennen.«

»Ist schon in Ordnung, mach dir keine Gedanken«, nickte ich. »Komm mit ins Haus, ich mach dir einen Tee.«

Er sah so jung aus. Ob seine Eltern wohl wussten, dass er nicht nach Hause gekommen war? Ich nahm ihn mit in die Küche, und während Alan Tee und Toast für ihn machte, ging ich in das Zimmer der Jungs und weckte sie.

»Wer ist der Junge, der im Wohnwagen übernachtet hat?«

»Paul.«

Er war sechzehn, und seine Mutter hatte ihn vor die Tür gesetzt. Er war völlig ausgehungert gewesen, und darum hatten sie ihm einen Hamburger gekauft und ihn mit in den Wohnwagen genommen. Er hatte schon seit fast einer Woche dort gewohnt.

»Warum habt ihr mir nichts gesagt?«

»Wir sind doch schon zu viert«, meinte Stephen. »Und wir dachten, dass du nicht noch mehr von uns hier haben wolltest.«

Sie sahen mich fragend an.

»Du hättest ihn doch auch nicht auf der Straße gelassen, oder?«

Ich ging wieder in die Küche; Paul saß still da und aß seinen Toast. Er sah so verängstigt aus. Ich setzte mich an den Tisch zu ihm und bat ihn, mir seine Geschichte zu erzählen. Er war wegen eines kleineren Diebstahldelikts mit der Polizei in Konflikt geraten. Seine Mutter war allein erziehend und hatte noch drei weitere Kinder. Als sie von der Sache erfuhr, hatte es schrecklichen Ärger gegeben. Sie könne nicht mehr mit ihm fertig werden, hatte sie schließlich gemeint, und ihn aus dem Haus gewiesen.

Eine Mutter, die ihren eigenen Sohn vor die Tür setzt – das überstieg mein Fassungsvermögen! Alan stand dabei, gegen die Küchenschränke gelehnt, und hörte zu. Ich schaute ihn an, und er nickte.

Nachdem Paul nach oben gegangen war, fragte ich ihn: »Auf einen mehr oder weniger kommt es auch nicht an, oder?«

Er nickte. »Wir können ihn schlecht rausschmeißen.«

Im Wohnwagen fanden wir eine Tragetasche voll mit schmutziger Kleidung, die wir in die Waschmaschine steckten. Die Jungs suchten ihm etwas zum Anziehen heraus, und dann frühstückten wir erst mal richtig. In den darauf folgenden Tagen erstanden Alan und ich ein weiteres Stockbett, und fortan hatten wir vier junge Kerle im Alter zwischen sechzehn und siebzehn im Haus: die reinste Anarchie.

Wer immer von den Jugendlichen in unserer Gegend Probleme hatte, der tauchte bei uns auf. Ständig hing einer bei mir in der Küche rum und erzählte mir seine Sorgen. Morgens fand ich sie dann – draußen im Caravan, zusammengekauert auf dem Boden im Kinderzimmer oder zu zweit in einem der Stockbetten.

Luke, Stephen und Paul hatten jeder einen eigenen Sozialarbeiter, und alle drei rieten uns dringend davon ab, die Jungs bei uns im Haus aufzunehmen. Als ich das hörte, lief ich zur Höchstform auf.

»Das sollte ich ja wohl am besten selbst entscheiden«, protestierte ich.

Die Jungs galten als Kleinkriminelle und Diebe, aber bei uns ist nie auch nur die kleinste Kleinigkeit weggekommen.

15

Ununterbrochen klingelte das Telefon – Klienten, Leute aus meiner Familie, Freunde der Kinder … Ich brachte den Jungs bei, Nachrichten von meinen Klienten entgegenzunehmen. Wann immer jemand zu einem Reading kam, verbannte ich die Jungs nach draußen in den Wohnwagen – außer wenn wieder einmal eines der Mädels vom örtlichen Friseur zu einer Sitzung kam. Dann gab es bei den testosterongeladenen Kerlen kein Halten mehr, und sie verwandelten sich urplötzlich in höfliche Teeservierer.

Eines Abends saßen wir alle sieben vor dem Fernseher mit der üblichen Packung Keksbruch und einer Flasche billiger Cola, als das Telefon schellte. Stephen sprang auf und ging in den Flur. Es war Viertel nach zehn. Kurz darauf steckte er den Kopf zur Tür herein: »Du hast einen Geist.«

»Was? Am Telefon?«

Alle prusteten los, und Stephen hielt die Hand vor die Sprechmuschel.

»Nein, es ist jemand dran, der mit dir über einen Geist in seiner Wohnung reden will.«

Mit bebender Stimme berichtete mir der Mann am anderen Ende der Leitung, dass die Fernbedienung des Fernsehers quer durch den Raum geschleudert worden war und sich die Programme von allein umgeschaltet hätten. Außerdem sei ein Sessel durchs Zimmer gewandert und die Mikrowelle sei angegangen, obwohl keiner sie angerührt hätte.

»Können Sie sofort kommen?«

»Meinen Sie nicht, dass das bis morgen früh Zeit hat?«

Er klang verzweifelt. »Wir holen Sie auch ab, mein Kumpel und ich.«

Während Alan und ich uns Mantel und Schuhe anzogen, stimmten die Jungs im Chor den Titelsong von »Ghostbusters« an. Die zwei Typen, die kurz darauf in einem zweitürigen Fiat mit Heckklappe vorfuhren, waren die größten Kerle, die ich je in meinem Leben gesehen hatte. Sie hatten beide den Kopf rasiert und die Arme tätowiert. Es war dunkel draußen, und wir wohnten sehr abgelegen, aber wir hatten keine Angst, uns zu den beiden ins Auto zu setzen – sie wirkten wie verschreckte Kinder.

Kaum waren wir losgefahren, redeten die beiden aufgeregt durcheinander: »So was habe ich noch nie gesehen ... Ein Kumpel von uns hatte Ihre Nummer ... Ich hab bisher nie an Geister geglaubt ...«

Im Wohnzimmer der Maisonettewohnung hatte sich die versammelte Nachbarschaft eingefunden, und die Leute schaukelten sich gegenseitig in ihrer Angst hoch. Nur in der Küche war niemand außer einer jungen Frau. Ich öffnete mich innerlich und führte einen medialen Check der Wohnung durch. Es war Chaos zu spüren, ich wusste aber nicht genau, wie ich diese Wahrnehmung einordnen sollte. Sicher war ich mir nur, dass nichts Schlimmes geschah.

Ich setzte mich zu der jungen Frau an den Küchentisch. Sie wirkte völlig verängstigt. Sie habe einen dreijährigen Sohn, erklärte sie mir, und dies sei ihre Wohnung. Seit zwei Monaten etwa habe der Junge dauernd von einem Mädchen gesprochen, mit dem er spielen würde. Sie hatte gedacht, dass er sich das bloß einbildete.

»Aber vor zwei Tagen wurde ich nachts vom Weinen eines Kindes geweckt. Ich dachte, es sei mein Sohn, aber als ich in sein Zimmer kam, schlief er tief und fest. Immer noch hörte ich es deutlich: Da weinte ein Kind. Ich stand oben an der Treppe, und als ich nach unten schaute, sah ich ein kleines Mädchen auf der untersten Stufe sitzen.

Ich dachte, sie habe sich verirrt und sei irgendwie hereingekommen. Aber als ich die Treppe hinunterging und mich zu ihr hinabbeugen wollte, um sie zu trösten und ihr den Arm um die Schulter zu legen, da verschwand sie auf einmal. In dem Augenblick«, fügte sie hinzu, »bekam ich plötzlich fürchterliches Nasenbluten.«

Ich fragte sie, ob ich mich in der Wohnung einmal umsehen dürfe. Sie hatte ihren Sohn für die Nacht anderswo untergebracht, doch als ich ins Kinderzimmer kam, saß da ein Mädchen von etwa vier Jahren.

Sie war blond, trug ein weißes Baumwollkleid und kniete über der Kiste mit den Spielsachen. Sie schimmerte ein wenig, fast so, als sei sie von innen beleuchtet; trotzdem war sie klar und deutlich zu sehen.

»Siehst du sie auch?«, fragte ich Alan.

»Nein«, antwortete er. »Was soll ich sehen?«

Ich ging zu dem Mädchen hinüber und kniete mich neben sie. Da wandte sie sich um und schaute mich an.

»Hallo, Kleines«, begrüßte ich sie.

Sie lächelte. Ich hatte das Gefühl, dass seit langer Zeit niemand mehr mit ihr geredet hatte. Aber wie alle Geister, denen ich bis dahin begegnet war, verspürte sie ganz offensichtlich keinerlei Angst, obwohl sie sich verirrt hatte. Eric tauchte vor meinem geistigen Auge auf: Er stand hinter dem Mädchen, und neben ihm zog sich ein kugelförmiges Licht zusammen. Doch da durchbrach der Lärm von unten die Stille des Raumes, und das Licht verflüchtigte sich wieder.

Ich entspannte mich und öffnete mich erneut; und sogleich ballte sich hinter dem Mädchen wieder das Licht zusammen – es wurde heller und heller. Dann drangen wieder die Geräusche aus dem Haus zu mir durch, und ich verlor das Bild erneut. Langsam war ich frustriert. Wenn das so weiterging, wäre ich hier die ganze Nacht beschäftigt.

Als ich Alan erzählte, was los war, kam mir auf einmal eine Idee: »Ich weiß nicht recht«, meinte ich. »Aber ich glaube, wir könnten sie mit zu uns nach Hause nehmen.«

Ich beugte mich zu dem Mädchen hinunter. »Komm mit mir mit. Ich will dich mit nach Hause nehmen.«

Sie nickte. Ich war mir nicht sicher, ob es wirklich funktionieren würde, aber irgendwie hatte ich das Gefühl, dass sie bei mir bleiben würde. Wir gingen nach unten in die Küche.

»Haben Sie etwas gefunden?«, fragte die Frau.

Das Mädchen war immer noch neben mir und hüpfte unbeschwert von einem Bein aufs andere.

»Ja«, nickte ich. »Und es ist weg. Es war nur ein kleines Mädchen.«

Sie ging ins Wohnzimmer und berichtete der versammelten Nachbarschaft: »Sie ist den Geist losgeworden!«

Ich folgte ihr in den Raum, und das kleine Mädchen

hüpfte zwischen den Leuten umher und schaute sie sich an. Ich lachte innerlich bei dem Gedanken, welche panische Angst sie wohl haben würden, wenn sie wüssten, dass das Schreckgespenst mitten unter ihnen herumspazierte.

»Geht das bei ihr immer so schnell?«, wollte ein grobschlächtiger Mann von Alan wissen.

Alan schaute mich an. »Sie hat ein Händchen dafür, schwierige Situationen zu regeln.«

Als wir die Wohnung verließen, hielt ich die Luft an. Es kommt vor, dass Geister an einem Ort hängen bleiben; ich wusste immer noch nicht, ob das Mädchen wirklich mit mir mitkommen würde. Ich trat drei Schritte vor das Haus. Die Kleine ging neben mir her.

All meine Schutzinstinkte waren geweckt. Ich trug die Verantwortung für ein Kind – aber für eines, das ich nicht zu fassen kriegen konnte. Sie stieg mit mir hinten in den Wagen ein und setzte sich mir, ohne zu zögern, auf den Schoß. Ich spürte ihr Gewicht nicht.

Während der Fahrt lehnte sie sich vor und kitzelte den Fahrer am Hals. Ich sah, wie er sich an der Stelle kratzte, die sie mit den Fingern berührt hatte.

»Ich bin ja so froh, dass Sie das hingekriegt haben«, meinte er. »Solche Sachen machen mir schreckliche Angst. Ich habe noch lieber mit einem tobsüchtigen Irren zu tun als mit einem Geist.«

Ich bat Alan, den Kindern nichts von dem kleinen Mädchen zu erzählen, das ich mit nach Hause gebracht hatte. Während wir auf dem Sofa saßen und uns mit den Jungs unterhielten, blieb sie dicht neben mir. Neugierig schaute sie sich alles an, und von Zeit zu Zeit berührte sie Alan an der Wange.

Schließlich gingen die jungen Leute ins Bett.

»Berührt sie mich im Gesicht?«, wollte Alan wissen. »Ich spüre da so etwas Kaltes an der Wange.«

Ich war begeistert. »Ja, das tut sie.«

Dies war das erste Mal, dass Alan direkt in Kontakt mit einem Geist kam.

Normalerweise höre ich Eric als Stimme in meinem Kopf, oder er taucht am Rand meines Gesichtsfelds auf; aber an diesem Abend stand er mitten im Raum und schaute mich an. Er sagte nichts, aber ich wusste, was er von mir wollte: »Bring die Sache zu Ende.« Es war eine solche Freude, das Mädchen anzuschauen und sie hier bei mir zu haben – ein fast magisches Erlebnis. Wie gern hätte ich den Abschied hinausgezögert; wehmütig schaute ich sie ein letztes Mal an, bevor ich die Augen schloss, mich konzentrierte und öffnete.

Als ich die Augen wieder aufschlug, war das Licht da. Es wurde stark und immer stärker, ein herrliches, sattes gelbes Licht. Darin waren schemenhafte Umrisse zu erkennen, die näher und näher kamen und zunehmend Gestalt annahmen. Schließlich war deutlich eine Frau zu erkennen – die Mutter des Mädchens. Sie kniete nieder und streckte die Arme nach der Kleinen aus. Sie rannte auf sie zu, die Frau schloss ihre Tochter in die Arme, und sie traten beide zurück in das Licht.

Die Tränen liefen mir übers Gesicht. Eric lächelte mich liebevoll an.

»Alles in Ordnung mit dir?«, erkundigte sich Alan. »Was ist passiert? Warum ist es hier drin so warm geworden?«

Der Lichtkanal stand immer noch hell leuchtend vor mir.

»Weinst du aus Traurigkeit«, fragte er weiter, »oder vor Freude?«

»Vor Freude«, gab ich zurück.

Zwei Wochen darauf bekam ich wieder einen Anruf. Diesmal rief eine Nachbarin der Frau an, bei der ich das kleine Mädchen abgeholt hatte.

»Seit Sie hier waren, ist alles noch viel schlimmer geworden«, berichtete sie mir. »Ein Nachbar wurde gegen die Wand gedrückt. Fünf von uns haben den Geist eines Mannes gesehen. Die Sache ist völlig außer Kontrolle.«

In Begleitung von Alan fuhr ich also noch einmal dorthin. Diesmal spürte ich sofort etwas Unangenehmes im Raum. Ein Gefühl von Aggression lag in der Luft. Ich wusste, dass ein Geist da war, konnte ihn aber nicht ausmachen.

»Vor Ihrem Besuch hat es so etwas nicht gegeben«, warf mir eine Frau vor.

Was hatte ich bloß gemacht? Ich verstand das alles nicht. Ich stand einem ganzen Raum voller Leute gegenüber, die auf eine Lösung von mir warteten, und ich hatte nicht die geringste Ahnung, was ich tun sollte. Bis dahin war es immer so gewesen, dass ich den Geist gesehen hatte und Eric dann alles Weitere besorgte. Diesmal aber war von einem Geist keine Spur – und von Eric auch nicht. Ich musste allein sein und in Ruhe mit ihm reden. Also entschuldigte ich mich für eine Stunde und fuhr nach Hause.

»Was mache ich falsch? Ich spüre, dass es da etwas gibt, aber ich kann es nicht sehen. Was ist da los?«

»Es ist der Vater des Mädchens«, klärte mich Eric auf. »Er hat sich umgebracht und seine Tochter mit in den Tod genommen.«

Da wusste ich instinktiv, dass der Vater dem Mädchen das Versprechen abverlangt hatte, bei ihm zu bleiben. Es tat bloß, was man ihm gesagt hatte.

»Überlass das Ganze mir«, beruhigte mich Eric. »Der Prozess hat schon begonnen.«

Einen Monat darauf rief mich ein Reporter der Lokalzeitung an und fragte, ob ich etwas über die Geistererscheinungen in der Gegend wüsste. Ich hielt telefonisch Rücksprache mit der jungen Frau, aber sie weigerte sich, der Presse Auskunft zu geben. Sie hatte Angst vor dem Gerede der Leute und wollte endlich wieder ein normales Leben führen. Genau darum stehen die Betroffenen am Ende immer so allein da, wenn solche Dinge passieren; genau darum glauben sie, dass sie die Einzigen seien, die so etwas erleben.

Die Motorradfahrer, die uns großzügigerweise den Wohnwagen geliehen hatten, luden Alan und mich zu einer Party in ihrem Haus ein. Als wir ankamen, standen dreißig Motorräder vor der Tür. Innen waren lauter hartgesottene, tätowierte Typen in Lederjacken und zerrissenen T-Shirts versammelt. Es mögen Hell's Angels gewesen sein, aber sie waren ein lustiges Pack, und es machte Spaß, mit ihnen im Wohnzimmer zu sitzen und gemeinsam dem Alkohol zu frönen.

Aus dem Augenwinkel sah ich auf einem kleinen Tisch zwei schwarze Kerzen brennen. Dazwischen lag ein in dunkelviolette Seide eingewickeltes Päckchen.

»Was ist denn das?«, erkundigte ich mich.

»Die Tarotkarten von Big Dave.«

Ich beugte mich hinüber, um sie mir zu nehmen.

»Fass sie lieber nicht an«, warnte mich der Mann. Die

Karten seien mit einem Fluch belegt. Nur Big Dave dürfe sie berühren; jeder andere würde fortan vom Pech verfolgt. Ich sah mich in der Runde um und dachte schon, sie würden jeden Moment in Gelächter ausbrechen, aber keine Miene verzog sich.

»Meinst du das im Ernst?«

»Absolut!«

»Ich würde sie nicht anfassen«, nickte ein zweiter Motorradfahrer.

Flüche und Pech – was für ein Quatsch! Ich konnte es kaum fassen.

»Also gut«, konterte ich. »Darauf lasse ich es ankommen.«

Ich beugte mich rüber, nahm das in Seide eingeschlagene Päckchen in die Hand und fing an, die Karten zu mischen. Es wurde mucksmäuschenstill im Raum. Wahrscheinlich schwebte ich eher auf einer Wolke von Spiritus als von Spiritualität, sonst hätte ich wohl kaum so leichtfertig einen solchen Übergriff gewagt.

Auf einmal baute sich Big Dave vor mir auf. »Was machst du da?«, knurrte er.

Alan versank ein Stück tiefer in der Couch. Keiner wusste, womit ich mein Geld verdiente.

»Ich wollte Ihnen bloß die Karten legen«, gab ich zurück.

»Außer mir fasst keiner das Tarotdeck an!«, entgegnete er. »Bei anderen Leuten funktionieren sie nicht.«

Ich mischte unverdrossen weiter. »Das wollen wir ja mal sehen.«

Dave setzte sich mir gegenüber. »Dann mal los.«

Noch nie im Leben hatte ich eine Tarotkarte in der Hand gehabt – und nicht den blassesten Schimmer, wie sie zu lesen waren. Ohne groß nachzudenken, legte ich sieben Karten in einer Reihe nebeneinander. Lange Zeit betrachtete ich sie, konnte aber nicht das Geringste daraus ablesen. Die Ersten fingen schon zu kichern an.

Ich schaute zu Big Dave auf. Er grinste sarkastisch. Ich lächelte zurück und schaute ihm in die Augen. Dann wandte ich mich wieder den Karten zu; doch in Wirklichkeit visualisierte ich seine Augen – sie sagten mir alles, was ich wissen musste.

Während ich vorgab, im Tarot zu lesen, führte ich ein ganz normales Reading durch. Ich erzählte ihm von dem Pedal, das ihm an seinem Motorrad gebrochen war, und von allerhand anderen Kleinigkeiten, die ihm in der vergangenen Woche passiert waren.

Dann endete ich mit den Worten: »Pass gut auf, auf wem du herumtrampelst, denn es könnte gut sein, dass einer zurückkommt und auf dir herumtrampelt.«

Ich hatte den Satz einfach so dahergesagt, um aus der Situation herauszukommen, aber alle im Raum nickten mir viel sagend zu.

»Du bist gut«, meinte einer von ihnen. »Hast du so was schon mal gemacht?«

»Genau genommen verdient sie ihr Geld damit«, klärte Alan ihn auf.

Da lachten alle. Das Eis war gebrochen. Erst am nächsten Morgen wurde mir bewusst, dass ich mich beinahe mit einer dreißigköpfigen Rotte von Hell's Angels angelegt hätte.

»Gib bloß nie wieder so an«, mahnte mich Alan.

Ich bekam einen Anruf von einem Pub an der Küste – einer ehemaligen Schmugglerkneipe. Der Pächter berichtete mir, dass in der Gaststube die Stühle verrückt und Aschenbecher auf ungewöhnliche Weise aufeinander gestapelt worden seien. Belinda hatte sich in letzter Zeit zunehmend für meine Arbeit interessiert, und so beschloss ich, sie diesmal mitzunehmen.

Wir ließen Alan beim Wirt an der Bar sitzen, während wir zwei durch das Gewirr von Korridoren, Treppen und Zimmern zogen. Ganz oben im Haus entdeckten wir zwei Dachkammern. Und dort saß auf einem alten Lehnstuhl ein Junge in altmodischer Weste und Kniebundhosen. Er war barfuß und ließ ein Bein lässig über die Armlehne baumeln. Er schaute mich direkt an.

So deutlich sah ich ihn vor mir, dass ich überzeugt war, Belinda könne ihn auch sehen. Ich wollte ihr aber keine Hirngespinste einpflanzen, und darum formulierte ich meine Frage betont unverfänglich: »Der Sessel da drüben – haben deine Eltern nicht genau den gleichen?«

Vom Treppensteigen noch ganz außer Atem, gelangte Belinda auf dem Absatz hinter mir an. Da auf einmal erstarrte sie. »O mein Gott! Da sitzt jemand drin, oder?«

»Ja.« Ich freute mich für sie. Um das zu sehen, war sie schließlich mit hergekommen.

»Beschreibe mir, was du siehst.«

»Ich sehe eine kleine, durchscheinende Gestalt. Es ist ein Junge.«

Kaum hatte sie es ausgesprochen, machte sie auf dem Absatz kehrt und rannte die Treppe runter. »Komm schon«, rief sie mir zu.

»Was ist los? Wo rennst du denn hin?«

»Mia! Verdammt nochmal! Das ist ein Geist!«

»Natürlich ist es ein Geist!«

Mittlerweile war sie ganz unten an der Treppe angekommen.

»Kommst du jetzt endlich?«

»Nein«, entgegnete ich. »Ich bleibe noch; ich will mich erst ein wenig mit ihm unterhalten.«

Der Junge war etwa dreizehn Jahre alt und bestand nur aus Haut und Knochen. Ich versuchte, mit ihm zu reden – manchmal höre ich die Stimme eines Geistes in meinem Kopf. Aber diesmal war es anders. Eric tauchte auf und ließ einen Durchgang aus Licht entstehen, durch den der Junge verschwand. Wie bei dem kleinen Mädchen war es auch jetzt ein gutes Gefühl, ein Kind hinübergeleitet zu haben.

Als ich zur Bar zurückkam, war Belinda gerade bei ihrem zweiten doppelten Wodka.

»Es war doch bloß ein kleiner Junge«, versuchte ich, sie zu beruhigen.

»Nein«, beharrte sie. »Es war ein Geist.«

So oft hatten wir uns über paranormale Phänomene unterhalten, und sie hatte sich so sehr gewünscht, einmal einen Geist zu sehen! Aber als sie dann tatsächlich einem gegenüberstand, bekam sie es mit der Angst zu tun. Ich glaube nicht, dass man einem Geist begegnen kann, ohne verwandelt aus der Erfahrung herauszugehen. Es sollte lange dauern, bis Belinda mich das nächste Mal zu einem Ghostbuster-Auftrag begleitete.

Kurz darauf rief mich ein Mann namens John Nurden an. Er war Chef einer Werbeagentur und hatte einen Artikel über mich in der Lokalzeitung gelesen.

»Sie werden es nicht glauben«, fing er an. »Aber im Dreamland-Freizeitpark wird gerade eine neue Geisterbahn gebaut; und jetzt sagt der Bauleiter, dass sich die Arbeiter weigern, in der Nachtschicht zu arbeiten, weil irgendjemand den Geist einer jungen Frau in der Röhre gesehen haben will.«

Ich konnte die Schlagzeilen schon vor mir sehen: »Medium treibt Geist aus Geisterbahn aus!« Ich nahm den Auftrag an, aber nur unter der Bedingung, dass keine Presse eingeschaltet würde. Schließlich hatte ich keine Lust, Galionsfigur eines PR-Gags zu werden.

Es war keine Saison, und Dreamland hatte wegen Reparatur- und Instandsetzungsarbeiten geschlossen. Ich redete mit den Arbeitern. Immer noch glaubte ich, dass es sich bloß um eine Finte handelte; aber die Männer beharrten darauf, einen Geist gesehen zu haben.

»Wir haben sonderbares Geflüster gehört, und dann wurde es auf einmal eiskalt«, berichteten sie.

Der Tunnel war spärlich von Arbeitslaternen ausgeleuchtet, und wie ich ihn entlangging, sah ich sie auf einmal gegen die Wand gelehnt dastehen. Sie war um die zwanzig, trug einen langen Rock und ein braunes, an den Manschetten und am Hals geknöpftes Oberteil. Sie war barfuß. Ich war schockiert. Nie hätte ich damit gerechnet, sie wirklich zu sehen.

Alan war bei mir, und ich fragte wie üblich nach, ob auch er etwas sehen könne.

»Nein«, entgegnete er. »Aber es ist deutlich kälter geworden.«

Ich ging auf die Frau zu. Sie sah aus, als hätte sie geweint. Ein Blick in ihre Augen genügte, um zu wissen, dass sie sich von mir helfen lassen wollte. Dies war das erste Mal, dass ich einem verzweifelten Geist begegnete.

Ich schloss die Augen und öffnete mich; zart zeichnete sich der gelbe Lichtschein des Torbogens ab, aber sie bewegte sich nicht darauf zu. Sie stand bloß da und schaute mich mit vergrämtem Blick an. Der Durchgang erschien immer deutlicher, aber sie ging einfach nicht hindurch.

»Das ist mir noch nie passiert«, erklärte ich Alan. »So sollte es eigentlich nicht laufen. Bisher ist noch jeder Geist auf das Licht zugegangen.«

»Sie will dir wahrscheinlich etwas sagen«, meinte Alan.

»Willst du mit mir reden?«, fragte ich. »Worum geht es?«

Ihr Blick flackerte unsicher, aber sie sagte nichts. Dann auf einmal tauchten Bilder vor mir auf. Ich sah, wie sie mit ihrem Vater neben einem viktorianischen Karussell stand. Er war Zigeuner – Roma – und hatte den Vergnügungspark ursprünglich angelegt. Ich sah, wie sie sich einen Schal um die Schultern legte und über das Gelände ging. Sie ging durch eine Unterführung. Und dann geschah es: Ein Mann, der doppelt so groß war wie sie, überfiel sie. Erst vergewaltigte er sie, dann brachte er sie um.

Nun sah ich die Schlagzeile in der Zeitung: »Prostituierte ermordet.« Und mit einem Mal wusste ich, was ihr so zu schaffen machte. Sie war keine Prostituierte gewesen; im 19. Jahrhundert als Hure gebrandmarkt zu werden, war eine so schreckliche Schmach, dass sie nicht ins Jenseits hinübergehen mochte, bevor ihr guter Ruf wiederhergestellt war.

Die Bilder verblassten, und ich schaute sie wieder an.

»Ich werde ihnen sagen, dass du keine Prostituierte warst«, versprach ich ihr. »Ich sage ihnen die Wahrheit – du kannst jetzt gehen.«

Ich sah Eric neben dem Eingang des Torbogens stehen, und sie bewegte sich langsam darauf zu. Kurz bevor sie ihn erreicht hatte, blieb sie noch einmal stehen und schaute mich an.

»Wem wirst du es sagen?«, fragte Alan.

»Ich weiß nicht«, gab ich zurück. »Aber ich habe es ihr versprochen.«

Wir kehrten zum Ausgang des Tunnels zurück, wo die Arbeiter auf uns warteten.

»Haben Sie sie gesehen?«

»Ja«, nickte ich. »Sie ist weg.«

Man hatte mir versprochen, dass man die Presse aus der Sache raushalten würde, aber als wir hinaus ins Sonnenlicht traten, hielt mir doch jemand ein Mikrofon hin und bombardierte mich mit Fragen. Ein Blitzlicht zuckte auf. Erst ärgerte ich mich, dann aber dachte ich: »Jetzt kannst du gleich dein Versprechen einlösen.«

»Vor hundert Jahren kursierte die Geschichte, dass in einem der Tunnels unter dem Park eine Prostituierte vergewaltigt und umgebracht worden sei«, erklärte ich. »In Wahrheit aber hatte die junge Frau einen der Arbeiter aus dem Ort in den Vergnügungspark eingeladen, um mit ihm den Abend zu verbringen; als er mehr von ihr wollte und sie dies ablehnte, wurde er wütend, verging sich an ihr und brachte sie danach um. Sie war gar keine Hure und wollte ihren guten Ruf gerettet wissen.«

Vera, eine meiner Stammkundinnen, meldete sich am Telefon. »Könntest du uns helfen, Geld für eine Kampagne gegen Lebendtransporte von Schlachttieren aufzutreiben?«, bat sie mich. »Vielleicht könntest du ja eine öffentliche Demonstration deiner Arbeit geben.«

Ich hatte einen Fernsehbericht über die Viehlaster an den

Docks gesehen, in die man Kälber dicht an dicht einpferchte, nur damit die Liebhaber von Kalbfleisch ihre Ware möglichst frisch auf den Tisch bekamen. Ohne ausreichend Nahrung und Wasser wurden die Tierbabys transportiert. Ich hatte sie schreien hören und war entsetzt gewesen. Es war unverantwortlich!

»Sie werden sowieso geschlachtet, und darum ist es den Leuten egal«, meinte Vera.

Nie zuvor hatte ich meine hellsichtigen Fähigkeiten öffentlich zur Schau gestellt, aber Vera meinte, es würden ohnehin nicht allzu viele Leute kommen. Es lag mir daran, die Kampagne zu unterstützen, und so willigte ich ein. Die Veranstaltung sollte drei Wochen später stattfinden.

In der darauf folgenden Woche sah ich ein Plakat in der High Street hängen, auf dem für meinen Auftritt geworben wurde. Ich rief Vera an. »Ich dachte, es sollten nicht viele Leute kommen«, gab ich zu bedenken.

»Wir können werben, soviel wir wollen – mehr als zwanzig oder dreißig tauchen sowieso nie auf«, beruhigte sie mich.

Am Abend der Veranstaltung trafen Alan und ich etwa eine Dreiviertelstunde vor Beginn an der Halle ein. Die Leute standen vor den Türen Schlange, und innen waren bereits fast alle Plätze besetzt. Ich suchte nach Vera und glaubte schon fast, dass noch jemand anderes auftreten würde.

»Ist das nicht phantastisch, meine Liebe?«, strahlte sie. »So viele sind schon gekommen, nur um dich zu sehen! Und bis wir anfangen, ist es noch so lange hin.«

Ich hatte gedacht, dass ich nur vor ein paar wenigen Leuten sprechen würde. Wie ich jetzt aber durch den Vorhang schaute – es gab eine Bühne, *eine richtige Bühne!* –, sah ich, wie immer mehr Stühle in den Saal getragen wurden und die Leute schon dicht gedrängt in den Reihen saßen. Panik stieg in mir auf.

Was sollte ich bloß tun? Ich würde nicht nah genug an die Leute herankommen, um ihnen in die Augen schauen zu können; wollte ich aber ihre Aura lesen, müsste ich absolut entspannt sein. Doch wie sollte mir das in einer solchen Atmosphäre gelingen? Mir graute fürchterlich. Vielleicht sollte ich mir mit schmerzverzerrtem Gesicht die Hände vor die Brust pressen und einen Ohnmachtsanfall vortäuschen? Oder sollte ich jedem der Anwesenden für ein andermal ein kostenloses Reading anbieten?

Alan und ich wurden zu einer improvisierten Garderobe geführt. Darin standen ein kleiner Plastikstuhl und ein Spiegel mit rosa Kunststoffrahmen. Ich zitterte am ganzen Körper. Bisher hatte ich meine hellseherischen Fähigkeiten stets in einer ruhigen, beschaulichen Atmosphäre entfaltet. Wie sollte ich bloß vor so vielen Leuten gelassen bleiben?

Ich kramte in meiner Handtasche herum und fischte meinen Eyeliner und ein Röhrchen Wimperntusche heraus; ein abgebrochener Lippenstift musste nicht nur für den Mund, sondern auch als Wangenrouge herhalten. Eine Haarbürste hatte ich nicht dabei, also entschied ich mich für den strubbeligen Look.

Vera kam herein. »Alles okay, meine Liebe?«

»Wie lange soll das Ganze dauern?«

»Wir haben uns vorgestellt, dass du eine Stunde machst; dann eine Pause und dann nochmal eine Stunde.«

Ich starrte auf ihre elegante Bluse und den Hosenanzug. Erst jetzt wurde mir bewusst, was ich selbst anhatte: eine schwarze Hose und ein blaues Hemd – beides billig auf dem Markt erstanden. Die meisten Zuschauer waren besser angezogen als ich.

»In sieben Minuten geht es los. Versuch, dich ein wenig zu beruhigen, bevor du raus auf die Bühne gehst«, riet mir Alan.

»Geh doch selbst raus auf die verdammte Bühne«, raunte ich ihn an.

Ich versuchte, die Augen zu schließen, zur Ruhe zu kommen und mich zu öffnen, aber ich hörte bloß das Lärmen aus der Halle – unendlich viele Leute, die schwatzten und lachten. O Gott! Ich konnte mich hier nicht öffnen. Ich trat kurzerhand aus dem Raum und entdeckte im Flur den Eingang zu einem kleinen Kabuff: die Besenkammer. Schnell trat ich ein und zog die Tür hinter mir zu. Es war völlig dunkel. Ich lehnte mich gegen die Wand. Das Gemurmel aus der Halle war nur noch dumpf zu hören.

»Eric!«, rief ich. »Eric!«

»Ganz ruhig«, kam seine Stimme. »Ganz ruhig. Öffne dich.«

»Ich kann das nicht! Bitte hilf mir. Ich werde mich nie wieder auf so etwas einlassen. Bitte hol mich hier raus!«

»Öffne dich«, beharrte er.

Meine Gedanken fingen an zu gleiten, und augenblicklich saß ich mit Eric vor seinem Haus. Das Lagerfeuer brannte, und ringsum waren Bäume.

»Hab Vertrauen«, sagte er.

»Dir vertraue ich ja, Eric. Aber mir selbst vertraue ich nicht.«

Doch wie ich so ins Feuer sah, wurde ich ruhiger.

»Du musst nur Vertrauen haben«, wiederholte er noch einmal.

In dem Augenblick klopfte es an der Tür. »Es ist so weit«, sagte Alan. Der Saal war zum Bersten gefüllt: 150 Leute – und ich.

Nachdem Vera mich vorgestellt hatte, reichte sie mir das Mikrofon. Ich hatte noch nie eins benutzt. Ich hielt es krampfhaft in der Hand, während ich die drei Stufen zur Bühne hinaufstieg und meinen Blick über das Meer von Gesichtern gleiten ließ.

Ich brachte kein einziges Wort heraus; die Sekunden vergingen wie Jahre.

»Danke«, sagte ich schließlich. »Ich bin Mia Dolan, und ich arbeite seit fünfzehn Jahren als Medium.«

Während ich sprach, suchte ich im Publikum fieberhaft nach einem Menschen, in den ich mich vertiefen konnte.

»Vielen Dank, dass Sie heute Abend hierher gekommen sind. Bitte haben Sie Geduld mit mir – ich habe noch nie vor so vielen Menschen geredet.«

Ich schaute nach links, weil ich da jemanden stehen gesehen hatte. Es war Pete. Er war so real und greifbar wie jeder andere im Saal. Grinsend deutete er auf den Mann, der vor ihm saß. Ich schaute ihn mir an und konnte die Farben seiner Aura sehen; sofort zog es mich hinein.

»Sie haben in den letzten Tagen immer wieder Probleme gehabt, Ihr Auto in Gang zu kriegen«, sagte ich ihm.

»Als ich heute Abend hierher fahren wollte, musste ich es sogar anschieben«, bestätigte er.

Der ganze Saal lachte. Das Eis war im Nu gebrochen. Nach und nach sah ich bei verschiedenen Menschen im Publikum die Aura aufleuchten, und sie pickte ich mir heraus. Je länger die Veranstaltung dauerte, desto ruhiger wurde ich. Ich spürte weder Lampenfieber noch Nervenflattern.

Ehe ich mich versah, stand Vera vor der Bühne und bedeutete mir, dass ich die erste Stunde schon um zehn Minuten überzogen hatte. Als ich zur zweiten Halbzeit wieder auf die Bühne trat, war ich die Ruhe in Person. Eric war da; und auch Pete bewegte sich durchs Publikum.

»Es tut mir Leid, aber ich muss langsam zum Ende kommen«, sagte ich schließlich. »Vielen Dank, dass Sie den Weg hierher gefunden und mit Ihrem Eintrittsgeld eine so gute Sache unterstützt haben. Ich hoffe, dass der Abend interessant für Sie war, und wenn Sie noch Fragen stellen möchten, dann stehe ich Ihnen nach der Veranstaltung gern zur Verfügung.«

Ich sagte das einfach nur so daher. Ich war wie berauscht vor Erleichterung und fühlte mich einfach großartig.

»Ich glaube, du hast ziemlichen Eindruck gemacht«, bemerkte Vera, als sie in die Mischung aus Lager- und Garderobenraum kam. »Es gibt da ein paar Leute, die mit dir reden wollen.«

Die Schlange reichte einmal rings um die Halle. Ich war völlig erschöpft, aber es war eine Ehre, dass so viele Menschen anstanden, nur um einen Augenblick mit mir zu reden. Und so setzte ich mich auf den Bühnenrand und ließ mir von einem nach dem anderen seine Sorgen berichten und gab meine Kommentare dazu. Dabei ging es nicht nur um mediale Informationen, sondern gleichermaßen um emotionale Rückenstärkung. Es war weit nach Mitternacht, als Alan und ich uns schließlich auf den Heimweg machten.

16

Die Sozialarbeiter von Luke, Stephen und Paul kamen vorbei, um uns mitzuteilen, dass in Kürze wieder ein neuer einjähriger Kurs unter dem Titel »Den Kreis durchbrechen« anfangen würde. Er richtete sich an Jugendliche, die mit der Polizei in Konflikt geraten waren oder in der Schule Probleme hatten. Alle drei Jungs hatten einen Platz bekommen – und obwohl weder Shane noch Tanya je irgendetwas Gesetzwidriges getan hatten, durften auch sie teilnehmen. Wieder einmal zogen wir um. Diesmal hatten wir mehr Platz, und ein Nebengebäude, das Alan sogleich mit alten Möbeln und all seinen Polituren und Beizen voll stellte. Von nun an lief das Leben in sehr viel geregelteren Bahnen: Alle fünf Kinder waren außer Haus mit Projekten beschäftigt und lernten, wie man Musik produziert, und so hatte ich Freiraum, um mehr Readings zu halten.

Eine Frau rief mich an und eröffnete mir, dass ihre Tochter von einem Poltergeist bedrängt würde. »Kaum betritt meine Tochter den Raum, fliegen Gegenstände durch die Luft, und die Elektrik fängt an zu spinnen. Wir hatten schon einen Pfarrer da«, fügte sie hinzu. »Er hat es mit Exorzismus versucht, aber es hat nichts gebracht. Darum sind wir mit ihr zum Büro der spiritistischen Vereinigung gefahren, doch auch das hat letzten Endes nichts bewirkt. Wir sind mit unserem Latein am Ende.«

Als ich das Mädchen im Wohnzimmer sitzen sah, schien die Aura um sie herum wie ein Vulkan zu explodieren. Sofort wusste ich, was los war. Alle anderen hatten versucht, einen Geist oder eine fremde Wesenheit auszutreiben, und darum versagten sie. Das Mädchen hier wurde nicht von Geistern bedrängt – sie machte einen massiven spirituellen Erweckungsprozess durch, ganz ähnlich wie ich damals.

»Komische Sachen passieren mit mir«, erklärte sie mir. »Neulich saß ich in der Küche, und die Tassen fingen an, sich zu bewegen. Gestern rutschte ein Messer über die Küchenarbeitsplatte zu mir her. Wenn ich im Raum bin, geht der Fernseher aus, oder die Kanäle schalten sich von allein um.«

Ich setzte mich zu ihr auf die Couch und hielt ihr die Hand. Sie weinte. Ich erklärte ihr, dass das alles durch ihre eigenen Energien bewirkt würde, und erzählte, wie es damals bei mir selbst angefangen hatte, doch das beruhigte sie nicht.

»Ich mag das nicht«, hielt sie dagegen. »Ich bin nicht so veranlagt.«

Ich wusste nicht, wie ich ihr helfen konnte. Dann aber hörte ich mich zu ihr sagen: »Ich kann deine Aura verschließen. Du wirst die nächsten drei oder vier Tage ziemlich müde sein und wahrscheinlich viel schlafen. Aber das wird sich wieder geben. Danach wirst du dich besser fühlen, und die Erscheinungen werden aufhören.«

Ich wusste nicht, woher diese Worte kamen – oder wie ich ihre Aura verschließen sollte. Kaum war ich wieder zu Hause, ging ich in Trance. Eric war sofort da. Ich fürchtete, dass er ärgerlich sein würde.

»Es tut mir wirklich Leid, Eric. Ich habe versprochen, dass ich etwas für sie tun könnte, dabei habe ich keine Ahnung, wie. Ich hätte den Mund halten sollen. Kannst du mir helfen?«

Ich holte tief Luft. Er lächelte mich an.

»Was du gesagt hast, war genau das Richtige«, beruhigte er mich. »Wir sind gerade dabei, ihre Aura zu verschließen.«

Fünf Tage später rief mich die Mutter des Mädchens wieder an. »Ich wollte Sie nur wissen lassen, dass Sie Recht hatten«, erklärte sie mir. »Sie ist nicht zur Schule und zu Hause geblieben und hat drei Tage lang nur geschlafen. Aber jetzt ist der ganze Spuk vorbei. Wir haben das Gefühl, dass uns unsere Tochter zurückgegeben wurde.«

Ich hatte nie beabsichtigt, als eine Art Notkommando in Sachen Geisteraustreibung – oder, wie meine Familie es ironisch sagte, als Ghostbuster – zu fungieren. Aber wie das Leben so spielt, sprach sich mein Talent herum.

Eines Abends rief eine Mitarbeiterin des örtlichen Krankenhauses an. »Hier ist echt die Hölle los«, berichtete sie. »Die Leute haben Angst, in der Nachtschicht zu arbeiten. Seit Jahren haben wir im Spaß darüber gemunkelt, dass es hier spukt; aber seit ein paar Wochen geht wirklich nicht mehr alles mit rechten Dingen zu. Eine Krankenschwester wurde auf ein Bett gestoßen und damit im Kreis herumgefahren. Einer der Pfleger flog quer durchs Zimmer und wurde dann gegen die Wand gedrückt. Können Sie uns helfen?«

Die Krankenhausleitung ordnete an, dass wir die Räume erst in Augenschein nehmen dürften, wenn die Patienten schliefen. Kaum waren Alan und ich eingetroffen, entdeckte ich den Geist eines kleinen alten Mannes, der eine Stoffkappe in der Hand hielt. Er begleitete uns den Gang entlang zum Stationszimmer.

Während die Schwester uns Bericht erstattete, spazierte

er durch den Raum. Mit ihm würde ich leichtes Spiel haben, dachte ich. Ich hörte mir zwar die Schilderungen der Begebenheiten an, die den Leuten solche Angst eingejagt hatten, war aber überzeugt, dass das Ganze nicht mehr als ein paar Minuten in Anspruch nähme.

Die Spukaktivitäten waren hauptsächlich im Umkreis eines bestimmten Behandlungsraums vorgekommen, und so erschien es mir am sinnvollsten, den Mann von hier aus hinüberzuschicken. Der Raum war leicht auszumachen; er strahlte eine elektrisierende Form von Energie ab.

Zwei Stühle und eine Behandlungsliege waren die einzigen Möbelstücke. An den Wänden hingen Informationsplakate zu Gesundheitsthemen. Alan und ich waren allein im Zimmer, und ich versicherte ihm, dass der Geist klein und durchaus freundlich sei.

»Und dann schleudert er Krankenschwestern und Pfleger durch die Luft?« Alan wirkte sichtlich nervös.

»Körperliche Kräfte sind in der geistigen Welt bedeutungslos«, beruhigte ich ihn mit professioneller Selbstsicherheit.

Ich verzichtete darauf, mich zu zentrieren oder zu erden, so sicher war ich mir meiner Sache. Ich setzte mich einfach auf einen der Stühle und öffnete mich. Unverzüglich war mein Kopf von Schreien, Schluchzen und Stöhnen erfüllt – ein schreckliches, albtraumartiges Getöse. Verzerrte Gesichter kamen aus allen Richtungen auf mich zu. Es half nichts, die Augen zu schließen, um sie nicht mehr sehen zu müssen – die Bilder waren in meinem Kopf.

Nie hatte ich etwas Derartiges erlebt. Ich hatte Angst, das Bewusstsein zu verlieren, so stark war es – jeden Moment würde ich ohnmächtig oder wahnsinnig werden!

Ich rief nach Eric, und seine Stimme drang durch den Lärm an mein Ohr: »Bleib dabei, halte die Bilder.«

Es war ein Gefühl, als würde ich mich an einem Flugzeug festklammern, das mitten im Flug aufgerissen worden war. Eine Kraft zerrte an mir, um mich loszureißen. Gesichter, Stimmen, Krach. Mitten im Raum barst plötzlich ein Licht, tauchte alles schlagartig in Helligkeit, zog sich dann zu einer Kugel zusammen und erlosch.

Alles war still. Wie unendlich erleichternd war es, die Stühle und die Wand wiederzusehen – alles wirkte so normal. Alan stand vor mir und hielt mich bei den Händen.

»Du wurdest am ganzen Leib durchgeschüttelt und hast gestöhnt«, berichtete er. »Es hat mir wirklich Angst gemacht. Bist du in Ordnung?«

»Ich hatte so ein Gefühl, als wollten fünfzig Geister auf einmal versuchen, in meinen Kopf einzudringen«, erzählte ich. »Ich hatte keinerlei Kontrolle mehr. Was mit meinem Körper geschah, habe ich nicht mitbekommen.«

Um einen Geist auszutreiben, brauchte ich diesen normalerweise nur anzuschauen, mich in ihn einzufühlen und mich auf die in mir aufsteigenden Bilder zu konzentrieren; alles Weitere besorgte Eric. So war ich immer mutiger geworden; aber die Begegnung mit den Geistern im Krankenhaus machte mir Angst. Ich hatte mich geöffnet, und was immer im Raum gewesen war, hatte sich meiner bemächtigt und war in meinen Geist eingedrungen.

Kaum war ich wieder zu Hause, rief ich nach Eric. »Was ist passiert? Da waren so viele Geister – so viele Gesichter, so viel Lärm, so viele Stimmen.«

»Es waren keine Geister«, klärte Eric mich auf. »Es waren Restenergien.«

»Restenergien? Wovon sind sie übrig geblieben?«

»Von all den Menschen, die im Augenblick des Todes verwirrt und ängstlich und aufgeregt waren. Sie haben sich zu einer eigenständigen Energie zusammengeballt.«

»Je stärker das emotionale Leid und der innere Aufruhr, den ein Mensch bei seinem Tod erlebt, desto stärker ist die energetische Spur, die zurückbleibt?«

»Ja.«

»Und was ist mit den Gesichtern und dem Schreien und Stöhnen?«

»Das ist dasselbe Phänomen wie damals, als du den Jungen die Treppe hinunterstürzen sahst«, erklärte mir Eric. »Weder er noch diese Menschen sind wirklich da gewesen; es war bloß eine Prägung, die sie zurückgelassen haben.«

Erics Erklärungen reichten nicht, um meine Ängste auszuräumen. Ich überlegte, ob ich das mit den Geisteraustreibungen nicht aufgeben sollte, denn ich fürchtete um meine seelische Gesundheit. Ich wollte nicht noch einmal derart von solchen Kräften übermannt werden.

Zehn Tage später war dieselbe Krankenschwester ein weiteres Mal am Telefon. »Wir haben das Gefühl, dass es wieder losgeht«, berichtete sie mir. »Wir machen uns echte Sorgen. Könnten Sie noch einmal vorbeischauen?«

O Gott! Mir graute fürchterlich. Ich wollte nie wieder einen Fuß in das Gebäude setzen, aber ich wusste, dass mir keine andere Wahl blieb. Ich musste hingehen. Mir war übel vor Angst.

Noch am selben Abend machten Alan und ich uns auf den Weg. Ich ging sofort in den Raum. Doch statt mich ohne weitere Vorbereitungen zu öffnen, zentrierte ich mich diesmal, so gut es ging. Als ich mich innerlich ruhig und stark fühlte, visualisierte ich ein weißes Licht und hüllte mich darin ein. Dann öffnete ich mich ein wenig und bat Eric, zu kommen.

Sein Bild war kristallklar vor meinem geistigen Auge. Er stand mit beiden Händen auf seinen Stock gelehnt da und schaute mich an. »So hast du es richtig gemacht«, lobte er mich.

»Ja.« Ich hörte nur mit halbem Ohr hin, war ungeduldig, wollte die Sache schnellstmöglich hinter mich bringen und mich aus dem Staub machen. »Hilfst du mir diesmal? Können wir das zusammen machen?«

»Was du tun wolltest, hast du schon erledigt.«

Jetzt verstand ich gar nichts mehr. »Wir sind doch hergekommen, um noch einmal Restenergien aufzulösen?!«

»Nein.« Eric schüttelte den Kopf. »Du bist hergekommen, um eine Lektion zu lernen.«

»Was willst du damit sagen?«

»Du weißt nie, was auf dich zukommt, wenn du dich öffnest. Darum solltest du dir nie zu sicher sein oder mit Arroganz an eine Sache herangehen.«

»Dann warst du es also, der mich noch einmal hierher geschickt hat.« In dem Augenblick wurde mir klar, dass diesmal er es gewesen war, der das Krankenhauspersonal in Angst und Schrecken versetzt hatte.

»Du hast also hier herumgespukt?«

»Nur ein klein wenig.«

Als wir das Krankenhaus an jenem Abend verließen, war ich mehr als erleichtert. Eric hatte mich noch einmal hierher kommen lassen, um mich mit meiner Angst zu konfrontieren und zu zeigen, dass ich es auch besser machen konnte. Ich hatte das Gefühl, eine Prüfung beim zweiten Anlauf bestanden zu haben. Nie wieder würde ich Erics Worte vergessen: »Halte dich nie für allwissend. Bleib immer sachlich und verliere nie die Bodenhaftung.«

Der Pay-TV-Sender Sky Television fragte bei John Nurden nach, ob er nicht ein Medium kennen würde, und er gab meine Telefonnummer weiter.

»John meint, Sie seien überzeugt, dass jeder Mensch seinen sechsten Sinn auf die eine oder andere Weise nützen könne. Stimmt das?«, fragte mich der Redakteur.

»Ja, absolut.«

»Wären Sie bereit, unseren Zuschauern etwas zu diesem Thema zu sagen?«

Im Fernsehen aufzutreten, das hörte sich interessant an.

»Gerne.«

»Sie haben doch bestimmt schon Erfahrungen mit Live-Aufnahmen gemacht?«, erkundigte sich der Redakteur, als wir mit unserem Gespräch fast zu Ende waren.

»Aber klar«, log ich. Was sollte schon dabei sein, live im Fernsehen aufzutreten?

Belinda fuhr mich nach London. Ich verspürte keinerlei Nervosität – nicht einmal, als ich sah, welche massiven Sicherheitsschleusen wir passieren mussten, um in das riesige Gebäude zu gelangen. Es machte Spaß, in der Maske zu sitzen, mir die Haare frisieren und Make-up auflegen zu lassen. In der Warte-Lounge saß ein verschreckt aussehender Mann von der Obdachlosenhilfe »Shelter«. Er klammerte sich an seinen Notizen fest, während ich mir lässig eine Zigarette nach der anderen ansteckte.

»Ich kann kaum fassen, wie ruhig du bist«, wunderte sich

Belinda zum zehnten Mal. »Wenn ich im Fernsehen aufträte, wäre ich mit den Nerven völlig am Ende.«

»Es ist doch bloß eine große Kamera«, gab ich selbstsicher zurück.

Zehn Minuten vor meinem Auftritt schaute die Assistentin zur Tür herein. »Alles klar? Brauchen Sie irgendwas?«

»Nur eine Frage«, meldete sich Belinda. »Wie viele Leute schauen denn da zu?«

»Fünfzig Millionen.«

»Wie bitte?!«, entfuhr es mir. »Das ist doch lächerlich. Ich kenne keinen einzigen Menschen, der Sky abonniert hat – und außerdem: So viele Leute leben gar nicht in England.«

»Die Sendung wird weltweit ausgestrahlt«, lachte uns die Assistentin an.

Belinda hielt sich erschrocken die Hand vor den Mund und starrte mich mit weit aufgerissenen Augen an. »O mein Gott!«

Auf einmal spürte ich, wie mir das Herz bis zum Halse schlug. Der Mann von Shelter war steingrau im Gesicht, und Schweißperlen bildeten sich auf seiner Stirn. Die Information war das Letzte gewesen, was er in dem Augenblick hatte brauchen können.

Ich ging zur Toilette und ließ mir kaltes Wasser über die Handgelenke laufen. Das war das Einzige, was mir einfiel; vage erinnerte ich mich daran, dass mir irgendjemand einmal gesagt hatte, dies beruhige die Nerven.

Während mich die Assistentin ins Studio führte, erkundigte sie sich noch einmal: »Sie sind doch schon mal live im Fernsehen aufgetreten, oder?«

Sollte ich in dem Augenblick etwa Probleme machen?

»Ja«, nickte ich.

Die beiden Moderatoren – ein Mann und eine Frau – saßen schon auf einer Couch bereit. Ich war fasziniert. Die Kameras wurden über ein Fernsteuerungssystem bedient. Hinter einer Glasscheibe stand ein Team von Leuten, die uns beobachteten. Der Countdown lief: »5 … 4 … 3 … 2 … 1 …«

»Als Studiogast des heutigen Abends begrüßen wir Mia Dolan. Sie kommt aus Kent und ist Medium; und sie vertritt die Theorie, dass jeder fähig ist, seinen sechsten Sinn zu nutzen. Wie ist das zu verstehen, Mia?«, und damit wandte sich der männliche Moderator an mich: »Können wir alle mit paranormalen Mächten in Verbindung treten?«

Bei der Frage bewegte ich mich auf vertrautem Terrain. »Jeder hat einen sechsten Sinn. Er ist uns in die Wiege gelegt. Die meisten von uns verlieren ihn jedoch aufgrund von religiösen oder gesellschaftlichen Prägungen.«

»Es können also auch solche Leute als Medium fungieren, die nicht an derartige Sachen glauben?«

»Ja«, bestätigte ich. »Natürlich nicht jeder mit demselben Erfolg. Schließlich ist die Begabung des Einzelnen mal mehr und mal weniger ausgeprägt.«

»Aber glauben Sie nicht, dass Leute wie Sie die Hilflosigkeit anderer Menschen ausnutzen?« Die Moderatorin sah mich eiskalt an. »Dieses ganze Gerede von Geistern – ist es nicht bloß ein Trick, um sich interessant zu machen?«

Ich spürte Wut in mir aufflammen – sie beschimpfte mich schließlich in aller Öffentlichkeit. Aber die Frage war dennoch berechtigt.

»Ich verstehe, dass manche Menschen nicht an solche Dinge glauben«, nickte ich. »Und ich behaupte auch gar nicht, dass sie es tun sollten. Bei dem, was ich Ihnen hier sage, beziehe ich mich jedoch ausschließlich auf die Erfahrungen, die ich selbst gemacht habe. Auch ich war früher Atheistin und bin zu der Frau geworden, die Sie heute vor sich sehen.«

»Machen wir uns doch nichts vor, Mia«, beharrte sie. »Wollen nicht die meisten Leute bloß herausfinden, wer ihr nächster Liebhaber ist oder wann sie endlich reich werden? Sie geben ihr gutes Geld für Wahrsagerei wie bei den Zigeunern aus.«

Langsam fand ich Gefallen daran. Wenn sie ein Streitgespräch wollte, dann bitte! Ich war zum Streiten bereit.

»Natürlich kommen manche zu mir, um sich in Sachen Partnerschaft und Finanzen beraten zu lassen; aber so oberflächlich, wie Sie es darstellen, ist das Ganze nicht. Wenn eine Beziehung in die Brüche geht, bringt das die Betroffenen oftmals in existenzielle Bedrängnis. Der wichtigste Teil meiner Arbeit besteht darin, den Menschen vor Augen zu führen, dass das Leben über den gegenwärtigen Augenblick hinausreicht. Die allermeisten von uns starren bloß darauf, wie sie sich jetzt im Moment fühlen; aber wer seinen sechsten Sinn gebraucht, der erkennt, dass es nicht nur ein Heute, sondern auch ein Gestern und ein Morgen gibt.«

Die Moderatorin stapelte ihre Notizzettel aufeinander und warf mir einen missmutigen Blick zu.

»Gut gemacht«, lobte mich der Produzent. »Sie haben sich tapfer geschlagen. Man merkt deutlich, dass dies nicht Ihr erster Auftritt gewesen ist.«

Dies war meine erste Erfahrung mit Live-Ausstrahlungen im Fernsehen.

Den lustigsten Anruf meiner ganzen Karriere bekam ich ebenfalls von John Nurden, der mittlerweile zu einer Art inoffiziellem Agenten für mich geworden war: »Ich habe gerade ein Angebot für Sie abgelehnt«, informierte er mich eines Tages. »Sie hätten eine eigene Show im skandinavischen Fernsehen kriegen sollen.«

»Meinen Sie nicht, dass Sie mich vorher hätten fragen sollen?« Ich fühlte mich übergangen.

John aber lachte: »Ich war mir sicher, dass Sie das nicht gemacht hätten.«

»Woher wollen Sie das wissen?«

»Sie hätten als Moderatorin oben ohne auftreten sollen.«

Zwei Monate danach fragte Radio Kent an, ob ich bereit sei, eine Anrufersendung mit ihnen zu machen.

»Was verstehen Sie unter einer Anrufersendung?«, erkundigte ich mich.

»Die Hörer rufen bei uns im Studio an, und Sie geben ihnen am Telefon ein kurzes Reading.«

Ich hielt noch nie viel von den medialen Beratungs-Hotlines, die in allen Zeitungen inserierten und die Geld von Leuten kassierten, die sie noch nicht einmal gesehen hatten.

»Ich kann gern kommen und Ihnen Rede und Antwort stehen, aber ob ich am Telefon Readings machen kann – das mag ich Ihnen nicht versprechen.«

»Probieren wir es einfach aus«, schlug die Redakteurin vor.

Beim Radio fühlte ich mich vom ersten Moment an wohl. Man kann rumlaufen, wie man will, und braucht nicht geschminkt zu sein – das Einzige, worauf es ankommt, ist die

Stimme. Ich setzte den Kopfhörer auf. Vor mir stand ein Mikrofon.

Die ersten beiden Fragen hatten mit kleineren paranormalen Phänomenen zu tun, die die Hörer erlebten. Die dritte Anruferin fragte: »Können Sie mir etwas über mich sagen?«

Gerade wollte ich ihr antworten: »Ich mache keine Readings am Telefon«, als ich vor meinem geistigen Auge einen Gully sah. Er war in die Straße eingelassen und mit Brettern abgedeckt. Daneben stand eine Frau, die sichtlich aufgelöst war.

»Ich sage Ihnen einfach, was ich sehe. Sie stehen neben einer Art Ausguss oder Gullydeckel und regen sich fürchterlich auf.«

Da musste die Frau lachen: »Dass Sie das sagen würden, damit hätte ich nie gerechnet«, meinte sie. »Ich bin vor ein paar Tagen in einem Gully hängen geblieben und habe mir das Bein gebrochen.«

Von da an liefen die Telefonleitungen heiß. Unglaublich viele Leute riefen an. Plötzlich merkte ich, dass ich selbst dann Details aus dem Leben eines Menschen sehen konnte, wenn mir der Betreffende nicht von Angesicht zu Angesicht gegenübersaß.

Nach der Sendung fragte man mich, ob ich alle zwei Wochen einmal ins Studio kommen wolle, und so geschah es, dass ich über einige Monate hinweg mein regelmäßiges Fenster im Lokalradio hatte.

Daneben machte ich eine kleine Tournee durch die diversen Theater, die es in unserer Gegend gab. Wir hatten einen grünen Kombi, den wir »Bus« nannten. Für unsere Ausflüge polsterten wir die Ladefläche mit Sofakissen aus, sodass wir alle sieben hineinpassten.

Einmal machten wir wieder einen solchen Ausflug nach Herne Bay an der Küste. Die Kinder, Alan und ich trafen drei Stunden vor Beginn der Vorstellung ein.

»Wie viele Eintrittskarten haben Sie für heute Abend schon verkauft?«, erkundigte ich mich bei der Frau am Schalter.

»Keine einzige«, bedauerte sie.

Ich konnte es gar nicht fassen. An den meisten Abenden trat ich vor sechzig bis hundert Zuschauern auf. Erst bei näherem Nachfragen erfuhr ich, dass weder Plakate aufgehängt noch die Lokalzeitungen informiert worden waren. Noch nicht einmal am Theater selbst hatte man einen Veranstaltungshinweis angeschlagen. Keiner wusste, dass ich an dem Abend auftrat.

Verärgert gingen wir nach draußen; jetzt würden wir noch nicht einmal die Kosten für die Theatermiete hereinholen.

»Das ist einfach lächerlich«, schimpfte ich. »Es bleibt uns wohl nichts anderes übrig, als die Veranstaltung abzublasen.«

»Hast du keine Infoblätter dabei?«, fragte Stephen.

Wir schauten im Auto nach und fanden eine Schachtel mit Handzetteln, die die Kinder auf der High Street, in den Geschäften und rings um den Marktplatz verteilten. Sie rührten die Werbetrommel so erfolgreich, dass drei Viertel der Plätze verkauft waren, als der Vorhang sich schließlich hob.

John Nurden bot sich an, eine Show für mich zu planen und auch die Werbung dafür zu übernehmen. Der Gedanke, die

Organisation einmal jemand anderem zu überlassen und meinen Einsatz auf den Auftritt selbst zu beschränken, erschien mir höchst verlockend. Ich brauchte mir vor der Veranstaltung noch nicht einmal das Theater anzuschauen. John würde sich um alles kümmern.

Als ich das Hazlet Theatre in Maidstone dann aber sah, war ich schockiert. Beleuchter vom Dienst, Lautsprecherboxen, Logen ... eine Viertelstunde vor meinem Auftritt schaute ich durch den Samtvorhang und sah 600 Gesichter, die gespannt der Dinge harrten, die da kommen würden. Ich hatte keinerlei Konzept, war völlig unvorbereitet.

Erschrocken kehrte ich in die Garderobe zurück. Der Spiegel war ringsum mit Glühbirnen bestückt. Alles hier an diesem Ort verriet, dass dies ein richtiges Theater war. Was um Himmels willen hatte ich an diesem Platz bloß zu suchen?! Was sollte ich nur tun?!

»Ich habe mir für dein Entree etwas wirklich Tolles einfallen lassen«, schwärmte John hinter der Bühne. Dann gab er mir meine Instruktionen: »Wenn du auf die Bühne rausgehst, dann läufst du erst bis zur Mitte und dann nach vorn zum Rand.«

Als ich die Stufen zur Bühne hinaufkam, hörte ich den Soundtrack von »Close Encounters of the Third Kind« – das Geräusch, welches das Mutterschiff macht, wenn es mit der Erde kommuniziert. Nebel waberte im Raum, und überall schwirrten blaue Spotlichter herum. Wie erstarrt blieb ich stehen.

»Los jetzt! Geh in die Bühnenmitte«, flüsterte mir John zu und schubste mich im Rücken an.

Während ich vor das Publikum trat, wäre ich am liebsten im Erdboden versunken. Als sich der Applaus gelegt hatte, sprach ich ins Mikrofon: »Was für ein beeindruckender Auftakt! Aber jetzt kehren wir am besten ganz schnell wieder auf die Erde zurück! Bitte das Licht an.«

Der Beleuchter schaltete das Licht im Zuschauerraum ein. Zitternd vor Lampenfieber, trat ich zu einem Mann im Publikum hin.

»Haben Sie in letzter Zeit Probleme mit einem Telefon gehabt?«, wollte ich wissen.

Er schaute mich an.

»Nein.«

»Das ist aber komisch. Es liegt eine massive Irritation im Raum, die von einem Telefon ausgeht«, wunderte ich mich. »Na ja, dann eben nicht.«

In dem Augenblick war laut und deutlich das Klingeln eines Mobiltelefons zu vernehmen.

»Es tut mir wirklich Leid«, entschuldigte sich der Mann und fing an, mit der Hand gegen seine Hosentasche zu klopfen, um sein Handy zum Schweigen zu bringen.

Wir waren die beiden einzigen Leute im Saal, die wussten, dass die Szene nicht gestellt war. Ein paar Zuschauer fingen an zu lachen, und schon war das Eis gebrochen – ich hatte mein Selbstvertrauen zurückgewonnen. Der Rest der Show verlief schnell und reibungslos.

»Du hast mir mal gesagt, dass du nicht mit Fotos arbeiten könntest«, meinte John eines Tages. »Glaubst du, du könntest es nicht doch einmal versuchen? Es geht um einen Prominenten.«

»Wenn die Aufnahme gut genug ist und die Augen deutlich zu sehen sind, müsste es eigentlich klappen«, gab ich zurück. »Worum geht's?«

»Wir haben gerade erfahren, dass Robbie Williams sich von Take That trennen will. Wenn ich dir ein paar Bilder von ihm besorge, glaubst du, dass du ihm die Zukunft voraussagen kannst?«

»Ich kann's probieren«, erbot ich mich.

In seiner typischen Take-That-Pose wirkte Robbie ziemlich arrogant, aber als ich ihm in die Augen schaute, wusste ich, dass der Eindruck täuschte. In Wirklichkeit war er hoch sensibel. Die Bilder kamen klar und deutlich. Anfangs würde er in eine Abwärtsspirale geraten, aber nach einem Jahr würde er ein Comeback feiern und den Siegeszug zum Superstar antreten.

John notierte meine Voraussage, und dann sagte er: »Take That hat gerade eine Presseverlautbarung herausgegeben, dass sie als Gruppe zusammenbleiben und ohne Robbie weitermachen wollen. Was hältst du davon?«

Die Antwort stand klar und deutlich vor mir: »Nein«, wehrte ich ab. »Innerhalb eines Jahres bricht die Gruppe definitiv auseinander.«

John heftete meine Voraussagen ab. Er hatte vor, einen Ordner mit meinen Prognosen anzulegen und sie – sobald sie eingetreten waren – als Beweis für meine Glaubwürdigkeit zu verwenden. Er schickte mir Bilder von Pamela Anderson und Tommy Lee. Die beiden waren leidenschaftlich verliebt und hatten gerade geheiratet.

In dem Augenblick, in dem ich die Fotos sah, spürte ich den Zorn von Tommy Lee. Aus seinen Augen funkelte etwas, was auf mangelnde Beherrschung deutete. Pamela hingegen wirkte so, als würde sie ihm vertrauen. Ich sah zwei Kinder kommen.

»Eine ganz schön hitzige Beziehung«, verriet ich John.

»Mal lieben sie sich, mal hassen sie sich. Am Ende stehen sie vor einem Scherbenhaufen, aber bis sie sich endgültig trennen, wird es lange dauern.«

Eines Morgens war ich beim Aufräumen im Haus. Der Fernseher lief. Es war fünf Tage vor dem Geburtstag der Queen, und der Sprecher berichtete über die Vorbereitungen für die Feierlichkeiten. Urplötzlich tauchte ein Bild vor mir auf: Die Queen stand auf einer Treppe, und Pferde gingen im Schritt an ihr vorüber. (Ich glaubte, es sei die Fahnenparade.) In dem Moment sah ich, wie in einem überfüllten Gebäude eine Bombe explodierte.

Es war Jahre her, seit ich zum letzten Mal eine Vision gehabt hatte, ohne gezielt danach gefragt zu haben. Ich versuchte, weitere Informationen zu bekommen, aber alle meine Versuche schlugen fehl. Ich erzählte John, Alan und meiner Mutter davon, aber da ich nicht wusste, wo die Bombe hochgehen würde, konnte ich nichts tun. Ich hoffte, dass ich mich geirrt hatte.

Am Tag des Geburtstags schaltete ich den Fernseher ein. Es war am späten Vormittag, und ich schaute zu, wie die Queen die Parade abnahm, als unten ein Nachrichtenband eingeblendet wurde: In Manchester war eine Bombe explodiert, und es gab zahlreiche Verletzte.

Ich war entsetzt, fühlte mich so nutzlos – so schuldig. Hätte ich nur klarer sehen können, hätte ich die örtlichen Gegebenheiten nur erkannt …

»Eric, worin liegt der Sinn, wenn ich solche Informationen kriege und dann doch nichts dagegen tun kann?«, wollte ich wissen.

»Du hast gesehen, was passieren würde«, klärte er mich auf. »Nicht, was passieren könnte.«

Wenige Wochen später meldete sich die Redaktion einer Boulevardzeitung bei mir. John hatte ihnen meine Prominentenvoraussagen gezeigt, und jetzt wollten sie wissen, ob ich ihnen alle vierzehn Tage etwas über Prinzessin Diana sagen könnte, nachdem Prinz Charles und sie sich gerade getrennt hatten. Es war geplant, drei Medien zu befragen und die Voraussagen dann nach sechs Monaten zu vergleichen, um zu sehen, wer der Wahrheit am nächsten gekommen war.

Man schickte mir sechs große Fotos von Diana, die ich im Esszimmer an die Wand pinnte. Es war schon merkwürdig: Wie ich so mit ihren Fotos lebte, lernte ich sie ziemlich gut kennen. Sie war eine sonderbare Mischung – sie lechzte ständig nach Anerkennung, nutzte aber die viele Publicity, die sie bekam, ausschließlich zum guten Zweck. Mit bemerkenswerter Beharrlichkeit versuchte sie, die Öffentlichkeit auf problematische Themen aufmerksam zu machen.

Ob Menschen oder Situationen – Diana sah alles schwarz oder weiß. Entweder eine Sache war gut, oder sie war schlecht. Und sie selbst wollte unbedingt gut sein. Sie hatte das Gefühl, in ihrem Leben für Ausgleich sorgen zu müssen, und bemühte sich, ebenso viel zu geben, wie sie selbst bekommen hatte. Sie war vertrauensvoll und leicht manipulierbar. Nie hat sie es verkraftet, zu solcher Prominenz zu gelangen. Sie wollte geliebt werden wie jeder andere auch; aber es gab nicht viele Menschen in ihrem Umfeld, die sie um ihrer selbst willen liebten.

Nach zwei Wochen rief mich die Redakteurin an. In meiner ersten Voraussage erklärte ich, dass sie im Fernsehen mehrere dramatische Enthüllungen in Bezug auf ihre Ehe machen würde. Dies war sechs Wochen vor dem spektakulären »Panorama«-Interview, bei dem Diana offen legte, dass es in ihrer Ehe drei Personen gäbe: sie selbst, Charles und Camilla Parker-Bowles.

Als Nächstes sagte ich voraus, dass sie sich in der internationalen Politik engagieren würde. »Ihre Aktivitäten richten sich gegen den Krieg und haben etwas mit Kindern zu tun«, waren meine Worte.

»Unmöglich«, hielt mir die Journalistin entgegen. »Sie ist Mitglied der königlichen Familie, und darum verbietet ihr das Protokoll jegliche Form der Einmischung.«

Einen Monat später gingen die Fotos von Diana und ihrer Anti-Landminen-Kampagne um die Welt. Sie traf mit Kindern zusammen, die lange nach Kriegsende durch explodierende Landminen verstümmelt worden waren. Sie betrat sogar selbst vermintes Gelände, um auf das Problem aufmerksam zu machen.

Daraufhin sah ich einen neuen Mann in ihrem Leben. »Sie wird sich verlieben«, prophezeite ich.

»Wie sieht er aus?«, wollte die Journalistin wissen. »Können Sie uns irgendetwas über ihn sagen?«

»Er hat dunkle Haare und einen dunklen Teint. Er muss Seemann sein oder ein Boot besitzen. Ich sehe die beiden immer nur neben einem weißen Boot.«

Zwei Wochen später wurde Dianas Liaison mit Dodi Al Fayed bekannt. Das erste Bild, das von den beiden durch die Presse ging, zeigte sie auf seiner weißen Yacht in Südfrankreich. Vom Boot aus warf Diana der Presse einen Köder hin: Am nächsten Vormittag, so kündigte sie an, würde sie eine Verlautbarung machen.

»Was könnte das sein?«, wollten die Leute von der Redaktion wissen. »Was wird sie sagen? Werden die beiden heiraten? Ist sie schwanger?«

Wieder schaute ich mir die Fotos an, aber von einer Verlautbarung konnte ich nichts sehen – jedenfalls von keiner, die von Belang gewesen wäre.

»Die anderen Medien haben uns detailliert Auskunft gegeben«, gab die Journalistin zu bedenken. »Es wird sich nicht gut für Sie machen, wenn Sie gar nichts sagen.«

»Es tut mir Leid«, beharrte ich. »Ich sehe nicht, dass sie etwas ankündigen wird. Lieber schweige ich, als irgendwelche Lügengeschichten zu erfinden.«

Am nächsten Tag blieb Diana der Presse die angekündigte Rede schuldig; die Enttäuschung war riesengroß.

Am Tag vor dem nächsten Abgabetermin brütete ich wieder über den Fotos von Diana und arbeitete an meiner Voraussage, doch alles, was ich sehen konnte, waren Schlagzeilen nach dem Motto: »Sie sind von uns gegangen.« Wie sehr ich auch nach Bildern suchen mochte, ich wurde einfach nicht fündig.

»Und was werden sie Ihrer Ansicht nach in diesem Monat tun?«, wollte die Reporterin wissen.

»Ich glaube nicht, dass ich Ihnen diesmal groß weiterhelfen kann«, bedauerte ich. »Irgendwann im Laufe des Monats scheinen die beiden auf einmal wie vom Erdboden verschluckt.«

»Wie meinen Sie das?«

»Ich kann sie einfach nicht finden«, erklärte ich. »Ich weiß nicht, wohin sie gehen oder warum sie verschwinden; aber in der Presse wird es einen riesigen Wirbel geben.«

»Meinen Sie, die beiden brennen durch?« Die Journalistin wollte unbedingt Näheres erfahren.

»Ich glaube, nicht. Aber wenn ich ganz ehrlich bin: Ich weiß das, was ich sehe, selbst nicht recht zu deuten«, vertraute ich ihr an.

Zweieinhalb Wochen nach diesem Telefonat kamen Diana und Dodi in einer Pariser Straßenunterführung ums Leben. Ich war an jenem Tag früh aufgestanden. Gegen sieben Uhr schaltete ich den Fernseher ein, und da erfuhr ich von ihrem Tod. Mein erster Gedanke war: »Darum konnte ich sie nirgends finden.« Ich empfand großes Mitgefühl mit den Familien der beiden. Nachdem ich ein halbes Jahr lang mit Dianas Fotos gelebt hatte, kam es mir fast so vor, als hätte ich sie persönlich gekannt. Und auch Dodi – ich hatte stets gespürt, was für ein sympathischer, lebenslustiger Mann er gewesen war.

Während ich mir die Sendung anschaute, meldete sich laut und vernehmlich eine innere Stimme zu Wort: »Du musst ihnen von dem Ring erzählen.«

»Von welchem Ring?«, fragte ich.

»Von dem Ring, den Dodi für Diana gekauft hat. Sein Vater weiß davon.«

»Ist es ein Verlobungsring?«

»Nein, aber es hat mit ihm eine besondere Bewandtnis.«

»Und wie soll ich es ihnen sagen?«

»Ruf in der Redaktion an und bitte sie, Dodis Vater danach zu fragen. Er hält sich gerade in seiner Londoner Wohnung auf.«

Ich ließ eine Stunde verstreichen, bevor ich bei der Zeitung anrief. Ich wusste, dass dort alles drunter und drüber gehen würde. Aber die Stimme meldete sich beharrlich zu Wort: »Du musst ihnen von dem Ring erzählen.«

Die Journalistin, mit der ich normalerweise zu tun hatte,

war nicht im Büro, und so gab ich meine Information an eine Kollegin von ihr weiter, mit der ich noch nie gesprochen hatte.

»Dodi hat einen Ring für Diana machen lassen. Sein Vater weiß, wo er ist, aber er wird nur dann etwas darüber sagen, wenn man ihn konkret darauf anspricht. Sie müssten ihn im Moment in seiner Londoner Wohnung antreffen.«

Nachdem ich angerufen hatte, verstummte die Stimme, und ich fühlte mich wieder wohler in meiner Haut. Am nächsten Tag war die Geschichte von dem Ring samt Foto auf der Titelseite der Zeitung zu lesen. Dass die Information von mir stammte, wurde mit keinem Wort erwähnt. Man rief mich noch nicht einmal an, um sich bei mir für den Tipp zu bedanken. Als ich schließlich selbst in der Redaktion nachfragte, sagte man mir, die Geschichte sei von einer freien Journalistin eingereicht worden. Sie hatte 5000 Pfund dafür kassiert. Dass sie je mit mir gesprochen haben sollte, stritt sie rundheraus ab.

Außerdem teilte mir die Zeitung mit, dass sie die Informationen, die sie im Laufe der vergangenen Monate von mir bekommen hatte, angesichts der aktuellen Ereignisse für zu heikel hielt, um sie zu veröffentlichen. So viel Arbeit und solch exakte Prognosen – und das alles, ohne einen Penny dafür zu bekommen! Ich war mit der Miete im Rückstand, und immer wieder schalteten sie uns den Strom ab. Das Geld reichte nicht einmal, um Kohlen zu kaufen. Alan und ich schickten die Jungs immer zum Holzsammeln und -hacken in den Wald.

Als mich eine andere Zeitung anrief und nachfragte, ob ich Dianas Tod vorausgesagt hätte, erzählte ich ihnen, was ich gesehen hatte. Wenn ich ihnen die Beweise vorlegen könnte, so versprachen sie, dann würden sie die Prognosen veröffentlichen und mir 15 000 Pfund dafür zahlen. Als ich mich an die Journalistin des Boulevardblatts wandte und sie um die Unterlagen bat, wurde sie auf einmal still.

»Es tut mir furchtbar Leid, Mia«, gestand sie mir. »Die Sachen sind längst im Shredder gelandet.«

»Aber die Redaktionsleitung hatte doch gemeint, dass man ein andermal darauf zurückkommen würde?«, hakte ich nach. »Warum haben Sie die Prognosen denn dann vernichtet?«

»Wir kamen am Ende doch zu dem Schluss, dass man die Texte nicht verwerten kann; wozu hätten wir die Unterlagen da noch aufheben sollen?«

Ich wusste, dass sie log. Meine Bitte, mir schriftlich zu bestätigen, welche Voraussagen ich gemacht hatte, lehnte sie ab; schließlich könne sie mir nicht helfen, eine Story für eine andere Zeitung zu produzieren. Es war also alles umsonst gewesen. Die Boulevardpresse würde uns garantiert nicht aus unserer finanziellen Misere heraushelfen.

17

Es war spätabends an einem kalten Oktobertag.

»Komm raus in den Garten! Schnell!«, rief mich Andy. »Da sind so merkwürdige Lichter ...«

Hoch oben am Himmel standen drei große, durchscheinende, kreisrunde Lichter, durch die hindurch die Wolken und Sterne zu sehen waren. Sie drehten sich unablässig um ihre eigene Achse, bewegten sich voneinander weg und blieben dann in einer Dreiecksformation stehen, so als würden sie einer bestimmten Choreographie folgen.

Eine außergewöhnliche, faszinierende, atemberaubend schöne Erscheinung. Wir hatten beide keine Angst, sondern standen nur wie verzaubert da.

»Woher kommen die?«

Ich ließ meinen Blick über die Felder gleiten. Alles war in tiefes Dunkel gehüllt. Die einzigen Lichter, die es zu sehen gab, waren der stecknadelkopfgroße Schein der Straßenlaternen, die 2 Kilometer entfernt von hier aufgestellt waren.

Etwa zwanzig Minuten waren vergangen, als die drei Lichter plötzlich hoch in den Himmel hinaufstiegen und dann mit hoher Geschwindigkeit in unterschiedlichen Richtungen auseinander stoben. Atemlos diskutierten wir die verschiedensten Theorien – Ufos, Geister, Autoscheinwerfer? Ich versuchte, Eric zu fragen, aber es kam keine Antwort.

Rückblickend betrachtet, war dies der Anfang eines zwei Wochen dauernden Countdowns in Richtung Tragödie. Meine größte Prüfung stand mir bevor.

»Unsere Beziehung fühlt sich irgendwie komisch an«, eröffnete mir Alan eines Abends.

»Wie meinst du das?«, fragte ich nach. »Inwiefern komisch?«

»Wir leben mehr wie Brüderchen und Schwesterchen zusammen, oder nicht?«

Ich überlegte einen Moment.

»Ja«, gestand ich dann ein. »Du hast Recht.«

Eine Zeit lang sagte keiner ein Wort.

»Meinst du nicht auch, dass wir das Rad wieder zurückdrehen sollten? Ich meine, dass wir wieder beste Freunde sein sollten?«

»Eigentlich waren wir das doch die ganze Zeit, Alan«, antwortete ich.

»Du bist also einverstanden?«

»Natürlich bin ich einverstanden.«

Wir lächelten einander an, und das war's dann. Ende der Beziehung.

»Willst du, dass ich ausziehe?«, fragte Alan.

»Nur, wenn du es willst«, beschied ich. »Es besteht doch kein Grund zur Eile, oder?«

Den romantischen Teil der Beziehung ad acta zu legen, schien die natürlichste Sache der Welt zu sein – Alan hatte ausgesprochen, was wir beide auf irgendeiner Ebene unseres Seins bereits gewusst hatten. Es war keine große Sache, die Rolle der Liebenden hinter uns zu lassen; wir hatten bloß ausgesprochen, was in Wirklichkeit längst vollzogen war. Wir schliefen weiterhin in einem Bett nebeneinander.

Alan hatte keine Zeit, auszuziehen, weil ich ein paar Tage nach unserem Gespräch einen Zusammenbruch erlitt. In einem Moment kochte ich noch Kaffee, im nächsten lag ich auf dem Küchenboden, und zwei Sanitäter hielten mir eine Sauerstoffmaske vors Gesicht.

Dann wurde ich erneut bewusstlos und kam erst im Krankenhaus wieder zu mir. Irgendetwas stimmte nicht mit meinem Körper, aber ich brauchte eine Weile, um herauszufinden, was es war. Die rechte Körperhälfte fühlte sich so anders an als die linke; sie war unglaublich schwach.

»Wir machen ein MRI, um den Stand der Dinge abzuklären«, informierte mich der Arzt.

Bei der Untersuchung zeigte sich ein großer Schatten in der linken Gehirnhälfte.

»Sie hatten einen Schlaganfall«, lautete die Diagnose des Arztes.

Nach zwei Tagen fühlte sich mein Körper auf einmal wieder normal an.

»Ich glaube, es geht mir wieder besser«, sagte ich zur Krankenschwester.

Der Arzt ordnete ein weiteres MRI an.

»Der Schatten ist weg«, teilte er mir mit.

»Er hat sich von selbst zurückgebildet?«

»Unmöglich«, wehrte er ab. »Ein Schatten dieser Größe kann nicht einfach verschwinden. Es hat offenbar etwas mit dem ersten Scan nicht gestimmt.«

Als ich aus dem Krankenhaus entlassen wurde, bestand Mum darauf, dass ich eine Zeit zu ihr kommen sollte, damit sie sich um mich kümmern könne. Ich brauchte dringend Erholung. Aber wie ich am ersten Abend zu Hause anrief, um nachzufragen, ob alles in Ordnung sei, stieg ein Gefühl der Panik in mir auf. Irgendetwas stimmte nicht.

Als ich am nächsten Morgen heimkam, stand Shane in der Küche. Er drehte sich um, und da sah ich, dass sein ganzes Gesicht zerschunden war: Er hatte ein blaues Auge, und seine Lippe war geschwollen. Während ich im Krankenhaus lag, hatte man ihn in Queensborough auf dem Bahnsteig am helllichten Tag zusammengeschlagen. Um mich zu schonen, sagte mir keiner etwas davon.

»Warum?«, fragte ich.

»Keine Ahnung, Mum«, antwortete er. »Selbst als ich auf dem Boden lag, traktierten sie mich noch mit Fußtritten.«

Es war mir furchtbar, dass ich nicht für ihn da gewesen war. Im Nachhinein wurde mir klar, dass der Schatten auf meinem Gehirn die physische Manifestation meiner Vorahnung gewesen war, dass Shane etwas zustoßen würde. Aber wie ich ihn so vor mir stehen sah, schien alles halb so schlimm zu sein. Schon am nächsten Tag konnte er wieder in die Schule.

Ich bat Stephen, Luke und Paul, sich eine andere Bleibe zu suchen. Ich brauchte jetzt wirklich alle meine Kräfte für Shane und Tanya.

Zwei Wochen später bekam ich einen Anruf vom Krankenhaus in Sheppey: »Ihr Sohn ist hier bei uns«, ließ mich eine Krankenschwester wissen. »Es sieht so aus, als hätte er zu viel getrunken und sei gestürzt. Er ist nicht bei Bewusstsein, wird aber bald zu sich kommen. Kein Grund zur Besorgnis.«

Bei mir schrillten alle Alarmglocken. Shane hatte sich noch nie bis zur Bewusstlosigkeit mit Alkohol zugeschüttet – und er war unterwegs zum Jugendzentrum, wo überhaupt nichts getrunken werden durfte. Ich stürzte sofort ins Krankenhaus.

»Shane.«

Er lag auf einer fahrbaren Bahre in der Notaufnahme. Seine Augäpfel rollten unkontrolliert.

»Hilf mir«, sagte er. »Ich bin von meinem Haar gefallen.«

Er sprach unsinniges Zeug, aber betrunken war er bestimmt nicht.

»Etwas stimmt nicht mit ihm«, sagte ich zu dem Arzt. »Aber Alkohol ist garantiert nicht mit im Spiel.«

»Wir haben hier in der Notaufnahme dauernd mit Betrunkenen zu tun«, fegte er meine Bedenken vom Tisch. »Er wird mit einem schönen Brummschädel aufwachen.«

Ich dachte an die Untersuchung, die man zwei Wochen zuvor an mir durchgeführt hatte.

»Lassen Sie ein MRI machen«, forderte ich.

Der Arzt aber war sich seiner Sache so sicher, dass meine Bedenken bei ihm auf taube Ohren stießen.

Zwölf Stunden lang war Shanes Zustand unverändert. Gelegentlich gab er ein paar Laute von sich, aber die Augen öffnete er nicht.

»Ich kann es einfach nicht fassen, dass Sie immer noch glauben, er sei betrunken«, fuhr ich den Arzt auf einer seiner Runden an. »Warum lassen Sie keine Untersuchung machen?«

Der Arzt schaute nicht den Jungen, sondern seine Unterlagen an. »Ich glaube, wir sollten doch einen Scan machen lassen«, erklärte er sich schließlich bereit.

Noch einmal verging endlos lange Zeit. Shane fing an, sich auf seinem Bett hin und her zu werfen und mit dem Kopf gegen die Gitterstäbe zu hämmern. Ich bat um eine Decke und polsterte das Metall damit ab. Er schlug die Augen auf, und ich beugte mich zu ihm hin, sodass er mich sehen konnte.

»Shane?«

Er erkannte mich nicht. Kein Flackern ging durch seine Augen. Ein Gefühl der Verzweiflung machte sich breit. Ich wusste, dass mein Sohn in größter Gefahr war, aber man behandelte ihn hier nicht wie einen Notfall. Es herrschte keinerlei Eindruck von Dringlichkeit. Vier Stunden dauerte es, bis er endlich von einem Pfleger in den Untersuchungsraum geschoben wurde.

Nach dem Scan änderte sich das Tempo schlagartig. Zwei Schwestern karrten eine Sauerstoffflasche und ein EKG-Gerät herein. Der Sanitäter schob Shane quer über den Parkplatz zur Station. Mitten in der Nacht. Draußen blies ein eisiger Wind. Mir sank der Mut. Eine Böe trieb die silberne Isolierdecke von Shanes Bett in die Höhe. Es war wie in einem Albtraum: Mein Sohn lag um sich schlagend auf einem Bett draußen in der kältesten aller Herbstnächte und hatte nichts außer seinen Boxershorts an. Die Krankenschwester legte sich halb auf ihn, um ihn zu fixieren, damit er nicht auf den Boden stürzte. Ich fühlte mich einem System ausgeliefert, das keine wirkliche Hilfe leistete.

Es dauerte noch einmal vier Stunden, bis Shane ans Londoner King's College Hospital verlegt wurde. Wie damals, als er noch ein Baby war, hing sein Leben am seidenen Faden. Ich dachte: »Shane ist schon einmal krank gewesen. Er ist ein Stehaufmännchen. Letztes Mal hat er es auch geschafft.«

»Sie müssen seine Mutter sein.« Der Arzt kam mit einem Tross von fünf weiteren Doktoren in den Raum. »Shane hat eine Fraktur auf der rechten Schädelseite«, klärte er mich auf. »Und links hat er eine massive Blutung.«

Damals fiel mir die Symmetrie nicht auf – zwei Schatten: einer auf meinem Gehirn, der inzwischen verschwunden war, und der andere, lebensbedrohliche auf Shanes Gehirn. In dem Augenblick war ich eine ganz normale Mutter und voll im Griff meiner Angst und Ohnmachtsgefühle. Die

Gabe, zu sehen, ist kein Joker. Ich war wie jeder andere Mensch auch. Auch mir blieb die Achterbahnfahrt des Lebens nicht erspart, auch ich erfuhr, was es heißt, nichts zu wissen und nichts tun zu können.

Es gab die Möglichkeit, zu operieren, aber der Arzt wollte noch abwarten. Er war sich sicher, dass der Schatten sich wieder auflösen würde.

»In ein paar Tagen ist er wieder auf den Beinen«, tröstete er mich.

Aber er irrte sich. Nachdem er gegangen war, kamen blubbernde Geräusche aus Shanes Kehle. Ich rief nach der Krankenschwester, und sie drückte den roten Alarmknopf über seinem Bett. Der Junge wurde an ein Beatmungsgerät gehängt und auf die Intensivstation verlegt. Er wurde weggerollt; ich konnte ihn nicht mehr beschützen.

Alan und ich wurden in das Wartezimmer der Intensivstation geführt. Warteraum zur Ewigkeit. Jede Minute, die ich nicht bei Shane sein konnte, kam mir wie eine Stunde vor. Endlich durften wir zu ihm hinein. Es sah aus wie in einem Weltraumlabor. High-Tech-Maschinen surrten und klickten vor sich hin, und hinter jedem der Betten saß eine Krankenschwester an einem Schreibtisch.

»Wir haben Shane an die Herz-Lungen-Maschine angeschlossen«, klärte mich die Ärztin auf. »Nach Kopfverletzungen gehört das zur Standardprozedur. Wir hängen ihn ein paar Tage an die Apparate, um seinem Körper eine Auszeit zu gönnen; dann schalten wir die Geräte wieder ab. Eine Operation ist nicht erforderlich.«

Shanes Brust hob und senkte sich, und ich wusste, dass die Bewegung von der Maschine verursacht wurde. Er sah so verletzlich aus.

Die Krankenschwester erklärte uns die Funktion sämtlicher Apparaturen.

»Es sieht beängstigend aus«, meinte sie. »Aber viele unserer Patienten werden wieder vollkommen gesund.«

Zwei Nächte lang kampierten wir auf den Sesseln im Warteraum zur Ewigkeit. Dann wurde Shane von der Herz-Lungen-Maschine abgehängt.

»Was, wenn er nicht zu atmen anfängt?«, erkundigte ich mich.

Aber Shane fing an zu atmen. Drei Stunden lang saßen Alan und ich bei ihm am Bett und beschworen in Gedanken jeden neuen Atemzug herbei.

»Mir ist heiß«, sagte Shane.

Das waren die ersten zusammenhängenden Worte, die er seit Beginn des Albtraums gesprochen hatte. Seine Schlafanzughose rutschte ihm hinunter, und er zog sie mit einer schnellen Bewegung wieder hoch.

»O Gott«, fluchte er.

Das ganze Manöver, seine Art, zu reden – das war so typisch Shane. Er kehrte wieder unter die Lebenden zurück. Er würde nicht sterben.

»Shane geht es besser«, meinte auch die Krankenschwester. »Fahren Sie nach Hause und ruhen Sie sich aus.«

So fuhren wir also nach Kent zurück, nahmen ein heißes Bad, machten uns etwas Ordentliches zu essen und schliefen im eigenen Bett. Am nächsten Tag fuhr ich mit der sechzehnjährigen Tanya zurück in die Klinik. Shane war in die Wartebucht einer anderen Station verlegt worden. Zu meinem Entsetzen stellte ich fest, dass es hier keinen Monitor gab; und von einer Krankenschwester war auch weit und breit keine Spur.

»Shane, Shane.«

Die halb geöffneten Augen schauten nicht nach mir und zeigten kein Zeichen des Erkennens. Weil Tanya dabei war, spielte ich meine Panik herunter. Shane stöhnte wieder wie vorher und schlug mit dem Kopf gegen das Gitter an der Seite des Betts. Wieder bat ich um eine Decke, um das harte Metall abzupolstern.

»Der Arzt vom Dienst kommt, sobald er Zeit hat«, teilte man mir mit.

Shane gab Geräusche von sich, als würde er gleich ersticken, und eine braune Flüssigkeit drang aus seinem Mund und lief ihm übers Gesicht.

»Wir brauchen den Arzt sofort!«, forderte ich.

Die Krankenschwester saugte Shanes Mund ab.

»Das ist ganz normal«, meinte sie.

Tanya wirkte panisch.

»Kannst du denn nichts machen, Mum?«, fragte sie immer und immer wieder.

Vier Stunden später traf der Arzt ein. »Der Herr Doktor ist jetzt im Stationszimmer«, verriet mir ein Pfleger.

Ich wollte Shane nicht allein lassen. »Bitte sagen Sie ihm doch, dass er herkommen soll«, verlangte ich.

»Wenn Sie mit ihm sprechen wollen, müssen Sie schon ins Stationszimmer kommen.«

Shane warf sich stöhnend hin und her. Tanya klammerte sich an mir fest. Wie hätte ich das Zimmer verlassen sollen?

»Können Sie bei meinem Sohn bleiben, während ich mit dem Arzt rede?«, bat ich.

»Ja«, nickte er.

Der Arzt stand am Schreibtisch und machte sich Notizen.

»Bitte kommen Sie und sehen Sie nach meinem Sohn. Er macht so merkwürdige Geräusche; und mit seiner Atmung stimmt etwas nicht.«

»Wenn sich der Zustand Ihres Sohnes verschlechtert, kümmern sich die Schwestern sofort um ihn.«

»Das tun sie eben nicht«, widersprach ich. »Sie sehen nicht einmal regelmäßig nach ihm.«

»Ich versichere Ihnen«, beharrte der Arzt. »Wenn etwas nicht stimmt, greifen wir sofort ein.«

»Um Himmels willen! Ich bitte Sie doch bloß, die verdammten 20 Meter bis zum Zimmer meines Sohnes zu laufen und sich ihn anzuschauen.«

Der Arzt legte mir die Hand auf den Arm. »Es tut mir wirklich Leid«, meinte er. »Aber wenn ich erst alle besorgten Eltern in diesem Krankenhaus beruhigen müsste, würde ich nie zu meiner eigentlichen Arbeit kommen.«

Er wandte sich zum Gehen.

»Arrogantes Arschloch«, sagte ich.

Ich musste mich also allein um meinen Sohn kümmern. Frustriert kehrte ich in sein Zimmer zurück, doch noch bevor ich seine Form unter der Decke ausmachen konnte, wusste ich, dass etwas nicht stimmte. Das Herz krampfte sich mir zusammen. Der Pfleger war weg, und Shane atmete nicht. *Er atmete nicht.*

Ich schrie: »Hilfe! So helfen Sie doch!«

Der Pfleger rannte herein und drückte den Alarmknopf. Der Arzt stürzte hinterher.

Es sah so aus, als sei alles Leben aus Shane gewichen, aber die Wiederbelebungsmaßnahmen waren erfolgreich, und er wurde wieder an das Beatmungsgerät gehängt. Ich suchte nach Tanya. Eine Schwester fand sie zusammengekauert auf dem Boden vor der Station hocken und brachte sie zu mir zurück. Sie zitterte am ganzen Körper. Ich drückte sie fest an mich.

»Er atmet wieder«, beruhigte ich sie. »Er wird schon wieder werden.«

Aber mein Gefühl sagte mir etwas ganz anderes.

An Shane sollte nun doch die Operation vorgenommen werden, die man eigentlich schon drei Tage zuvor hätte machen sollen. Ich arrangierte, dass mein Neffe Aaron in die Klinik kam, um Tanya abzuholen und zu meiner Mutter zu bringen. Auch rief ich Alan an und bat ihn, bei mir zu sein. Die Operation dauerte vier Stunden. Als alles vorbei war, kam der Arzt zu mir.

»Es tut mir Leid. Wir konnten ihn nicht retten.«

»Ist er tot?«

»Nein, nicht direkt.«

»Er lebt also?«

»Nun, offiziell schon; aber in Wirklichkeit macht das alles die Maschine.«

Ich verstand nicht.

»Was nun? Lebt er oder ist er tot?«

»Offiziell ist er am Leben. In neun bis zehn Stunden werden wir die Gehirnströme messen, um zu sehen, ob noch irgendwelche zerebralen Aktivitäten nachzuweisen sind.«

Der Arzt erhob sich von seinem Stuhl.

»Sie können so viel Zeit mit ihm verbringen, wie Sie möchten. Es tut mir wirklich Leid.«

Damit ließ er uns allein.

Der Schmerz war so stark – alles in mir stand unter solchem Druck –, ich dachte, ich müsste zerspringen.

»Es hätte nicht passieren müssen!« Die Schwester, die am Fußende von Shanes Bett stand, weinte. »Man hätte ihn auf der Intensivstation behalten sollen. Es gibt Beschwerdeformulare …«, ermunterte sie mich.

Aber ich hatte keine Kraft mehr zum Kämpfen. Zwanzig Minuten lang stand ich an Shanes Bett und starrte unentwegt sein Gesicht an. Er sah so jung aus. Mein Herz war wie versteinert. Mir war schwindelig. Ich brauchte frische Luft.

Draußen, auf der Treppe vor dem Krankenhauseingang, zündete ich mir eine Zigarette an. Es war eine klare, beißend kalte Nacht.

»Schau dir den Himmel an«, meinte Alan.

Diesmal waren es fünf Lichter. Sie sahen genauso aus wie die, die wir von unserem Haus aus gesehen hatten. Sie zeichneten unerklärliche Muster in den Himmel, und ich dachte: »Sie sind gekommen, um Shane abzuholen.«

»Bitte, geht weg!«, bat ich sie in Gedanken. Sie waren wunderschön und zauberhaft, aber ich hasste sie.

Den Rest der Nacht verbrachte ich an Shanes Bett.

»Bitte nehmt ihn mir nicht weg; bitte nehmt ihn mir nicht weg; bitte nehmt ihn mir nicht weg.«

Wie ein Mantra betete ich die Worte Stunde um Stunde vor mich hin. Damals, als Shane erst eine Woche alt gewesen war und als winziges, hilfloses Würmchen im Brutkasten lag, hatte ich mit Gott – oder wer auch immer da oben sein mochte – gehandelt. Damals funktionierte es. Shane war auf unerklärliche Weise wieder gesund geworden – jeder hatte gesagt, dass es ein Wunder gewesen sei. Warum sollte es nicht noch einmal klappen?

»Bitte nehmt ihn mir nicht weg; bitte nehmt ihn mir nicht weg.« Wenn ich nur inständig genug betete und es wirklich wollte, dann würde Shane am Leben bleiben, so war ich überzeugt.

Während ich die Worte vor mich hin murmelte, strich ich mit den Händen sanft über Shanes Körper – berührte seine Fingerspitzen, seine Handflächen, seine Handgelenke; fuhr ihm mit den Fingern über die Brust, die Beine entlang (wie stolz war er immer auf seine Fußballerbeine gewesen!), über die Füße (wie weich sie waren!), die Lippen, die Nase, die Ohren, den Hals.

Wieder und wieder streichelte ich ihn. Es war, als würde ich mir mit meinen tastenden Fingerspitzen ein Abbild von Shane ins Gedächtnis brennen.

Und die ganze Zeit über benetzte ich ihn mit meinen Tränen.

Die Messung der Gehirnströme ergab keinerlei Aktivität. Der Gehirntod wurde festgestellt. Ich war schockiert, konnte nicht fassen, wie man Shane hatte sterben lassen können. Er war doch erst achtzehn! Zum ersten Mal bat ich selbst um etwas, und Eric, Gott, die geistige Welt, die guten Energien, mit denen ich gearbeitet hatte, ließen mich im Stich. Meine Gebete waren nicht erhört worden. Im Augenblick der höchsten Not blieb mir die Hilfe versagt.

Wie sollte ich es Tanya vermitteln – wie meinen Eltern? Ich hatte nicht nur Shane, sondern auch sie verraten. Meine Arme fühlten sich so leer an. So gern hätte ich ihn darin gehalten, um alles Böse von ihm fern zu halten.

Ich ging, um mich von Shane zu verabschieden. Das Beatmungsgerät lief immer noch, und er sah so friedlich aus, als würde er schlafen. Ich wollte bloß in seiner Nähe sein, setzte mich auf den Stuhl neben ihn und versuchte, mich zu entspannen. Was blieb mir anderes übrig, als nachzugeben? Die ganze Nacht über hatte ich gekämpft – ich dachte wirklich, dass ich Hilfe aus der geistigen Welt bekommen würde. Doch jetzt besaß ich keine Kraft zum Kämpfen mehr.

Eine Stimme meldete sich leise in meinem Kopf: »Schau dir seine Aura an, Mia.«

Dass mir der Gedanke nicht schon früher gekommen war ... Da auf einmal sah ich es mit eigenen Augen: Shane hatte keine Aura mehr. Die Seele war aus ihm gewichen. Mir war, als hätte man mir in einem Moment der Unachtsamkeit meinen Jungen gestohlen. Vor mir lag nur ein Körper, dessen Brustkorb sich mechanisch hob und senkte.

Wie ich so neben Shanes Bett stand, schaute ich durch das kleine Fenster zum Himmel hinauf.

»Ihr habt ihn mir also weggenommen«, zischte ich. »Ihr habt mir meinen Sohn weggenommen. Ich kann euch nur raten, euch gut um ihn zu kümmern, denn eines Tages komme ich selbst da rauf!«

Dann rief ich nach Pete.

»Wenn du da bist, Pete, dann begleite ihn bitte. Überlass ihn nicht sich selbst; er hat doch solche Angst im Dunkeln.«

Dann küsste ich Shane auf die Augen, die Wangen, die Nase, küsste ihn überall im Gesicht und verabschiedete mich von ihm: »Auf Wiedersehen, mein Sohn.«

Mit dem Zug brauchte ich dreieinhalb Stunden, um zu meiner Mutter zu fahren. Es gab nichts, was ich hätte sagen, was ich hätte tun können. Ich wollte bloß in Bewegung bleiben.

Alan saß neben mir und versuchte, die richtigen Worte zu finden. Aber es gab keine richtigen Worte.

Rückblickend erkannte ich, dass Shane starb, als der Atemstillstand eintrat. Während ich mit dem Arzt stritt und er sich weigerte, sich meinen Sohn anzuschauen, hauchte Shane sein Leben aus. Hätte ich mir seine Aura angesehen, hätte ich es gewusst – und nicht die ganze Nacht versucht, ihn mit meinen Gebeten zurückzuholen. Er trat seinen Weg an, als ich die Lichter am Himmel sah.

Das Haus war voller Leute – Aaron, Jed, Angela, meine Eltern. Tanya lag zusammengerollt auf dem Sofa. Die Tränen liefen ihr wie Wasser übers Gesicht. Ich setzte mich zu ihr und schlang meine Arme um sie. Auch nachdem sie sich in den Schlaf geweint hatte, blieb ich neben ihr liegen. Zwei Wochen lang wich sie mir nicht von der Seite.

Ich konnte nicht glauben, dass Shane nicht mehr bei uns war. Sein Fußballschal fiel mir in die Hände. Er roch immer noch nach ihm, und mir war, als hätte man mir einen Schlag versetzt. Mit dem Schal in der Hand setzte ich mich auf sein Bett. Wie gern hätte ich ihn bei mir gehabt; wie gern mit ihm Tee getrunken und einen Moment lang mit ihm geredet. Meine Liebe für ihn war so greifbar; aber es war eine Liebe, die schmerzte.

Ich holte Erkundigungen bei der Polizei ein und fand heraus, dass er bei der Attacke schwerer verletzt worden war, als er mir damals eingestanden hatte. Zu fünft hatten sie ihn angegriffen und ihm selbst dann noch gegen Kopf und Brust getreten, als er schon längst zu Boden gegangen war. Es gab Zeugen, aber die Täter wurden nie gefunden. Zweimal hatte er in der vorangegangenen Woche während des Unterrichts solche Schmerzen in der Brust bekommen, dass man ihn ins Krankenhaus brachte. Vor mir verheimlichte man das alles wegen meines Schlaganfalls – Shane wollte nicht, dass ich mir Sorgen machte. Dabei war der Schlaganfall doch nichts als eine Manifestation von Sorgen gewesen. Ich hatte allen Grund zur Besorgnis gehabt.

Eine Versagerin. Ich war eine nutzlose Versagerin! Ich saß Shane gegenüber, sah sein blaues Auge und seine geschwollene Lippe und hatte doch nicht näher hingeschaut. Warum hatte ich keinen Gesundheitscheck gemacht? Ich hätte doch wissen müssen, dass er alles tun würde, um Aufregungen von mir fern zu halten; ich hätte ihm nicht glauben dürfen, als er mir sagte, dass mit ihm alles in Ordnung sei. Ich hätte es wissen müssen.

Ich war wütend auf mich selbst und wütend auf Eric. Vierzehn Jahre lang hatte ich mich als seine Schülerin gefühlt und ihn als Lehrer betrachtet. Unsere Beziehung war fast wie die zwischen Vater und Tochter. Und wie viel Zeit hatte ich damit zugebracht, ihm zu helfen und zu tun, was er von mir verlangte! Nie bat ich um irgendeine Gegenleistung für mich; nie verlangte ich irgendetwas für mich selbst. Dies war das erste Mal gewesen.

Als ich Eric bat, Shane das Leben zu retten, dachte ich, er würde es tun – oder jemanden holen, der es tun könnte. Ich konnte nicht fassen, dass er den Tod des Jungen zuließ. Das war der größte Verrat. Wusste er etwa, dass ich meinen Sohn verlieren würde – und wenn ja, warum warnte er mich dann nicht? Er hatte mir weder vorher Bescheid gesagt noch mir geholfen. Was für ein Vater sollte das sein?!

Ich war unendlich wütend, sann auf Vergeltung, wollte

irgendetwas Böses tun – ein schreckliches Verbrechen, um Eric wehzutun. Ich litt, also sollte auch er leiden. All die vielen Jahre war ich auf der Seite der »Guten« gewesen, machte alles richtig, arbeitete an mir – arbeitete hart an mir. Jetzt verschloss ich mich. Eric versuchte, mit mir zu reden, aber ich weigerte mich, ihn anzuhören. Der Quell meines Trostes war im entscheidenden Moment versiegt, und jetzt wollte ich von ihm keinen Trost mehr empfangen.

Auch von der Ärzteschaft fühlte ich mich verraten. Je mehr herauskam, dass Shane bereits vor seiner Einweisung ins Krankenhaus verletzt gewesen war, desto klarer wurde mir, dass das System versagt und man seinen Zustand nicht ernst genug genommen hatte. Ich war vom Personal allein gelassen und ignoriert worden; genauso gut hätte ich mit Shane hoch oben auf einem einsamen Berggipfel sein können. Sie hörten mich einfach nicht an; kümmerten sich nicht richtig.

Ich beantragte Rechtshilfe, um per Gerichtsverfahren klären zu lassen, ob ein Kunstfehler vorlag, aber man lehnte ab mit der Begründung, dass mein Sohn achtzehn und ledig gewesen sei; sein Tod würde darum rechtlich als weniger gravierend eingestuft. Wäre er verheiratet gewesen, hätte es einen Richtsatz zur finanziellen Entschädigung für den Verlust seines Lebens gegeben. So aber schien es aussichtslos, einen Prozess ins Rollen bringen zu können.

Zwei Tage vor der gerichtlichen Anhörung ging ich in die Kanzlei eines Rechtsanwalts bei uns im Ort, der mit Pete befreundet gewesen war. Fünf Stunden brütete ich über seinen Gesetzbüchern, und so war ich für meine Aussage mehr als präpariert.

Erst wurde jemand von der Polizei vernommen, dann kam die Aussage des Krankenhausvertreters. Shanes Tod sei tragisch, so stimmten sie alle überein, aber keiner hätte ihn verhindern können. Schließlich wandte sich der Richter an mich.

»Möchten Sie noch etwas sagen, bevor ich mein Urteil über die Todesursache spreche?«

»Ja«, nickte ich. Ich erhob mich von meinem Platz. »Ich beschuldige das King's College Hospital«, meine Stimme war klar, jedes Wort deutlich zu hören, »wegen Totschlags durch unterlassene Hilfeleistung und Verletzung der Sorgfaltspflicht.«

Ein Blick in meine Aufzeichnungen genügte, und ich konnte den entsprechenden Paragraphen aus einem der Gesetzestexte zitieren, die ich bei meiner Recherche durchgearbeitet hatte. Es hieß darin, dass ein Krankenhaus wegen Totschlags belangt werden könne, wenn das Personal ein Problem grob missachtet oder sich ausdrücklich geweigert hatte, es zur Kenntnis zu nehmen oder sich damit zu befassen.

Es wurde auf einmal ganz still im Saal. Ich hatte es ausgesprochen. Dann setzte ich mich wieder hin.

Der Richter sah mich an. »Ist Ihnen bewusst, was für eine schwere Anschuldigung das ist?«

»Der Tod meines Sohnes wiegt nicht minder schwer«, hielt ich ihm entgegen. »Zumal man ihn hätte retten können.«

Der Richter stapelte seine Unterlagen zusammen. »Ich habe keine andere Wahl, als die Sitzung zu vertagen«, sagte er, »bis eine komplette Beweisaufnahme vonseiten aller beteiligten Parteien vorliegt.«

Bei der nächsten Anhörung saß ich sieben Anwälten des Krankenhauses gegenüber; ein Rechtsbeistand war mir nicht gewährt worden, und da ich kein Geld hatte, um selbst einen Anwalt zu bezahlen, musste ich mich dem Gericht ohne juristischen Vertreter stellen. Geschworene gab es keine. Das Urteil lautete »Tod durch Unfall«.

Ich wollte unbedingt, dass Shane neben Pete beerdigt würde, erhielt jedoch von der Gemeinde die Auskunft, dass alle infrage kommenden Plätze belegt seien. Ein paar Stunden später klingelte das Telefon: Es gab doch noch ein freies Grab – genau gegenüber von Pete; nur ein Weg lag dazwischen. Shane war 20 Meter vor dem Pub zusammengeschlagen worden, in dem man Pete erstochen hatte. Zwei Männer, die ich liebte, an ein und derselben Stelle umgebracht. Wie konnte das sein?

Ich ließ auf Shanes Beerdigung sein Lieblingslied spielen: »Brothers in Arms« von den Dire Straits dröhnte in voller Lautstärke aus den Boxen. Wie sein Sarg sich in den Boden senkte, wollte ich laut schreien: »Nein, *nein!* Shane mag die Dunkelheit nicht!« Dass es ein Leben nach dem Tod gab, erschien mir belanglos. Ich wusste nur eins: Mein Kind war mir für immer genommen worden.

Ich war in Panik. Meine Mutter stand neben mir.

»Mum.«

Sie schaute mich an. Ich sah, wie ihr die Tränen übers Gesicht liefen. Sie hatte ihrem Enkel und ihrem Sohn ins Grab nachgeschaut.

»Ist schon gut«, winkte ich ab.

Mühsam bekam ich mich wieder in den Griff. »Er ist nicht mehr da«, sagte ich mir. »Er ist gegangen, er ist tot.

Was sie da unter die Erde bringen, ist nur sein lebloser Körper.«

Ich konnte nicht zusehen, wie der Sarg hinabgelassen wurde. Ich wandte den Blick ab. Und die ganze Zeit über kämpfte ich, um nicht die Fassung zu verlieren.

Shane war Liverpool-Fan gewesen, und er hatte nie ein Heimspiel der Mannschaft gesehen. Er spielte mit Begeisterung Billard, und wir hatten immer vorgehabt, einmal zur Embassy World Snooker Championship zu fahren. Es gab so viele Dinge, die wir noch machen wollten und nun nicht mehr machen würden. Ich hatte seine Zukunft verloren, konnte nicht mehr miterleben, wie sein Leben weitergehen würde – all die Jahre, die er noch vor sich gehabt hätte. Shane war erst achtzehn gewesen; das Beste hatte er noch nicht erlebt.

Ich bekam Angst, ihn zu vergessen – seinen Blick, den Klang seiner Stimme. Dann tauchte überraschend ein Erinnerungsfetzen auf, und es tat wieder weh. Es war einfach unvorstellbar, dass ich mein Kind nie wieder sehen würde. So war das nicht vorgesehen. Ich stand unter Schock. Wie konnte es möglich sein, dass Shanes Leben zu Ende war?

Ich fühlte mich schuldig. Mit all meiner besonderen Begabung und all den vielen Erfahrungen, die ich damit gesammelt hatte, konnte ich ihn nicht retten. Das alles überstieg mein Fassungsvermögen. Es tat so weh – ich fühlte mich, als würde man mir ein Messer ins Fleisch bohren. In meinen Leib war ein riesiges Loch gerissen. Mir war, als hätte ich achtzehn Jahre meines Lebens verloren. Komplett verloren. Nichts war mehr davon übrig.

Es war, als hätte ich achtzehn Jahre damit zugebracht, ein Haus zu bauen; endlich war es so weit, dass ich das Dach aufsetzen konnte. Aber dann schaute ich einen Moment nicht hin, und irgendjemand fegte mit einem einzigen Handstreich alles weg. All die Steine, die ich so sorgfältig aufeinander geschichtet hatte; all die Schwierigkeiten, die beim Bauen gemeistert wurden; all der Schweiß, den wir vergossen, die Arbeit, die wir geleistet, die Energie und Zeit, die wir aufgewandt hatten … Auf einmal war alles weg. Ich stand mit leeren Händen da. Was zurückblieb, war ein Stück nackte Erde.

Kinder sterben nun einmal nicht vor den Eltern. Ach, hätte ich bloß dieses getan; ach, hätte ich bloß jenes getan. Die Selbstvorwürfe nahmen kein Ende. Ich war wie taub. Ich wütete. Ich hatte meinen Sohn im Stich gelassen.

Immer wieder kehrte ich in Gedanken zu meinem Schlaganfall zurück – meine »Vorahnungskrankheit«. Was hatte sie mir genutzt? Sie riss mich von der Seite meines Sohnes, als er mich am dringendsten gebraucht hätte. Wozu taugte meine Gabe? Shane nutzte sie jedenfalls nichts. Sie war wertlos.

Ich bat eine Freundin, alle Termine in meinem Kalender zu stornieren. Ich ging nicht mehr ans Telefon. Was sollte meine Arbeit schon wert sein; Shane hatte ich schließlich auch nicht helfen können …

Tanya wich mir nicht von der Seite. Sie saß, lag, lief neben mir, ihren Körper dicht an den meinen gepresst. Ich konnte nicht weinen, nicht vor ihr. Ich musste stark sein für sie, und so schluckte ich meine Tränen hinunter.

Die emotionalen Schmerzen konnte ich unterdrücken, nicht aber die körperlichen. Ständig lastete ein großer Druck auf meiner Brust. Ich konnte nicht schlafen, keinen Bissen hinunterbringen. Allein bei dem Gedanken an Essen krampfte sich mir der Magen zusammen. In meinem Körper steckte zu viel Schmerz.

Eines Nachmittags kam Aaron, um Tanya zum ersten Mal nach all der Zeit abzuholen, und ich winkte ihr von der Haustür aus nach.

»Du kannst ruhig gehen«, rief ich ihr zu. »Ich bin da, wenn du zurückkommst. Es wird dir nichts passieren.«

Sie war bleich und ausgezehrt und zerbrechlich. Ich sah ihr nach, bis sie aus meinem Blickfeld verschwunden war. Dann ging ich nach oben in mein Schlafzimmer und zog die Tür hinter mir zu. Ich erinnerte mich daran, wie ich Shane zum letzten Mal im Krankenhaus gesehen hatte, wie ich ihn mit den Händen überall berührte. Ich sah die Szene bildhaft vor mir, konnte sein Gesicht so deutlich erkennen; ich konnte fühlen, wie meine Finger über seine Nasenwurzel strichen – über seine Wangen, Kieferknochen, Augenbrauen.

Mit der Erinnerung kamen die Emotionen. Es war, als wäre eine Schleuse geöffnet worden. Eine Flut brach über mich herein und riss mich mit. Eine halbe Stunde lang schluchzte ich. Dann musste ich mich wieder zusammenreißen. Ich musste die Schleuse wieder schließen, denn zehn Minuten später erwartete ich Tanya zurück.

Nicht weit von unserem Haus lag ein See, an dem ich oft spazieren ging. Zwei Wochen nach der Beerdigung machte ich mich wieder einmal auf den Weg dorthin. Es war matschig, und ein beißender Wind blies mir ins Gesicht. Ich setzte mich auf einen Felsvorsprung am Ufer und schaute auf die graue Wasserfläche hinaus. Leere. Es gab zwar ein paar Enten, aber sie wirkten zweidimensional – so als hätten sie keinerlei Substanz.

Wenn ich zum See ging, tat ich es, um allein zu sein – nicht, weil ich mich in meiner eigenen Gesellschaft so wohl gefühlt hätte, sondern um wenigstens einen Moment lang nicht so tun zu müssen, als sei alles in Ordnung. Es war dermaßen anstrengend, Tanya ein Gefühl von Normalität vorzugaukeln.

Dieser Ort war immer etwas Spezielles für mich gewesen – ich hatte so gern aufs Wasser hinausgeschaut und den Vögeln zugesehen. Jetzt aber war es nicht mehr als irgendein Platz, an den ich mich zurückziehen konnte. Seine Schönheit bedeutete mir nichts mehr; sie berührte mich nicht. Ich hätte mich irgendwohin setzen können.

Die Bäume zeichneten sich schwarz vom Himmel ab. Ihre Zweige wirkten dürr und leblos, aller Saft schien aus ihnen gewichen zu sein. Ich fühlte mich geistig blockiert, wie benebelt.

Ich weiß nicht, wie lange ich so dasaß; leer, in mich selbst zurückgezogen. Es bereitete mir Mühe, einfach nur da zu sein. Zu Hause warteten schubladenweise unbezahlte Rechnungen auf mich und ein Schreiben vom Vermieter, in dem er mit Zwangsräumung drohte. Meine Welt brach auseinander, aber es war nicht wichtig. Nichts war real.

»Mum.«

Ich hatte nicht erwartet, dass Tanya mir hierher folgen würde. Sie kam sonst nie an den See, aber auf einmal stand sie neben mir. Ich hatte sie noch nicht einmal kommen hören. Ich schaute auf.

Es war, als würde ich aus einem Traum erwachen. Noch nie, so kam mir vor, hatte ich sie so klar gesehen: die blonden Haarsträhnen, die ihr ins Gesicht fielen, der wehmütige Blick, eine Form von Zerbrechlichkeit, die mich berührte und stets aufs Neue den Wunsch in mir weckte, sie zu beschützen.

Dies war die reale Welt – meine Tochter, die hier vor mir stand, lebendig, verletzlich. In Gedanken abwesend zu sein, war eine Ausflucht, ein Hintertürchen, das ich mir nicht leisten konnte. Ich musste im Hier und Jetzt bleiben.

»Mum. Eine Frau ist gekommen. Du hast vergessen, sie anzurufen. Sie ist extra aus Essex gekommen.« Ein Reading? Das war das Letzte, was ich jetzt machen wollte. Ich hatte keine Kraft, nichts zu geben, keine Gabe. Gerade wollte ich Tanya bitten, einen Vorwand zu erfinden und mich zu entschuldigen, als mich irgendetwas innehalten ließ. Es war ihr Gesichtsausdruck; sie wirkte so niedergeschlagen und angespannt. Ich konnte ihr das einfach nicht zumuten.

»Es ist schon in Ordnung, mein Liebes«, antwortete ich. »Ich bin gleich da.«

Auf dem Rückweg durch das nasse Gras wurde mir bewusst, wie sehr ich fror. Ich hatte in Jeans auf dem Felsen gesessen und gar nicht gemerkt, wie mir die Feuchtigkeit durch die Kleidung bis in die Knochen gekrochen war. Ich fühlte mich so schwach.

Ich hatte nicht die Absicht, das Reading durchzuziehen, und beschloss, der Frau zu sagen, dass es mir nicht gut ginge. Sie stand in der Küche, sah müde und blass aus. Ihre

Kleidung war ausgebeult, ihr Haar zusammengebunden. Auf Schminke hatte sie verzichtet. Eine Frau Anfang dreißig – sie sah nicht viel besser aus als ich selbst.

Als sich unsere Blicke kreuzten, sah ich die Traurigkeit in ihren Augen. Da durchbrach irgendetwas die harte Schale, die mich umgab, und auf einmal war mir klar, dass ich sie nicht wegschicken konnte.

Ich führte sie in unser kleines Esszimmer. Die Vorhänge waren noch vom Vorabend zugezogen, und als ich sie aufschob, drang zum ersten Mal an diesem Tag Licht in den Raum. Wenn jemand zu einem Reading kam, erwartete ich ihn normalerweise immer schon, und alles war aufgeräumt. Jetzt schob ich erst einen Stapel ungeöffneter Briefe beiseite, bevor ich mich der Frau gegenüber an den Tisch setzte.

Wie konnte ich ein Reading für sie geben? Den Autopiloten einschalten, das war die einzige Möglichkeit. Seit ich an Shanes Bett gestanden und vergeblich nach seiner Aura gesucht hatte, hatte ich mich nicht mehr geöffnet.

Als ich innerlich zur Ruhe kam, entspannte sich auch mein Körper. Ich fühlte mich so ausgeruht wie seit Wochen nicht mehr. Als ich diese friedliche Stille in mir spürte, tauchte ein schimmerndes Licht vor mir auf. Neben der Frau stand ein kleines Mädchen; es war dünn und blass und hatte mausbraunes Haar. Sie war etwa neun Jahre alt.

Mein Sohn war gerade ums Leben gekommen, und ich sah den Geist eines Kindes. Nie hat eine Erscheinung mich so berührt. Das Mädchen kam von dort, wo mein Junge jetzt war – von demselben Ort. Ich sagte nichts, schaute das Mädchen bloß an. Es war lange krank gewesen, das wusste ich, aber ihre Seele wirkte nicht betrübt.

Sie sprach zu mir: »Das hier ist meine Mutter.«

Ich sah die Frau an.

»Sie haben eine Tochter in der geistigen Welt.«

»Ja.«

»Ich musste gehen, weil das mit meiner Brust so schlimm geworden ist«, fuhr das Kind fort. Es wirkte so ruhig.

Ich wiederholte die Worte des Mädchens, und die Frau brach in Tränen aus. »Meine Tochter ist an Lungenfibrose gestorben«, erklärte sie mir. »Geht es ihr gut? Geht es ihr gut?«

»Danke für den Teddy, Mama.«

Ich sah einen braunen einäugigen Teddy.

»Sag ihr, dass mit mir alles in Ordnung ist; aber sie soll aufhören zu weinen.«

»Es geht mir gut«, fügte sie hinzu, bevor sie verschwand.

Als sie gegangen war, sah ich die Frau an. Tränen liefen ihr übers Gesicht, aber sie lächelte.

»Vielen, vielen Dank. Ich habe ihr den Teddy mit in den Sarg gelegt.«

»Fehlte ihm ein Glasauge?«

Sie schnappte nach Luft: »Woher wissen Sie das?«

An der Tür umarmte sie mich.

»Sie wissen gar nicht, wie sehr Sie mir geholfen haben«, bedankte sie sich.

Sie wusste gar nicht, wie sehr sie mir geholfen hatte.

Ich war so in meinem Leid gefangen gewesen, so völlig darin aufgegangen, hatte so total daran geglaubt, dass mir der Blick für alles andere verstellt gewesen war. Nachdem die Frau gegangen war, hatte ich ein Gefühl des Friedens. Noch am selben Abend – zum ersten Mal seit Shanes Tod – öffnete ich mich und rief nach Eric. Er lächelte mich an, ganz sanft. Es war eine Freude, ihn wiederzusehen; ich war erleichtert; es war, als wäre ich nach Hause gekommen.

»Ich habe dich in den vergangenen Wochen gehasst«, gestand ich ihm. »Dich und alle anderen da oben.«

»Ich weiß.«

»Es tut so weh. Ich dachte, es würde mich umbringen.«

»Es bringt dich nicht um.«

Dann fügte er hinzu: »Keiner hasst dich oder Shane. Es ist nichts Persönliches. Es war nicht gegen dich gerichtet. Seine Zeit war eben gekommen.«

Shane war bei seiner Geburt so krank gewesen, und ich hatte damals so sehr darum gebetet, ihn behalten zu dürfen. Vielleicht war es ja so, dass man mir achtzehn Jahre geschenkt hatte, statt ihn mir zu rauben. Wie ich mit Eric sprach, machte ich innerlich eine 180-Grad-Wendung. Statt wütend zu sein, war ich auf einmal zutiefst dankbar für die Zeit, die Shane und ich zusammen hatten verbringen dürfen.

Während Eric redete, erkannte ich auf einmal, dass mich die, auf die ich vertraute, nicht verlassen hatten. Wenn etwas nicht so läuft, wie wir es uns wünschen, bedeutet das nicht, wir seien vom Schicksal – oder von Gott oder der geistigen Welt – verfolgt. Es ist nicht Teil irgendeines großen Plans, uns Menschen Schmerzen zuzufügen. Zweck des Lebens ist, unsere spirituelle Natur zu erkennen, und dabei geschieht, was geschehen muss. Durch Shanes Tod und die Zeit danach lernte ich, dies zu begreifen.

Ich war ganz nach unten in jenes tiefe Tal der Düsternis hinabgestiegen, wo es keine Hoffnung gibt; und jetzt, nachdem ich den Weg zurückgefunden hatte, war mein Glaube stärker denn je. Shanes Tod gab mir mehr Tiefgang. Ich hatte mich für etwas so Besonderes gehalten, dass ich glaubte, Shane sei bei mir sicher; sein Tod ließ mich demütig werden. Er lehrte mich, dass auch ich ein gewöhnlicher Mensch bin – und das allein ist Wunder genug. Es gibt noch so vieles zu lernen.

Nachdem ich mit Eric gesprochen hatte, konnte ich nicht einschlafen. Ich trat ans Fenster und schaute in die Nacht hinaus. Der Mond stand hell am Himmel. Wie hätte ich aufhören können, Readings zu geben? Ich dachte an die Frau, die ihre Tochter verloren hatte. Es gibt keinen spirituellen Balsam, um die Wunden der Trauer zu heilen; aber Verbindung mit dem eigenen Kind aufnehmen zu können und zu erfahren, dass es in Sicherheit ist, gibt einer Mutter die Hoffnung zurück. Ich teilte ihr Leid, und darum konnte ich auch an ihrer Hoffnung teilhaben.

In diesem Augenblick erkannte ich, dass meine Gabe real war. Am Anfang war es ein Spiel gewesen – manchmal fast so eine Art Egotrip. Jetzt aber hatte ich Ehrfurcht davor – vor der damit verbundenen Fähigkeit, zu heilen, uns mit den uns nahe stehenden Menschen in Kontakt zu bringen und die Liebe zu spüren, die in uns steckt. Ich konnte meiner Gabe nicht den Rücken kehren. Sie lag vielmehr wie ein Pfad vor mir hingestreckt. Das Ganze fühlte sich absolut richtig für mich an.

Hellsehen bedeutet, Licht zu bündeln und zu lenken. Es ist, als würde man mit der Taschenlampe in einen dunklen Winkel leuchten und das zutage fördern, was sonst im Dunkeln bleibt. Die Gabe wiedergefunden zu haben, bedeutete nicht, dass ich keine Trauer mehr spürte. Nie wieder würde ich Shane berühren können – immer würde ich seine körperliche Gegenwart vermissen, die Art, wie er im Haus herumlümmelte und alberne Witze machte, sein normales Wesen, sein »Shane-Sein«.

Aber durch meine Gabe änderte sich meine Art, mit dem Verlust umzugehen. Ich fühlte mich nicht länger verfolgt. Ich konnte den großen Zusammenhang sehen, empfand ein Gefühl von Ewigkeit. Seine Seele war in Sicherheit und irgendwo gut aufgehoben. Jetzt lag es an mir, ihn loszulassen. Ich würde Shane immer vermissen, aber ich wusste, dass ich ihn irgendwann wiedersehen würde.

Durch den größten Schmerz lernte ich die schwierigste Lektion. Wie jeder Mensch lernte auch ich durch Leid. Jetzt kann ich anderen helfen – und auch mir von anderen helfen lassen. Hellsichtigkeit mag Last und Verantwortung bedeuten, gleichzeitig aber macht sie das Leben auch leichter und lässt uns besser verstehen, wer wir wirklich sind. Ich werde immer dankbar dafür sein, dass mir die Gabe gegeben wurde.

Dank

Mein Dank gilt: meiner Tochter Tanya, dem Kostbarsten, was es in meinem Leben gibt – danke, dass du dich nie darüber beklagt hast, eine verrückte Mutter zu haben –; meiner Mutter, die in meinem stürmischen Leben stets ein ruhender Pol gewesen ist; Jed, dem allerbesten großen Bruder, den man sich wünschen kann; Belinda Elliott, die für mich die Schwester ist, die ich mir immer gewünscht habe; Alan Salmon, der nicht nur ein guter Freund, sondern die Freundlichkeit in Person ist; Matthew Parrett, ein Fels in der Brandung im Beruf und in der Freundschaft; Mike Constant, der immer für mich da ist; Carol Ashby, die ihren Finger stets am Puls des Lebens hat; Robin Dalton dafür, dass sie an mich geglaubt und mich unterstützt hat; Mark Lucas dafür, dass er seinem Instinkt vertraut hat – und den Mitarbeitern von Lucas Alexander Whitley, die mich und meine Unbedarftheit in Verlagsangelegenheiten ertragen haben; dem ganzen Team bei Thorsons für all die Energie und den Enthusiasmus, die mir von Anfang an entgegengebracht wurden; meinen Neffen Stephen und Aaron Dolan, die die Familienbande pflegen; Rosalyn Chissick, ohne deren schriftstellerisches Können dieses Buch gar nicht hätte entstehen können.

Und natürlich: Danke, Eric!

Homepage der Autorin: www.miadolanltd.com